本书出版受到"贵州省学术先锋号贵州商学院会计学院""
绿色财务协同创新基地""贵州商学院重点学科建设项目会

本书是贵州商学院"研究阐释党的二十届三中全会精神"校级专项课题《大数
据背景下企业文本操纵行为的技术监测与协同治理研究》（2024XJSDYB04）
的重要研究成果

数字商业生态治理研究系列丛书

# 智能会计视域下
# 企业高管文本操纵行为
# 识别与治理研究

杨　妮◎著

知识产权出版社
全国百佳图书出版单位
——北京——

**图书在版编目（CIP）数据**

智能会计视域下企业高管文本操纵行为识别与治理研究 / 杨妮著 . — 北京 : 知识产权出版社, 2025. 8. —（数字商业生态治理研究系列丛书）. — ISBN 978-7-5130-9791-8

Ⅰ . F279.246

中国国家版本馆 CIP 数据核字第 2025GV3456 号

**内容提要**

本书全面且系统地剖析了企业高管所采用的文本信息披露策略及其具体手段，以及在文本信息披露策略中可能存在的广义或狭义的机会主义动机及其决策目标。此外，本书还深入剖析了企业高管如何通过文本信息披露策略实施机会主义行为的内在机制，并着重考察了投资者在这一过程中的角色；同时，借助计算机自然语言处理技术，对现有测算指标进行了优化，以提升指标的精确度。

本书适合公司治理与金融研究领域的学术研究者、会计与财务实务从业者、量化金融与金融科技开发者、监管机构与政策制定者阅读。

责任编辑：李小娟          责任印制：孙婷婷

数字商业生态治理研究系列丛书

智能会计视域下企业高管文本操纵行为识别与治理研究

ZHINENG KUAIJI SHIYU XIA QIYE GAOGUAN WENBEN CAOZONG XINGWEI SHIBIE YU ZHILI YANJIU

杨 妮 著

| | | | |
|---|---|---|---|
| 出版发行：知识产权出版社有限责任公司 | 网 址：http:// www.ipph.cn |
| 电 话：010-82004826 | http:// www.laichushu.com |
| 社 址：北京市海淀区气象路50号院 | 邮 编：100081 |
| 责编电话：010-82000860转8531 | 责编邮箱：laichushu@cnipr.com |
| 发行电话：010-82000860转8101 | 发行传真：010-82000893 |
| 印 刷：北京中献拓方科技发展有限公司 | 经 销：新华书店、各大网上书店及相关专业书店 |
| 开 本：720mm×1000mm 1/16 | 印 张：20.75 |
| 版 次：2025年8月第1版 | 印 次：2025年8月第1次印刷 |
| 字 数：316千字 | 定 价：98.00元 |

ISBN 978-7-5130-9791-8

# 前　言

在智能会计视域下，上市企业年度财务报告(简称年报)的信息披露质量，不仅是会计信息披露研究的重要话题，也是智能会计领域关注的核心内容。通过运用先进的数据分析技术和自然语言处理(Natural Language Processing，NLP)工具，智能会计能够更深入地挖掘和分析年报中管理层讨论与分析部分的文本信息，从而揭示企业高级管理人员(简称高管)在信息披露过程中的行为模式和潜在动机。这种分析有助于理解高管如何利用文本信息披露策略实现特定的机会主义目的，以及这些策略如何影响投资者决策和市场反应。智能会计的视角为理解文本信息披露策略与高管机会主义行为之间的关系提供了新的维度，也为会计信息披露的质量和效果评估提供了更为精准的工具。本研究在智能会计的框架下，进一步探讨了文本信息披露策略的多样性及其在高管机会主义行为中的作用，为智能会计在企业信息披露质量评估中的应用提供了实证支持。

根据文本特征，文本信息披露策略可分为：文本语调披露策略、文本可读性披露策略、文本相似度披露策略和文本特征信息披露策略四种。从现有文献的研究来看，国内外学者主要基于文本语调披露策略和文本可读性披露策略两个维度展开讨论文本信息披露策略与高管机会主义行为，而对文本相似度披露策略和文本特征信息披露策略的研究依据尚不充分。同时，针对文本信息披露策略与高管机会主义行为之间作用机制的分析尚显薄弱。因此，本研究采用计算机自然语言处理技术，对企业年报中管理层分析与讨论内容进行文本分析，测算了四种文本信息披露策略的实施程度，并结合理论和实证分析相结合的方法，探索了不同文本信息披露策略选择下，高管机会主义的表现及其作用机制。本研究的结论概括如下。

首先，文本语调披露策略是基于非内容文本语调信息，采取策略性或操纵性披露的手段。本研究采取字典法测算了文本语调膨胀披露策略、文本正面语调离差披露策略和文本负面语调离差披露策略三种文本语调披露策略指标,并发现高管超额薪酬可能显著增加文本语调膨胀披露策略和文本正面语调离差披露策略的使用。本研究进一步分析发现,高管超额薪酬通过显著增加个体和机构投资者的关注度,继而增加文本语调披露策略,说明高管机会主义行为后,会依据市场投资者的反应来调节文本信息披露决策。而高管动机和乐观偏差异质性检验发现,高管超额薪酬实现后,既不会受能力辩护和信息操纵动机影响,增加文本语调披露策略的使用,也不会因个人认知偏差加剧文本过度乐观的情感语调披露。当且仅当面临更大的公众舆论压力时,高管出于更高的印象管理和声誉维护动机,倾向采取更多积极情绪渲染的文本语调披露策略。综上所述,文本语调披露策略是高管在机会主义事后,可能采取的操纵性信息披露策略,通过释放过于积极的情绪感知信息,实现其狭义机会主义目的。

其次,文本可读性披露策略是基于非内容文本可读性信息,采取策略性或操纵性披露的手段。本研究采取字典法测算了文本结构复杂性披露策略和文本逻辑复杂性披露策略两种文本可读性披露策略指标,并发现文本可读性披露策略(主要是文本结构复杂性披露策略)可能显著增加高管机会主义减持行为。本研究进一步分析发现,文本可读性披露策略通过显著提升非理性投资者情绪,继而增加高管机会主义减持倾向。而企业内外环境异质性检验发现,不完备的企业内外治理机制会加剧高管利用文本可读性披露策略来实现机会主义减持的可能。综上所述,文本可读性披露策略是高管在机会主义事前,可能采取的掩饰性信息披露策略。高管通过增加文本语句结构和逻辑关系的复杂程度,降低投资者对文本的理解能力,实现其狭义机会主义目的。

再次,文本相似度披露策略是基于非内容文本相似性信息,采取策略性或操纵性的披露手段。本研究采取机器学习方法,对文本纵向相似度披露策略和文本横向相似度披露策略这两种文本相似度披露策略指标进行了测算,并发现经济政策不确定性显著降低了高管采取文本纵向相似度披露策略和文本横向相似度披露策略的程度。本研究进一步分析发现,经济政策不确定性通过降低投资者的非理性情绪,继而抑制了文本相似度披露策略的使用。同时,高管动机异质性的检验发现,当高管具有持续经营动机、竞争动机和维护个人声誉动机时,会显著加剧这两种策略的负向影响。综上所述,文本相似度披露策略是高管在机会主义事后,可能主观调节的掩饰性信息披露策略,通过改变企业特质信息的披露量,实现其广义上的机会主义目的。

　　最后,文本特征信息披露策略是基于与内容相关的文本信息特征,采取策略性或操纵性的披露手段。本研究综合采取了字典法和机器学习法,对真实性文本碳信息披露策略和操纵性文本碳信息披露策略这两种文本特征信息披露策略指标进行了测算,并发现文本碳信息披露策略可能显著缓解企业融资约束问题。本研究进一步分析表明,文本碳信息披露策略通过提升潜在投资者的非理性情绪,继而缓解了企业的融资约束。通过检验文本碳信息披露策略和融资约束渠道的异质性发现,真实性文本碳信息披露策略和操纵性文本碳信息披露策略均能发挥信号传递作用,缓解企业融资约束;从融资渠道视角看,文本碳信息披露策略能显著促进银行贷款和股权融资渠道的资金获取,相反地,该策略并不能显著增加商业合作伙伴对企业的资金支持。综上所述,文本特征信息披露策略是高管在机会主义事前,可能采取的真实性或操纵性信息披露策略,通过增加真实性或夸大性的特征信息披露,实现其广义上的机会主义目的。

　　本研究的边际贡献可能体现在以下四个方面。第一,研究对象的创新。本研究基于文本信息的特征,试图在全面而系统地探讨高管采取的文本信息披露策略及其手段和方式。第二,研究思路的创新。本研究试图全面挖掘高管在采取文本信息披露策略时广义的或狭义的机会主义动机和决策目的。第三,研究视角的创新。本研究一方面,基于策略时机、策略方式和策略手段,检验了高管在采取文本信息披露策略时在其机会主义行为中所发挥的作用;另一方面,深入探讨了高管采取文本信息披露策略进行机会主义行为的作用机制,旨在探索投资者在其中发挥的作用。第四,测算方法的创新。在借鉴前期研究的测算方法基础上,本研究采取了计算机自然语言处理技术,对测算指标进行了优化,旨在提高测算指标的精确性。

# 目　录

# 第1章 绪 论

## 1.1 研究背景

在智能会计视域下,企业文本操纵行为的识别与治理成为研究热点。随着人工智能和大数据分析技术的发展,智能会计能够更精准地分析和识别管理层讨论与分析中的文本信息,从而揭示在信息披露过程中,高管(代理人)可能采取的操纵策略。这种技术的应用不仅增强了对企业披露信息质量的监督,也为理解和预测高管的机会主义行为提供了新的视角。本研究正是在这一背景下,深入探讨了如何利用智能会计工具来识别和治理企业在信息披露中的文本操纵行为,以提高信息披露的真实性和透明度,保护利益相关者的权益。同时,本研究通过结合智能会计的先进技术和传统会计理论,旨在为上市公司的信息披露实践提供指导,同时为会计学科的发展贡献新的理论和方法。

公司信息披露是企业与利益相关者之间信息交流的渠道和途径❶,外部利益相关者会依据企业披露的信息来调整其预期和决策❷。年报是上市公司最重要的信息披露方式,是根据中国证券监督管理委员会的规定而定期公布的公司年度财务报告。该报告包含了反映企业经营现状、战略规划、财务状况和风险预期的数字信息和文本信息。其中,数字信息主要包含公司历史信息,反映了企业阶段性的经营发展情况❸;而文本信息则包含了历史信息和前瞻信息,主要反映公司内部人士,特别是高管对企业前期经营业绩的回顾和对未来战略发展的展

❶ JENSEN M C, MECKLING W H. Agency costs and the theory of the firm[J]. Journal of financial economics, 1976, 3(4): 305-360.

❷ 刘会芹, 杨翟婷, 施先旺. 年报特质性信息与机构投资者持股决策[J]. 证券市场导报, 2024(8): 48-57.

❸ 吴成颂, 陈薇. ESG信息披露能否抑制股票价格波动风险?[J]. 南京审计大学学报, 2024, 21(5): 60-72.

望。❶文本信息是数字信息的补充,是内外部利益相关者制定预期和作出决策的重要信息来源。❷更重要的是,我国作为一个高语境文化国家,语义和情景类信息更易影响到内外部利益相关者的预期和判断。❸

管理层分析与讨论部分是年报中最为关键的信息披露内容。首先,该部分文本同时包含了历史信息和前瞻信息,为利益相关者提供了企业经营情况和发展规划的综合信息。其次,管理层分析与讨论文本是高管信息披露的重要渠道,能直观反映高管的情绪倾向和认知信息。再次,该文本信息是财务数字信息的补充,为信息接收者提供了增量信息。❹最后,外部市场参与者倾向基于管理层分析与讨论中所披露的信息来制定决策和形成预期。因此,本研究基于管理层分析与讨论所披露的信息,探讨文本信息披露策略选择下的高管机会主义行为是富有实践价值和理论意义的。需要说明的是,本研究关注的机会主义行为包括广义机会主义行为和狭义机会主义行为。广义机会主义行为是指高管以为维护和实现共享收益(利益相关者利益最大化)为目的的行为;而狭义机会主义行为是指高管以实现私有收益(个体利益最大化)为目的的行为。

### 1.1.1 现实背景

随着资本市场的快速发展,中国证券监督管理委员会(简称中国证监会)逐渐关注到管理层分析与讨论部分在信息披露中的作用,并不断就规范和提升管理层分析与讨论信息披露的质量做了多项改革和尝试。例如,2001年4月,中国证监会颁布了《公开发行证券的公司信息披露内容与格式规则第11号——上市公司发行新股募集说明书》,首次引入了管理层分析与讨论披露制度;2003年1

---

❶ 沈红波,石若瑜,陈鹏翔. 机构投资者能有效识别管理层语调信息吗?——基于管理层讨论与分析的文本语调[J]. 东南大学学报(哲学社会科学版),2024,26(4):35-46,150-151,153.

❷ SHIRATA C Y,TAKEUCHI H,OGINO S,et al. Extracting key phrases as predictors of corporate bankruptcy:Empirical analysis of annual reports by text mining[J]. Journal of emerging technologies in accounting,2011,8(1):31-44.

❸ HALL E T. Beyond culture[M]. New York:Anchor Books,1976:13

❹ ZHANG Y,WIERSEMA M F. Stock market reaction to CEO certification:The signaling role of CEO background[J]. Strategic management journal,2009,30(7):693-710.

月，颁布了《公开发行证券的公司信息披露内容与格式规则第2号——年度报告的格式与内容（2003年修订版）》，规定在年报中新增加"讨论与分析"章节，并要求相关信息披露不能简单重复财务报告内容；2005年12月，颁布了《公开发行证券的公司信息披露内容与格式规则第2号——年度报告的格式与内容（2005年修订版）》，规定管理层分析与讨论部分应分为经营情况的回顾部分和未来发展的展望部分两个章节；2012年8月，颁布了《公开发行证券的公司信息披露内容与格式规则第2号——年度报告的格式与内容（2012年修订版）》，强调管理层分析与讨论部分应针对投资者关心的事项进行重点披露；2021年5月，颁布了《公开发行证券的公司信息披露内容与格式规则第2号——年度报告的格式与内容（2021年修订版）》，规定管理层分析与讨论部分应披露行业情况、核心竞争力及其重要变化对公司的影响。

然而，制度完善并没有彻底抑制上市企业高管的信息操纵和机会主义行为，而是使上市企业可能存在的信息造假和机会主义策略更趋隐蔽性和多样化。例如，2022年，*ST节能（一家专注于工业节能环保与资源综合利用的技术方案提供和工程总承包的公司，于2016年10月通过借壳金城股份完成上市，并更名为神雾节能），因其在2016年和2017年的年报等相关定期报告中存在虚假记载和误导性陈述，被中国证监会依法责令改正，并给予公司警告，同时处以40万元罚款；对三名相关责任人也给予警告，并各处罚款10万元。根据中国证监会调查，该公司在相关项目实施过程中，存在虚增利润、调增收益的情况；并且在项目收入、成本、利润和实施情况等方面存在虚假记载和隐瞒披露的情况。而2022年5月26日，另一家上市公司*ST易见因连续六年在年报中虚增营业收入超500亿元，并存在隐瞒不报和误导性陈述问题，被勒令进入退市整理期，成为因信息披露造假而作别A股市场的违规企业。

随着我国资本市场快速发展，对企业信息披露的质量和投资者的专业能力提出了更高要求。特别是2019年7月22日，科创板在上海证券交易所正式开市，标志着我国上市监管制度由审核制向注册制转变的特殊时期的开始。在注册制度框架下，监管机构将由实质性审查向形式审查过渡，投资者需要依靠企业披露的信息判断股票的价值。因此，如何规范和提升上市企业信息披露的质量，以及如何促进投资者对上市企业披露信息的解读能力,将是制度转型下需要不断研究和探索的时代话题。本研究聚焦于文本信息披露策略选择下的高管机会主义行为研究,旨在为资本市场的实践和制度优化提供启示和借鉴。

## 1.1.2  理论背景

现阶段学者对信息披露策略与高管机会主义行为的研究,多以财务数字信息为研究主体。[1]然而,文本信息相较于数字信息,具有高相关性、低验证性和自由裁量性的特点。同时,随着财务会计表内信息披露的规范和监管的趋严,高管若需要利用信息操纵和策略性披露实现特定的机会主义目的,则其更可能采用文字裁量权更高的文本信息披露策略。因此,基于高管机会主义行为动机下的文本信息披露策略进行探索,是对信息操纵手段相关研究领域的拓展和补充。

随着计算机技术的快速发展,学术界逐渐尝试将文本分析技术运用到金融和会计领域[2],以上市企业披露的文本信息作为研究对象,开展了大量研究。现阶段的文本信息研究主要基于信号传递理论展开,目的是验证文本信息的增量信息效应。[3]然而,从机会主义观来看,企业内部人士具有经营决策权和信息优势,他们可能为了实现某种特定目的,而策略性地披露文本信息。近年来,有学者尝试验证高管在企业披露文本信息中存在信息操纵行为,如王华杰和王克敏、贺康和万丽梅及王嘉鑫、张龙平等,但相关研究仍不充分。[4][5][6]笔者梳理了现阶段对文本信息策略披露的相关研究后发现:首先,学者们关注的企业高管采取文

---

[1] CHENG Q, WARFIELD T D. Equity incentives and earnings management [J]. Accounting review, 2005, 80(2).

[2] 刘建秋,徐雨露.中小股东群体负面情绪对管理层讨论与分析语调管理的影响[J].首都经济贸易大学学报,2024,26(2):98-112.

[3] 沈隆,周颖.管理层讨论与分析能预示企业违约吗?——基于中国股市的实证分析[J].系统管理学报,2024,33(2):441-459.

[4] 王华杰,王克敏.应计操纵与年报文本信息语气操纵研究[J].会计研究,2018(4):45-51.

[5] 贺康,万丽梅.政治关联与管理层语调操纵——声誉约束观还是资源支持观?[J].中南财经政法大学学报,2020(5):17-27,158-159.

[6] 王嘉鑫,张龙平.管理层语调操纵、职业谨慎与审计决策——基于年报文本分析的经验证据[J].中南财经政法大学学报,2020(4):3-14,158.

本信息披露策略实现的机会主义行为,主要是以实现私有收益为目的的狭义机会主义行为。[1]其次,学者们多聚焦于文本语调[2]和可读性的操纵等策略性披露行为[3],针对相似度和特征信息的策略披露行为研究仍显匮乏。最后,相关研究重点关注文本信息披露策略的影响因素和经济后果。然而,信息披露策略作为具有信息优势的高管有意发布的企业信息,可能是通过影响信息接收者(主要是投资者)的预期判断和决策反应,来实现其特定的机会主义目的。可见,前期研究在中介机制检验方面稍显不足,且没有深入探究投资者在其中发挥的作用。同时,既往文献基于文本信息披露策略的具体策略作用(策略实际、策略方式和策略手段)也没有特别清晰地阐述。因此,本研究借鉴肖浩等、钱爱民和朱大鹏的文本信息分类标准,基于文本语调披露策略、文本可读性披露策略、文本相似度披露策略和文本特征信息披露策略四种文本信息披露策略手段,分析探讨高管广义机会主义或狭义机会主义行为的表现及作用机理是对前期研究的丰富和发展。[4][5]

## 1.2 研究目的及意义

### 1.2.1 研究目的

在智能会计的框架下,对机会主义行为的识别和分析能力得到了显著增强。借助自然语言处理和机器学习技术,智能会计能够深入挖掘和分析上市公司高管在文本信息披露中的潜在动机和行为模式。这些技术使研究者能够从海量的

[1] 曾庆生.公司内部人具有交易时机的选择能力吗?——来自中国上市公司内部人卖出股票的证据[J].金融研究,2008(10):117–135.

[2] 鲁万波,曾攀,亢晶浩,等.管理层的讨论与分析语调对企业未来业绩表现的影响研究[J].数理统计与管理,2023,42(3):391–402.

[3] 徐巍,姚振晔,陈冬华.中文年报可读性:衡量与检验[J].会计研究,2021(3):28–44.

[4] 肖浩,詹雷,王征.国外会计文本信息实证研究述评与展望[J].外国经济与管理,2016,38(9):93–112.

[5] 钱爱民,朱大鹏.财务报告文本相似度与违规处罚——基于文本分析的经验证据[J].会计研究,2020(9):44–58.

披露文本中提取关键信息,识别出高管可能利用信息不对称、环境不确定性等客观条件,采取策略性或操纵性披露以实现个人或集体利益最大化的行为。智能会计的这一方法不仅提高了对高管机会主义行为的识别精度,而且为理解其背后的动机和机制提供了新的视角,从而在保护投资者利益和提升市场透明度方面发挥了重要作用。本研究将智能会计技术应用于A股市场上市公司高管的文本信息披露策略分析,旨在揭示高管在信息披露中的机会主义表现及其背后的驱动因素和影响机制。

机会主义行为涉及利用自身所具有的比较优势,采取策略性或操纵性的手段,实现共享收益或私有收益的行为。❶该行为的核心要素包括两个方面:其一是机会主义主体所持有的广义的或狭义的机会主义动机(主观要素);其二是企业内外部环境的信息不对称、环境的不确定性、激励机制的不相容和合约的不完备(客观要素)。本研究关注的行为主体是A股市场上市公司高管,探究的问题是高管在文本信息披露策略上的选择和目的,研究的重点是探索高管在采取文本信息披露策略下所表现的机会主义行为和其内在机制。本研究的主要目的有以下四个方面。

第一,厘清上市公司高管在文本信息披露方面采取的策略,以及在不同文本信息披露策略下高管可能出现的机会主义行为。

第二,借鉴学者对会计文本信息的分类标准,基于四种主要的文本信息披露策略:文本语调披露策略、文本可读性披露策略、文本相似度披露策略及文本特征信息披露策略,按其具体实施的策略手段,进一步细分为:文本语调膨胀披露策略、文本正面语调离差披露策略和文本负面语调离差披露策略(均属于文本语调披露策略);文本结构复杂性披露策略和文本逻辑复杂性披露策略(均属于文本可读性披露策略);文本横向相似度披露策略和文本纵向相似度披露策略(均属于文本相似度披露策略);真实性文本碳信息披露策略和操纵性文本碳信息披露策略(均属于文本特征信息披露策略)。进而检验高管就某一种特定文本信息披露策略,在特定机会主义目的的驱使下,所采取的策略手段(可能是单一型的策

---

❶ WILLIAMSON O E. Markets and hierarchies: Some elementary considerations [J]. The American economic review, 1973, 63(2): 316-325.

略手段或综合型的策略手段)。

第三,本研究以信息传递路径为研究线索,探索A股市场上市公司高管如何采取文本信息披露策略实现具体机会主义目的,检验信息接收者在高管利用文本信息披露策略实现机会主义行为过程中的作用,目的是厘清文本信息披露策略的实现方式,是通过择时择机释放积极信息以迎合投资者(真实性文本信息披露策略、减少掩饰性文本信息披露策略)、隐藏消极信息以推迟投资者对"坏消息"的获悉(掩饰性文本信息披露策略),还是通过操纵性、夸大性地释放积极信息误导投资者(操纵性文本信息披露策略)。

第四,本研究结合理论分析和实证检验结果,从监管机构、企业及投资者三个维度,揭示对我国资本市场运作的启示。为规范上市企业信息披露行为(特别是财务会计表外信息)和企业机会主义行为治理提供有益借鉴。

## 1.2.2 研究意义

在智能会计视域下,会计信息的研究已经实现了从传统数字信息到文本信息的跨越,这标志着会计学科在信息处理和分析方法上的创新。尤其是自然语言处理和文本挖掘技术,这些智能会计技术为深入理解和分析管理层讨论与分析文本提供了强有力的工具。这些技术使研究者能够更准确地捕捉和量化管理层的言辞策略,揭示高管在信息披露中的机会主义行为及其潜在的策略手段。通过智能会计的视角,我们不仅能够提高对管理层文本信息披露策略的分析精度,还能够为监管机构、投资者和公司治理提供更深入的洞察,从而在理论和实践中都具有重要的意义。

1. 理论意义

(1)拓展了高管机会主义行为研究的边界

本研究以机会主义动机为视角,审视了前期文献大多关注的财务会计数字信息披露背景下,高管机会主义行为的表现。同时,本研究试图全面探索在文本信息披露策略下,高管的广义机会主义和狭义机会主义行为表现,是在财务会计表外信息研究框架下对高管机会主义行为的研究进行了深化和拓展。

(2)延伸了文本信息披露的相关探索

既往文献大多聚焦于机会主义主体针对文本非内容相关信息的披露策略和操纵手段(如文本语调披露策略和文本可读性披露策略),而本研究则全面关注了其他文本信息的披露策略,如文本相似度披露策略和文本特征信息披露策略,目的是更综合性地探索在文本信息披露策略选择下高管机会主义行为。

(3)提供了文本信息披露策略下高管机会主义行为研究的中国证据

本研究以中国资本市场为研究情景框架,探索了四种文本信息披露策略下高管具体机会主义行为、策略选择及其实现路径。此外,本研究还对表外信息披露策略选择下高管机会主义行为进行了研究,这是一项将理论研究与我国实践相结合的有益探索。

(4)在智能会计视域下,对上市企业信息披露相关研究的智能方法进行了创新性探索

在智能会计视域下,创新性地运用了先进的数据分析技术和机器学习算法,以处理和分析大量非结构化文本数据,从而更准确地识别和量化管理层在信息披露中的潜在操纵行为。通过这种创新方法,本研究不仅增强了对企业披露信息真实性和透明度的理解,还为监管机构和投资者提供了更为有效的工具,以识别和防范可能的财务报告不当行为。

2. 实践意义

(1)深化利益相关者对表外信息的识别和辨别

本研究着力分析文本信息披露策略的视角下高管机会主义行为表现,并深化利益相关者对表外信息真实性的辨别能力;引导利益相关者(特别是投资者)兼顾财务会计表内和表外信息的解读,以确保价值判断和行为决策的合理性。

(2)为监管部门和行业提供借鉴

本研究对财务会计表外信息(主要是管理层分析与讨论文本信息)披露策略选择下的高管机会主义行为方式进行了深入剖析,为监管机构制度完善、优化行业规范提供了有益的启示。在我国资本市场正处于注册制转型的特殊时期,本研究为监管部门完善信息披露机制和加强企业治理监管提供了有益的借鉴。

（3）为企业治理优化提供启示

本研究是对文本信息披露策略下高管机会主义行为表现的研究，同时也是优化企业内部治理机制的有益探索。通过分析企业在内部治理和表外信息披露策略（特别是管理层分析与讨论文本信息）方面的缺陷和优势，本研究旨在帮助企业从信息优势层面，主动提升企业信息披露的质量，从而缓解企业内外部信息不对称，并有利于企业的长远发展；也能够促进企业从自律层面提升会计信息的披露质量，减少机会主义操纵。

## 1.3 研究内容及研究方法

### 1.3.1 研究思路

1. 总体思路

本研究以智能会计作为技术方法和研究视角，从财务会计学、管理经济学、行为经济学、信息学和计算机科学等理论学科出发，以信息不对称理论、信号传递理论、委托代理理论、印象管理理论和投资者有限理性理论等为理论基础，立足于中国实践进行研究。同时，本研究在综合评述国内外关于公司文本信息披露和高管机会主义行为的相关研究的基础上，结合理论分析和实证检验，以高管机会主义动机为研究视角，以文本信息披露为研究对象，探讨管理层在分析与讨论文本时采取不同信息披露策略下的高管机会主义表现及其具体策略手段，研究将分析高管利用文本信息披露策略时所采用的策略手段是单一型还是综合型；策略方式是真实性、掩饰性或是操纵性文本信息披露策略；策略时机是事前型的还是事后型的；高管机会主义的目的是广义性的机会主义还是狭义性的机会主义，并深入挖掘高管机会主义的实现路径。根据理论结论，本研究总结了对我国资本市场实践的启示，并进一步分析了本研究的不足及未来研究的方向和展望。本研究的研究思路，如图1-1所示。

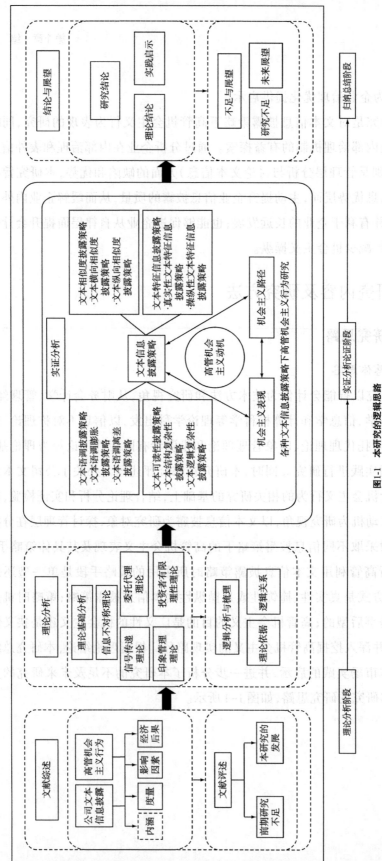

图1-1 本研究的逻辑思路

2. 研究框架

本研究共分为7章,具体内容如下。

第1章是绪论。首先,阐述研究背景,说明研究提出的原因。其次,说明研究目的,并从理论意义和实践意义两个维度阐述研究意义。再次,说明研究内容与方法。最后,阐明研究方法及创新之处。

第2章是文献综述与理论分析。首先,分别从公司文本信息披露和高管机会主义行为相关研究两个维度,梳理前期学者的理论成果。其次,评述既往文献研究不足,并在此基础上分析本研究在现有文献基础上的研究创新之处。再次,对本研究的理论基础进行梳理,本研究涉及的理论基础包括:信息不对称理论、信号传递理论、委托代理理论、印象管理理论和投资者有限理性理论。最后,对本研究的逻辑进行分析与梳理。

第3章至第6章分别是四种文本信息披露策略(文本语调披露策略、文本可读性披露策略、文本相似度披露策略和文本特征信息披露策略)选择下的高管机会主义行为研究。首先,对现阶段研究针对具体的文本信息披露策略的计算技术和方法进行梳理,并阐明本研究测算所采取的方式和手段。其次,对章节研究问题的提出和理论的推导进行详尽地阐述。最后,基于"文本信息披露策略选择—机会主义表现—机会主义实现路径"思路,实证检验在文本信息披露策略下,高管机会主义具体行为表现、策略手段及实现路径。

第7章是研究结论、研究不足与未来展望。首先,归纳总结本研究的理论结论。并从政府和监管机构、企业和投资者等维度阐述本研究的实践启示和建议。其次,分析本研究的不足。最后,提出未来研究的方向和展望。本研究的内容框架,如图1-2所示。

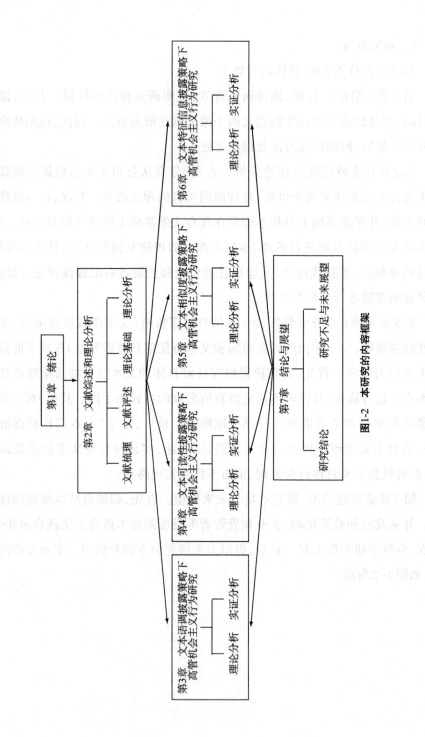

图1-2 本研究的内容框架

## 1.3.2 研究内容

李峰(Li Feng)认为,文本信息的特征包括披露信息含量、情感语调信息及文本信息透明度(可读性),其中文本信息含量是指文本信息包含的增量信息数量,而非单纯的文本长短或可读性。[1]拉夫兰和麦克唐纳(Loughran and Mcdonald)则在李峰的基础上,进一步将文本信息特征分为情感信息、文档相似性信息、可读性信息及特定目标短语信息。[2]而我国学者肖浩等指出,会计文本按信息是否与内容相关可分为两类。其中,非内容相关信息包括语调、可读性和文本相似度(重复度)特征;而与内容相关的特征则包括风险、竞争、前瞻性和环境等特征词信息。[3]基于文本信息特征的信息含量、信息价值及其对利益相关者影响的视角,诸多学者采用文本分析方法,利用大量实证数据的分析,证实了不同特征的文本信息是能对信息接收者产生实际影响的。布朗和塔克(Brown and Tucker)、拉夫兰和麦克唐纳认为,文本语调信息、文本可读性信息及文本相似度信息均是能影响投资者等利益相关者的价值信息。[4][5]而汉利和霍贝格(Hanley and Hoberg)则指出,文本内容相关的信息特征,如战略、风险和前瞻内容信息,也会影响信息使用者的反应和行为。[6]

在信息操纵的视角下,钱爱民和朱大鹏指出,上市公司的高管可以通过管理公司披露信息中的语调、可读性、相似度和信息含量等特征,对信息接收者施加

[1] LI F. Annual report readability, current earnings, and earnings persistence[J]. Journal of accounting and economics, 2008, 45(2-3): 221-247.

[2] LOUGHRAN T, MCDONALD B. IPO first-day returns, offer price revisions, volatility, and form S-1 language[J]. Journal of financial economics, 2013, 109(2): 307-326.

[3] 肖浩, 詹雷, 王征. 国外会计文本信息实证研究述评与展望[J]. 外国经济与管理, 2016, 38(9): 93-112.

[4] BROWN S V, TUCKER J W. Large-sample evidence on firms' year-over-year MD&A modifications[J]. Journal of accounting research, 2011, 49(2): 309-346.

[5] LOUGHRAN T, MCDONALD B. Measuring readability in financial disclosures[J]. The journal of finance, 2014, 69(4): 1643-1671.

[6] HANLEY K W, HOBERG G. The information content of IPO prospectuses[J]. The review of financial studies, 2010, 23(7): 2821-2864.

影响。❶而后,诸多学者发现了高管所采取的各类文本信息披露策略和手段。例如,黄(Huang)等发现,高管通过采取过度乐观的情感语调(文本语调披露策略)实现印象管理的目标❷;逯东等发现,上市公司采取文本可读性披露策略,加剧了信息不对称的问题,以此应对投资者的实地调研❸;薛丽达等指出,高管通过采取文本纵向和横向相似度披露策略,调节企业除去同行业和企业历史信息外的信息量,以影响外部利益相关者的预期❹;而赵璨等、张淑惠等则聚焦于"互联网+"和风险特质信息维度,探讨高管的文本信息披露策略和目的❺❻。同时,从实践视角出发,相较于会计数字信息的操纵,监管机构对于文本信息操纵尚未有清晰的认定和惩罚标准❼,这赋予了企业内部高管极大的信息裁量权。由此可见,基于文本信息策略披露的相关研究与资本市场的实践高度契合。

鉴于此,本研究基于肖浩等对文本信息特征维度的分类准则,检验了四种主要的文本信息披露策略选择下的高管机会主义行为的影响和作用机制。❽具体而言,涉及文本语调披露策略、文本可读性披露策略、文本相似度披露策略和文本特征信息披露策略(简称四种文本信息披露方法)。从内在逻辑上来看,这四种文本信息披露方法虽存在差异,却彼此高度关联(四种文本信息披露方法之间的逻辑联系将在理论分析章节中深入剖析)。需要重点指出的是,与内容相关的文本信息特征所包含的范畴非常丰富,现阶段的研究主要从战略特征信息❾、前

❶ 钱爱民,朱大鹏.财务报告文本相似度与违规处罚——基于文本分析的经验证据[J].会计研究,2020(9):44-58.

❷ HUANG X,TEOH S H,ZHANG Y. Tone management[J]. The accounting review,2014,89(3):1083-1113.

❸ 逯东,余渡,杨丹.财务报告可读性、投资者实地调研与对冲策略[J].会计研究,2019(10):34-41.

❹ 薛丽达,吴冠泽,李仲泽.关键审计事项与管理层讨论与分析增量信息披露——基于MD&A文本相似度的研究[J].科学决策,2023(9):37-51.

❺ 赵璨,陈仕华,曹伟."互联网+"信息披露:实质性陈述还是策略性炒作——基于股价崩盘风险的证据[J].中国工业经济,2020(3):174-192.

❻ 张淑惠,周美琼,吴雪勤.年报文本风险信息披露与股价同步性[J].现代财经(天津财经大学学报),2021,41(2):62-78.

❼ 许文瀚,齐获,陈沉.上市公司研发活动与风险信息披露——基于文本分析法的实证检验[J].财经论丛,2019(8):73-83.

❽ 肖浩,詹雷,王征.国外会计文本信息实证研究述评与展望[J].外国经济与管理,2016,38(9):93-112.

❾ 赵璨,陈仕华,曹伟."互联网+"信息披露:实质性陈述还是策略性炒作——基于股价崩盘风险的证据[J].中国工业经济,2020(3):174-192.

瞻特征信息❶、风险特征信息❷和环境特征信息❸等维度展开,而考虑到高管若采取特征词披露策略,可能是对企业特质信息流的策略性披露,目的是通过真实的或夸大的正面消息来引导或误导信息接收者的目的❹。公众和时代关注的主流概念更可能成为高管信息操纵的重点,而自党的十九大明确提出"碳达峰碳中和"目标后,社会、舆论和公众均对企业碳治理和环境信息产生了高度的关注,因此本研究将"碳"特征信息作为文本特征信息披露策略的研究焦点是,符合时代特点的选择。需要明确的是,文本碳信息披露策略是文本特征信息披露策略中的一种典型代表,但并非唯一形式。

同时,高管之所以能够采取文本信息披露策略实现特定的机会主义目的,其客观条件在于他们与信息接收者(主要是投资者)之间存在信息差。投资者的预期和反应可能在通过高管文本信息披露策略实现机会主义目的过程中发挥中介机制作用。一方面,基于信号传递理论,高管披露的文本信息是作为信号发布者向信息接收者(外部投资者)传递的关于企业经营和发展的公开信息和私有信息。另一方面,基于印象管理理论,高管作为企业内部人士,拥有相对信息优势(相较于外部利益相关者而言),其能够采取文本信息披露策略,及时披露正面积极信息、掩饰或延迟披露消极信息,从而影响利益相关者对企业形象的积极预期、实现印象管理。由此可见,无论基于信号传递理论还是印象管理理论,高管采取文本信息披露策略作为预防性策略手段来实现特定的机会主义目的,可能是通过引导或误导信息接收者(外部投资者)来实现,其中外部投资者发挥着中介作用。另一方面,基于投资者有限理性理论,大多数投资者倾向基于历史数据或企业信息进行价值判断,但在决策过程中常因个体偏误,股价与内在价值发生

---

❶ 李秉成,苗霞,聂梓. MD&A前瞻性信息能提升财务危机预测能力吗——基于信号传递和言语有效理论视角的实证分析[J].山西财经大学学报,2019,41(5):108-124.

❷ 张淑惠,周美琼,吴雪勤.年报文本风险信息披露与股价同步性[J].现代财经(天津财经大学学报),2021,41(2):62-78.

❸ 周志方,彭丹璐,曾辉祥.碳信息披露、财务透明度与委托代理成本[J].中南大学学报(社会科学版),2016,22(5):109-117.

❹ 赵璨,陈仕华,曹伟."互联网+"信息披露:实质性陈述还是策略性炒作——基于股价崩盘风险的证据[J].中国工业经济,2020(3):174-192.

严重偏离。●而基于印象管理理论,企业高管在特定时期可能操纵和美化财务报告信息,以此影响投资者或利益相关者对企业产生积极和良好的印象。●若企业高管在实现特定机会主义目的之后,为防止因行为被发现而受到惩罚和产生消极的经济后果,他们倾向于利用文本信息披露策略,释放积极的企业信息、隐藏或推迟消极信息(事后型的信息披露策略),以迎合投资者积极的情绪、抑制消极预期和反应的产生。因此,无论是基于投资者有限理性理论还是印象管理理论,投资者的反应和预期则成为高管在机会主义行为之后,采取和制定文本信息披露策略的主要依据,高管可能为了迎合投资者积极预期或扭转投资者消极预期,采取文本信息披露策略进行影响管理,其中外部投资者发挥着中介机制的作用。

在此基础上,本研究以"文本信息披露策略选择—机会主义行为表现—机会主义实现路径"为研究逻辑,以高管机会主义动机为研究视角,以文本信息披露为研究对象。本研究深入探讨在不同文本信息披露策略选择下高管机会主义行为的特征。首先,本研究探索四种不同文本信息披露策略选择下高管机会主义表现,旨在探索机会主义动机是为实现狭义目的(获取私利收益)还是广义性目的(获取共享收益)。其次,本研究进一步探索文本信息披露策略的时机选择,厘清四种策略是属于事前型还是事后型的信息披露手段。再次,本研究对文本信息披露的策略手段进行细分,探讨高管所采取的策略手段是单一型还是综合型,以及策略方式是真实性、掩饰性还是操纵性文本信息披露策略方式。最后,本研究以信息传递路径为线索,探讨作为信息接收者的投资者在高管文本信息披露策略与其机会主义行为间的作用机制,旨在检验文本信息披露策略发挥得具体作用(迎合作用、引导作用或误导作用)。四种文本信息披露策略的内在关系,如图1-3所示。

---

❶ RUAN Q, WANG Z, ZHOU Y, et al. A new investor sentiment indicator (ISI) based on artificial intelligence : A powerful return predictor in China[J]. Economic modelling, 2020, 88 : 47-58.

❷ GODFREY J, MATHER P, RAMSAY A. Earnings and impression management in financial reports : The case of CEO changes[J]. Abacus, 2003, 39(1) : 95-123.

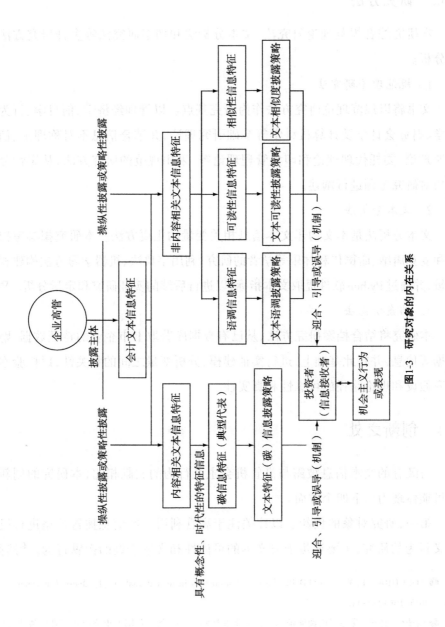

图1-3　研究对象的内在关系

### 1.3.3  研究方法

本研究综合规范理论研究法、文本分析法和档案研究法等多种研究方法展开分析。

1. 规范理论研究法

文书将以规范理论研究方法作为研究基点。以管理经济学、信息学、行为经济学、财务会计学及计算机科学等基础研究理论，并结合信息不对称理论、信号传递理论、委托代理理论和印象管理理论等，采用规范的研究方法，从定性分析视角对研究主题进行阐述。

2. 文本分析法

文本分析法是本文构建文本信息相关变量的主要方法。本研究拟参考拉夫兰和麦克唐纳、谢德仁和林乐等学者的研究，利用字典法、机器学习方法构建相关变量，并通过Python软件提取文本指标，以进行后续的实证研究和定量分析。[1][2]

3. 档案研究法

本研究将结合档案研究方法，从已有数据库获取上市企业的特征数据、财务数据等信息，并在此基础上，进行实证建模，分析变量之间的相关性，以检验本文研究假设和理论路径的可靠性和真实性。

## 1.4  创新之处

与既有的文本信息披露与高管机会主义行为的文献相比，本研究的创新之处可能体现为以下四个方面。

第一，研究对象的创新。以往关注于高管利用文本信息披露策略进行机会主义行为的研究，主要聚焦于对文本的可读性和文本语调的操纵行为。[3]然而，

---

[1] LOUGHRAN T, MCDONALD B. The use of word lists in textual analysis [J]. Journal of behavioral finance,2015,16(1):1-11.

[2] 谢德仁,林乐.管理层语调能预示公司未来业绩吗？——基于我国上市公司年度业绩说明会的文本分析[J].会计研究,2015(2):20-27,93.

[3] 周佰成,周阔.招股说明书可读性影响IPO抑价了吗?[J].外国经济与管理,2020,42(3):104-117,135.

鉴于拉夫兰和麦克唐纳、肖浩等对文本信息的分类标准,文本信息的主要特征包括:语调信息、可读性信息、相似度信息和特征维度信息。[1][2]高管作为信息优势方,若为实现特定机会主义目的,则可能对多维度文本信息特征采取策略或操纵性的披露策略。鉴于此,本研究基于文本语调披露策略、文本可读性披露策略、文本相似度披露策略和文本特征信息披露策略,探讨在不同策略选择下高管机会主义行为,试图为高管操纵性或策略性地披露企业文本信息提供合理的理论解释。

第二,研究方法的创新。本研究对公司信息披露的相关研究,主要是基于经济后果的研究视角,探讨高管是否存在文本信息操纵的行为[3],关注的是可能造成消极经济后果的狭义机会主义行为。然而,高管披露的文本信息可能同时包含真实性和操纵性的成分。[4]曾庆生等则发现,企业高管在文本信息披露策略上,并非仅限于对文本信息真实性的操纵,其可能择时择机和策略性地披露文本信息。[5]鉴于此,本研究以高管广义机会主义和狭义机会主义动机为研究思路,从影响因素和经济后果两个维度,全面地挖掘高管采取文本信息披露策略的动机和决策目的。

第三,研究视角的创新。一方面,既往的文献主要关注于高管采取文本信息披露策略进行机会主义行为的研究,且重点关注机会主义的行为表现。例如,王克敏等发现,上市企业高管会采取文本可读性披露策略来掩饰消极信息。[6]曾庆

---

❶ LOUGHRAN T, MCDONALD B. IPO first-day returns, offer price revisions, volatility, and form S-1 language[J]. Journal of financial economics, 2013, 109(2): 307-326.

❷ 肖浩,詹雷,王征. 国外会计文本信息实证研究述评与展望[J]. 外国经济与管理, 2016, 38(9): 93-112.

❸ 黄萍萍,李四海. 社会责任报告语调与股价崩盘风险[J]. 审计与经济研究, 2020, 35(1): 69-78.

❹ HUANG X, TEOH S H, ZHANG Y. Tone management[J]. The accounting review, 2014, 89(3): 1083-1113.

❺ 曾庆生,周波,张程,等. 年报语调与内部人交易:"表里如一"还是"口是心非"?[J]. 管理世界, 2018, 34(9): 143-160.

❻ 王克敏,王华杰,李栋栋,等. 年报文本信息复杂性与管理者自利——来自中国上市公司的证据[J]. 管理世界, 2018, 34(12): 120-132, 194.

生等则发现,高管可能在内部交易前进行语调管理。[1]然而,对于文本信息披露策略的具体策略实现机制的分析尚显不足。鉴于此,本研究对不同文本信息披露策略在高管机会主义行为中的策略时机(事前性/事后性)、策略方式(真实性/掩饰性/操纵性文本信息披露策略方式)和策略手段(单一型/综合型文本信息披露策略手段)进行深入探索。另一方面,前期研究多聚焦于对文本信息披露策略的影响因素和经济后果展开分析。[2]然而,信息操纵可能通过影响信息接收者的预期和判断来发挥作用。鉴于此,本研究基于信号传递理论,以"信息发布者—接收者"为研究逻辑,深入检验了投资者预期和行为在文本信息披露策略和高管机会主义行为之间的中介机制,试图探究投资者在其间发挥着怎样的作用。

第四,测算方法的创新。首先,在文本语调披露策略指标的构建方面,本研究做了如下努力和尝试:其一,在字典构造方面,采用了前期文献使用最多的官方词典,包括知网情感词典、大连理工大学情感词典和《台湾大学学术词典》。在稳健性估计中,还采取了英文文献中较为权威的拉夫兰和麦克唐纳整理的(Loughran and McDonald,L&M)字典。其二,在指标测算方面,借鉴了朱朝晖等的测算思路,并在稳健性估计中对指标的测算方式进行了优化,以克服中文语境特征的干扰,并验证实证结果的敏感性。[3]例如,本研究采取了词频–逆文档频率(Term Frequency-Inverse Document Frequency,TF–IDF)算法对文本向量化过程进行优化,并对文本语调的最优拟合模型进行优化等。其次,在文本可读性披露策略指标的构建方面。本研究做了以下努力和尝试:在指标测算方面,借鉴徐巍的做法[4],测算了文本结构复杂性披露策略、文本逻辑复杂性披露策略指标和文本可读性披露策略指标,并在稳健性估计中优化了指标的测算方式,以克服中文语境特征的干扰,并验证实证结果的敏感性,如构建了文本可读性拟合模型,测

---

❶ 曾庆生,周波,张程,等.年报语调与内部人交易:"表里如一"还是"口是心非"?[J].管理世界,2018,34(9):143–160.

❷ 林乐,谢德仁.投资者会听话听音吗? ——基于管理层语调视角的实证研究[J].财经研究,2016,42(7):28–39.

❸ 朱朝晖,许文瀚.管理层语调是否配合了盈余管理行为[J].广东财经大学学报,2018,33(1):86–98.

❹ 徐巍,姚振晔,陈冬华.中文年报可读性:衡量与检验[J].会计研究,2021(3):28–44.

算了残差以衡量文本可读性披露策略的程度。再次,在文本相似度披露策略指标的构建方面。本研究做了以下努力和尝试:在指标测算方面,借鉴了葛锐等和孟庆斌等的做法,构建了文本横向相似度披露策略和文本纵向相似度披露策略指标,并在测算过程中优化了指标的测算方式,采取TF-IDF算法对文本向量化过程进行优化。❶❷同时,在稳健性估计部分,本研究采取了前期学者常用的词向量余弦相似性测度方法,测算文本相似度披露策略的程度,以检验指标的敏感性。最后,在文本特征信息披露策略指标的构建方面。本研究做了以下努力和尝试:其一,在字典构造方面,因为缺少官方字典,本研究在手工构建特征词典的基础上,结合Word2vec词嵌入技术和专家筛选,对特征词典进行适度拓展。为了揭示指标测算的内在机制,本研究对具体字典构建过程及其合理性展开了分析。其二,在指标测算方面,本研究构建了文本特征信息的拟合模型,以区分测量真实性或操纵性文本特征信息披露策略。同时,在稳健性估计过程中,优化了指标的测算方式,以克服中文语境特征的干扰,并验证实证结果的敏感性。例如,采取了TF-IDF算法对文本向量化过程进行优化;同时,考虑到中文语义上下文的联系,前后文表述可能影响表达情感和意思的程度差异,甚至可能导致语句表达出完全相反的意思。本研究对文本前后情感词义进行控制,测算考虑情感值的文本特征披露策略指标,以检验指标的敏感性。

❶ 葛锐,刘晓颖,孙筱蔚.审计师更换影响管理层报告信息增量了吗?——来自纵向文本相似度的证据[J].审计研究,2020(4):113-122.

❷ 孟庆斌,杨俊华,鲁冰.管理层讨论与分析披露的信息含量与股价崩盘风险——基于文本向量化方法的研究[J].中国工业经济,2017(12):132-150.

# 第2章 文献综述与理论分析

本章从文献综述和理论分析两个维度,阐明本研究的理论基础和逻辑框架。

## 2.1 文献综述

### 2.1.1 公司文本信息披露的内涵及分类

学者对文本信息的研究,主要基于人工统计分析。然而,人工统计分析可能因主观认知偏差产生误差,且分析效率低下,难以复现和推广。随着计算机技术的不断完善,学术界和实践界开始尝试将计算机技术运用于信息管理、信息搜集和分析。近几年,部分学者将文本分析技术、机器学习方法,甚至是深度学习方法运用到金融和会计领域。[1]

1. 公司文本信息披露内涵

公司文本信息披露是指企业内部人士(信息优势方)通过报告文本内容信息,向外部利益相关者(信息劣势方)传递增量信息的披露行为。[2]

2. 文本信息披露方式及分类

如表2-1所示,文本信息披露的方式既包括正式的文本信息披露,如年报、季度报告、招股说明书和社会责任报告等,这些既包括强制性的也包括非强制性的定期书面披露;[3]同时,也包括非正式的文本信息披露,主要包括业绩说明会[4]

[1] 阮素梅,杜旭东,李伟,等.数据要素、中文信息与智能财务风险识别[J].经济问题,2022(1):107-113.

[2] AYAYDIN Ö A,THEWISSEN J,TORSIN W. Disclosure tone management and labor unions[J]. Journal of business finance & accounting,2021,48(1-2):102-147.

[3] 刘一寒,范慧敏,任晨煜.MD&A纵向文本相似度与分析师盈余预测准确性[J].北京工商大学学报(社会科学版),2024,39(2):71-84.

[4] 卞世博,管之凡,昊欢,等.管理层—投资者互动与股票流动性——来自上市公司年度业绩说明会的经验证据[J/OL].(2024-06-11)[2024-09-10]. https://doi.org/10.16314/j.cnki.31-2074.f.20240611.001.

和网上路演❶等形式。

表 2-1 不同文本信息披露方式的研究分类

| 披露方式 | 文本信息披露来源 | 特征 | 代表文献 |
|---|---|---|---|
| 书面披露 | 年报<br>季度报告<br>招股说明书<br>管理层分析与讨论<br>高管盈余预告 | 1. 多为定期性披露<br>2. 信息量大<br>3. 非及时性<br>4. 事前准备性 | 拉夫兰和麦克唐纳(2011)[①];<br>汉利和霍贝格(2010)[②];<br>卞世博等(2020)[③];<br>孟庆斌等(2017)[④];<br>阿尔利和德安吉利斯(Allee and Deangelis)(2015)[⑤] |
| 非书面披露 | 盈余电话会议<br>网上路演<br>业绩说明会 | 1. 信息量小<br>2. 及时性<br>3. 非事前准备性 | 卞世博和阎志鹏(2020)[⑥];<br>谢德仁和林乐(2015)[⑦];<br>林乐和谢德仁(2017)[⑧] |

注:①LOUGHRAN T, MCDONALD B. When is a liability not a liability? Textual analysis, dictionaries, and 10-Ks[J]. The journal of finance, 2011, 66(1):35-65.

②HANLEY K W, HOBERG G. The information content of IPO prospectuses[J]. The review of financial studies, 2010, 23(7):2821-2864.

③卞世博,阎志鹏."答非所问"与IPO市场表现——来自网上路演期间的经验证据[J].财经研究,2020,46(1):49-63.

④孟庆斌,杨俊华,鲁冰.管理层讨论与分析披露的信息含量与股价崩盘风险——基于文本向量化方法的研究[J].中国工业经济,2017(12):132-150.

⑤ALLEE K D, DEANGELIS M D. The structure of voluntary disclosure narratives: Evidence from tone dispersion[J]. Journal of accounting research, 2015, 53(2):241-274.

⑥卞世博,贾德奎,阎志鹏.招股说明书负面语调与IPO表现[J].系统管理学报,2020,29(6):1025-1033.

⑦谢德仁,林乐.管理层语调能预示公司未来业绩吗?——基于我国上市公司年度业绩说明会的文本分析[J].会计研究,2015(2):20-27,93.

⑧林乐,谢德仁.分析师荐股更新利用管理层语调吗?——基于业绩说明会的文本分析[J].管理世界,2017(11):125-145,188.

---

❶卞世博,阎志鹏."答非所问"与IPO市场表现——来自网上路演期间的经验证据[J].财经研究,2020,46(1):49-63.

其中,正式文本信息披露具有信息量大、内容丰富和篇幅长的优势。近几年,国内外学者基于不同类型的文本信息披露展开了大量的研究。关于不同文本信息披露方式的研究分类。

## 2.1.2 公司文本信息披露的影响因素分析

当前,关于公司文本信息披露的相关研究多基于信息传递效应和机会主义效应两个视角展开。同时,研究公司文本信息披露的影响因素,主要包括外源因素和内源因素。

1. 外源因素

首先,政策和法律因素。随着国内外资本市场逐渐完善,政策和法律机制对企业强制和非强制信息披露制定了各种规范和要求。国外众多研究从政策和法律优化层面分析了对文本信息披露潜在影响的效应。坎贝尔(Campbell)等发现,企业会增加披露风险和竞争相关的文本信息,以满足监管部门的规范和要求。[1]而拉夫兰和麦克唐纳则认为,政策和法律的优化既能改善公司强制性文本信息披露的质量,也会对非强制性文本信息披露的质量提升产生影响。[2]钱爱民和朱大鹏的研究发现,监管部门特别关注企业年报中管理层分析与讨论部分的文本信息披露。[3]

然而,现阶段国内学者针对影响公司文本信息披露的政策和法律因素的研究尚显缺乏。随着监管部门就文本信息披露规范和要求的完善,相关研究将会不断得到丰富和拓展。

其次,外部利益相关者因素。外部利益相关者作为文本信息披露的信息接收者,会依据接收到的信息作出决策和采取行为。同时,企业及其高管在制定和撰写文本信息时,作为信息发送者,会考虑到其他利益相关者的因素,从而影响

[1] CAMPBELL J L,CHEN H,DHALIWAL D S. The information content of mandatory risk factor disclosures in corporate filings[J]. Review of accounting studies,2014,19(1):396-455.

[2] LOUGHRAN T,MCDONALD B. The use of word lists in textual analysis[J]. Journal of behavioral finance,2015,16(1):1-11.

[3] 钱爱民,朱大鹏.财务报告文本相似度与违规处罚——基于文本分析的经验证据[J].会计研究,2020(9):44-58.

其文本信息披露的决策。汉利和霍贝格的研究证实,声誉较高的承销商能够发挥外部治理作用,提高企业IPO招股说明书的信息披露质量。❶而葛锐等的研究则证实,审计师的更换会导致企业年报中管理层分析与讨论文本的纵向文本相似度降低,说明更换审计师发挥了治理效应,影响了企业文本信息披露的决策,提升了披露的文本信息含量。❷当然,利益相关者的影响并不仅限于治理效应。从委托代理理论视角来看,企业及其高管受到外部利益相关者的社会关系的影响,可能操纵性或策略性地披露文本信息。❸

2. 内源因素

首先,企业自身因素。基于信号传递理论视角,公司文本信息发挥着增量信息的作用,企业的经营发展情况是影响公司文本信息披露的主要因素。部分学者证实,企业的盈利能力和现金流的流动性能够增加文本信息披露中的语调积极性。有学者证实,真实的文本语调是企业经营业绩和潜在风险的如实反映。❹然而,另一些学者则基于委托代理理论,分析了企业内部因素对文本信息操纵性披露和策略性披露的影响。朱朝晖等证实,业绩较差的企业会在管理层分析与讨论文本披露中采取文本语调正面离差的披露策略。❺贺康和万丽梅的研究证实,民营企业更可能采取文本语调操纵。❻而拉克尔和扎科柳金娜(Larcker and

---

❶ HANLEY K W, HOBERG G. The information content of IPO Prospectuses [J]. The review of financial studies, 2010, 23(7): 2821-2864.

❷ 葛锐, 刘晓颖, 孙筱蔚. 审计师更换影响管理层报告信息增量了吗? ——来自纵向文本相似度的证据[J]. 审计研究, 2020(4): 113-122.

❸ 贺康, 万丽梅. 政治关联与管理层语调操纵——声誉约束观还是资源支持观?[J]. 中南财经政法大学学报, 2020(5): 17-27, 158-159.

❹ HUANG X, TEOH S H, ZHANG Y. Tone management [J]. The accounting review, 2014, 89(3): 1083-1113.

❺ 朱朝晖, 许文瀚. 管理层语调是否配合了盈余管理行为[J]. 广东财经大学学报, 2018, 33(1): 86-98.

❻ 贺康, 万丽梅. 政治关联与管理层语调操纵——声誉约束观还是资源支持观?[J]. 中南财经政法大学学报, 2020(5): 17-27, 158-159.

Zakolyukina)的研究则证实,存在财务舞弊的企业更倾向于增加语调膨胀程度。❶

其次,高管因素。公司文本信息的披露本质上是企业高管决策的结果。❷前期文献基于高阶梯队理论,验证了高管特征对公司文本信息披露的影响。李峰分别基于高管的工作投入程度和权力视角,研究证实了高管特征的异质性会影响其文本信息披露的决策和选择。❸另一些学者则以高管的动机为研究重点,开展了大量关于高管因素对文本信息披露影响因素的分析。然而,也有部分学者基于委托代理理论的视角,分析了高管机会主义动机对公司文本信息披露的消极影响。一方面,高管可能出于掩饰企业消极信息的动机和目的,策略性地发布企业文本信息。李峰、拉克尔和扎科柳金娜分别发现,企业高管倾向于通过降低文本可读性和增加文本语调膨胀程度,来掩盖企业经营发展中的消极信息。❹❺另一方面,高管可能出于盈余操纵和印象管理的动机和目的,操纵性地发布企业的文本信息。王华杰和王克敏证实企业高管可能将文本信息中的语调管理作为应计盈余管理的补充手段,以实现对企业业绩的盈余操纵。❻曾庆生等则发现,高管可能择时择机地披露企业的文本情感信息,为内部交易创造可能。❼

### 2.1.3 公司文本信息披露的经济后果分析

先前的文献研究主要聚焦在公司文本信息披露的经济后果,包括资本市场、

---

❶ LARCKER D F,ZAKOLYUKINA A A. Detecting deceptive discussions in conference Calls[J]. Journal of accounting research,2012,50(2):495-540.

❷ ZHANG Y,WIERSEMA M F. Stock market reaction to CEO certification:the signaling role of CEO background[J]. Strategic management journal,2009,30(7):693-710.

❸ LI F. The information content of forward-looking statements in corporate filings—A naïve bayesian machine learning approach[J]. Journal of accounting research,2010,48(5):1049-1102.

❹ LI F. Annual report readability,current earnings,and earnings persistence[J]. Journal of accounting and economics,2008,45(2-3):221-247.

❺ LARCKER D F,ZAKOLYUKINA A A. Detecting deceptive discussions in conference calls[J]. Journal of accounting research,2012,50(2):495-540.

❻ 王华杰,王克敏.应计操纵与年报文本信息语气操纵研究[J].会计研究,2018(4):45-51.

❼ 曾庆生,周波,张程,等.年报语调与内部人交易:"表里如一"还是"口是心非"?[J].管理世界,2018,34(9):143-160.

投资者、其他利益相关者和企业自身四个维度。

首先,对资本市场的影响。文本信息披露相关研究针对资本市场的影响方面,多基于信号传递效应视角展开,旨在证实文本信息的真实性和实用性。一方面,戴维斯(Davis)等与谢德仁、林乐的研究均证实,年报、管理层分析与讨论文本及业绩说明会文本信息能够有效反映企业盈利情况,资本市场的股价收益会依据这些文本信息进行相应的调整。❶❷另一方面,一些学者则基于文本信息增量信息作用视角,验证了公司文本信息披露对资本市场的影响。许文瀚等发现,文本信息披露会导致资本市场交易量的变化。❸周佰成和周阔则发现,招股说明书文本信息的可读性与上市公司财务表现之间存在正相关性,即招股说明书文本的可读性越低,股票上市首日的换手率越高。❹

其次,对投资者的影响。张继勋等认为,语言环境中的语义和语境均能影响投资者的心理感知与判断。❺投资者作为资本市场重要的参与主体,是公司披露信息的主要接收者,其搜集和解读各种企业披露信息,既关注数字信息,也关注文本信息,并会依据公司文本信息披露来调整预期和行为。李峰的研究发现,公司文本信息会影响投资者对企业价值的判断,并相应调整其股票交易和投资决策。❻后续学者则基于实证研究方法展开了大量关于公司文本信息披露对投资者影响的研究。林乐和谢德仁、拉夫兰和麦克唐纳分别关注文本信息对累计超

---

❶ DAVIS A K, GE W, MATSUMOTO D, et al. The effect of manager-specific optimism on the tone of earnings conference calls[J]. Review of accounting studies, 2015, 20(2):639-673.

❷ 谢德仁,林乐. 管理层语调能预示公司未来业绩吗? ——基于我国上市公司年度业绩说明会的文本分析[J]. 会计研究, 2015(2):20-27,93.

❸ 许文瀚,朱朝晖. 分析师预测会利用年报文本信息吗[J]. 当代财经, 2019(1):131-141.

❹ 周佰成,周阔. 招股说明书可读性影响IPO抑价了吗?[J]. 外国经济与管理, 2020, 42(3):104-117,135.

❺ 张继勋,蔡闫东,倪古强. 社会责任披露语调、财务信息诚信与投资者感知——一项实验研究[J]. 南开管理评论, 2019, 22(1):206-212,224.原14.

❻ LI F. The information content of forward-looking statements in corporate filings—A naïve Bayesian machine learning approach[J]. Journal of accounting research, 2010, 48(5):1049-1102.

额收益和IPO抑价率的影响。❶❷而我国学者逯东等的研究证实了文本可读性降低会增加投资者的实地调研活动。❸

再次,对其他利益相关者的影响。市场上的其他利益相关者也会利用各种渠道获取企业信息,并关注企业所披露的各种内容和形式的信息,继而调整其行为和作出相应的反应。一方面,基于信号传递理论,有学者关注到了公司文本信息的披露对分析师的影响。例如,莱哈维(Lehavy)等及钟凯等分别证实了企业的文本信息披露会影响分析师的关注度和跟踪行为、预测分析师的分歧度和乐观偏差。❹❺另一方面,基于委托代理理论视角,部分学者发现,公司文本信息的操纵行为会引发其他利益相关者的消极反应。钱爱民和朱大鹏的研究发现,若管理层的分析与讨论文本与前期文本的相似程度越高,监管部门倾向于加强对上市公司当期的监管和处罚。❻

最后,对企业自身的影响。基于信号传递理论视角,有学者证实公司的文本信息有助于企业的经营、治理和发展。林煜恩等的研究证实,文本语调信息和文本可读性与企业创新之间存在显著正相关性。❼宋岩和孙晓君进一步发现,文本信息能够通过缓解融资约束来提升企业的研发投入和创新水平。❽范黎波和尚

---

❶ 林乐,谢德仁.投资者会听话听音吗?——基于管理层语调视角的实证研究[J].财经研究,2016,42(7):28-39.

❷ LOUGHRAN T, MCDONALD B. IPO first-day returns, offer price revisions, volatility, and form S-1 language[J]. Journal of financial economics, 2013, 109(2):307-326.

❸ 逯东,余渡,杨丹.财务报告可读性、投资者实地调研与对冲策略[J].会计研究,2019(10):34-41.

❹ LEHAVY R, LI F, MERKLEY K. The effect of annual report readability on analyst following and the properties of their earnings forecasts[J]. The accounting review, 2011, 86(3):1087-1115.

❺ 钟凯,董晓丹,陈战光.业绩说明会语调与分析师预测准确性[J].经济管理,2020,42(8):120-137.

❻ 钱爱民,朱大鹏.财务报告文本相似度与违规处罚——基于文本分析的经验证据[J].会计研究,2020(9):44-58.

❼ 林煜恩,李欣哲,卢扬,等.管理层语调的信号和迎合:基于中国上市企业创新的研究[J].管理科学,2020,33(4):53-66.

❽ 宋岩,孙晓君.企业社会责任与研发投入——基于年报文本分析的视角[J].重庆社会科学,2020(6):80-96.

铎则认为,文本语调越积极越能促进企业进行慈善捐赠。❶综上所述,文本信息的公开披露能够向市场传递企业的增量信息,从而引导市场反应,并最终反作用于企业,有利于企业的经营、发展和治理。然而,基于委托代理理论视角出发,部分学者发现,若企业操纵公司文本信息披露,则可能为企业带来消极的经济后果和影响。钱爱民和朱大鹏认为,文本信息的相似性加剧了上市企业被监管机构处罚的风险。❷黄萍萍和李四海则发现,若上市企业的社会责任披露信息中采取过正面语调离差披露策略,则可能增加企业股价崩盘的风险。❸此外,也有部分学者证实,企业高管可能利用文本信息披露策略来实现机会主义目的,从而危害企业的长期发展,如曾庆生等发现,年报中的文本语调会加剧企业内部交易行为,对企业的内部治理构成威胁。❹

### 2.1.4 高管机会主义行为的内涵及分类

1. 高管机会主义行为内涵

机会主义行为本质上是经纪人的选择和行为。亚当·斯密首次提出了理性经纪人假设,该假设认为经纪人是以追求物质利益为目的进行经济活动的主体,总是希望以最小的付出获得最大的收获。❺美国经济学家威廉姆森(Williamson)在其基础上提出了机会主义人性假设,该假设指出人会随机应变,采取投机取巧的方式,以达到谋取利益的目的。❻我国学者樊纲则指出,机会主义行为是指个

---

❶ 范黎波,尚铎.管理层语调会影响慈善捐赠吗?——基于上市公司"管理层分析与讨论"文本分析的研究[J].经济与管理研究,2020,41(2):112-126.

❷ 钱爱民,朱大鹏.财务报告文本相似度与违规处罚——基于文本分析的经验证据[J].会计研究,2020(9):44-58.

❸ 黄萍萍,李四海.社会责任报告语调与股价崩盘风险[J].审计与经济研究,2020,35(1):69-78.

❹ 曾庆生,周波,张程,等.年报语调与内部人交易:"表里如一"还是"口是心非"?[J].管理世界,2018,34(9):143-160.

❺ 亚当·斯密.国富论——国家财富的性质和起因的研究[M].谢祖钧,等译.长沙:中南大学出版社,2003:1-224.

❻ WILLIAMSON O E. Markets and hierarchies: some elementary considerations [J]. The American economic review,1973,63(2):316-325.

人利用非真实性的威胁和承诺,来谋取私利的行为。❶陈雨欣则阐明了机会主义行为的产生条件包括信息不对称、环境不确定性、激励机制不一致及合约的不完整性等客观因素。❷综上所述,机会主义行为是机会主义主体为了实现特定动机,采取策略性或操纵性的方式而实施的行为。然而,机会主义的性质决定了其行为并非仅限于谋取个人私利的狭义机会主义,也包括维护和实现共享利益、在短期内不会导致消极经济后果的广义机会主义行为。

2. 高管机会主义行为的分类

前期文献将企业高管的机会主义行为按实施主体划分为三类,分别是高管机会主义行为❸、高管与企业内部人士合谋性机会主义行为❹和高管与企业外部人士合谋性机会主义行为❺。首先,高管机会主义行为可能是由高管作为独立的主体所采取,其行为的根源包括主观因素和客观因素两个方面。其一,主观因素是经济目标的不一致。高管(代理人)作为理性人会追求个人利益的最大化,当其个人最优目标与契约目标不一致时,他们可能违背契约精神,甚至以牺牲企业利益来实现个人利益。其二,客观因素是信息不对称。企业高管与股东和外部利益相关者存在的信息差,可能导致他们利用自身的信息优势,作出有利于自己的决策和行为。这种行为最终导致第一类代理问题的产生,引发逆向选择和道德风险。❻表2-2是高管机会主义行为的分类。

❶ 樊纲.制度改变中国:制度变革与社会转型[M].北京:中信出版社,2014:1-275.

❷ 陈雨欣.代理成本与机会主义行为——基于中央部门预算执行审计发现的经验证据[J].财会通讯,2020(14):42-45.

❸ JENSEN M C,MECKLING W H. Agency costs and the theory of the firm[J]. Journal of financial economics,1976,3(4):305-360.

❹ 赵国宇.大股东控股、报酬契约与合谋掏空——来自民营上市公司的经验证据[J].外国经济与管理,2017,39(7):105-117.

❺ BOUBAKRI N,COSSET J C,Saffar W. Political connection of newly privatized firms[J]. Journal of corporate finance,2008,14(5):654-673

❻ 储一昀,仓勇涛.财务分析师预测的价格可信吗?——来自中国证券市场的经验证据[J].管理世界,2008(3):58-69.

表2-2　高管机会主义行为的分类

| 机会主义主体 | 机会主义方式 | 主要参考文献 |
| --- | --- | --- |
| 高管 | 高管利用信息不对称、契约不完备及经营决策权实现以资金或控制为目的的机会主义自利 | 詹森和梅克林（Jensen and Meckling）[1]；储一昀和仓勇涛[2] |
| 高管与企业内部人士 | 控股股东和高管降低相互监督，通过合谋或串谋的方式实现高管和控股股东的机会主义目的 | 赵国宇[3]；张利红和刘国常[4]；赵国宇和禹薇[5] |
| 高管和企业外部利益相关者 | 高管通过与外部利益相关者（券商机构、分析师、审计师、监管部门和独立董事等）的社会关系，降低外部利益相关者的监管和治理，进行寻机获利的行为 | 陈运森[6]；布巴克里（Boubakri）等[7] |

注：[1]JENSEN M C, MECKLING W H. Agency costs and the theory of the firm[J]. Journal of financial econom-ics, 1976, 3(4): 305-360.

[2]储一昀, 仓勇涛. 财务分析师预测的价格可信吗？——来自中国证券市场的经验证据[J]. 管理世界, 2008(3): 58-69.

[3]赵国宇. 大股东控股、报酬契约与合谋掏空——来自民营上市公司的经验证据[J]. 外国经济与管理, 2017, 39(7): 105-117.

[4]张利红, 刘国常. 大股东控制与外部审计治理——股票全流通时代的经验证据[J]. 山西财经大学学报, 2014, 36(9): 113-124.

[5]赵国宇, 禹薇. 大股东股权制衡的公司治理效应——来自民营上市公司的证据[J]. 外国经济与管理, 2018, 40(11): 60-72.

[6]陈运森. 独立董事的网络特征与公司代理成本[J]. 经济管理, 2012, 34(10): 67-76.

[7]BOUBAKRI N, COSSET J C, SAFFAR W. Political connection of newly privatized firms[J]. JournAL OF COrporate finance, 2008, 14(5): 654-673.

其次，企业的机会主义行为也可能是企业内外多个主体共同谋划的活动。

其一,企业内部利益相关者通过串谋方式共同谋取私利的机会主义行为❶,其根源是第一类或第二类代理问题。先前的研究已经证实,企业内合谋性机会主义行为包括控股股东与高管的合谋、高管和审计师的合谋和高管之间的合谋行为等。❷其二,企业高管也可能与外部利益相关者合谋实现机会主义谋利,其根源是通过建立与利益相关者的社会资源依赖关系,从而降低外部监管和治理作用。前期文献已经证实,企业高管可能通过与保荐机构和承销商及监管机构的关联获取机会主义私利。❸

3. 高管的机会主义行为表现

高管作为理性人,在信息不对称、合约不完备和激励不相容的前提下,当其个人最优目标与契约目标不一致时,可能违背股东利益最大化原则开展经营活动,结果可能损害和侵占企业股东(委托人)的利益。❹前期文献将高管的机会主义行为表现形式分为四种:资金性机会主义行为、控制性机会主义行为、交易性机会主义行为及信息披露机会主义行为。

首先,资金性机会主义行为是高管以侵占企业资金为表现形式的机会主义行为。前期研究证实,高管可能通过在职消费❺和薪酬操纵❻等方式,侵占企业资金来实施机会主义行为。其次,控制性机会主义行为是高管为实现或维护其绝对控制权为表现形式的机会主义行为。有学者发现高管可能通过过度投资❼和

---

❶ 赵国宇,禹薇. 大股东股权制衡的公司治理效应——来自民营上市公司的证据[J]. 外国经济与管理,2018,40(11):60-72.

❷ 张利红,刘国常. 大股东控制与外部审计治理——股票全流通时代的经验证据[J]. 山西财经大学学报,2014,36(9):113-124.

❸ 陈运森. 独立董事的网络特征与公司代理成本[J]. 经济管理,2012,34(10):67-76.

❹ JENSEN M C, MURPHY K J. Performance pay and top-management incentives[J]. Journal of political economy,1990,98(2):225-264.

❺ 贾鲜凤,田高良. 高管薪酬激励、代理成本与企业社会责任[J]. 财会通讯,2019(33):15-19.

❻ BEBCHUK L A, FRIED J M. Executive compensation as an agency problem[J]. Journal of economic perspectives,2003,17(3):71-92.

❼ RICHARDSON S. Overinvestment of free cash flow[J]. Review of accounting studies,2006,11(2):159-189.

内部治理控制[1]来维护其对企业的绝对控制,进行机会主义行为。再次,交易性机会主义行为是指高管在开展交易行为时,所表现出的机会主义行为。部分学者发现,高管可能利用内部交易[2]、增持和减持[3]和股票回购[4]等交易行为择时择机地实现机会主义目的。最后,信息披露机会主义行为是高管对披露信息采取策略性或操纵性披露的行为。学者们证实了高管利用应计盈余管理[5]和真实盈余管理[6]等手段,对财务数字信息进行盈余操纵的行为。当然,现阶段也有学者关注到了以文本信息为操纵内容的信息披露机会主义行为。例如,曾庆生等发现,高管可能对文本语调进行操控,以影响资本市场和投资者对企业的价值预期。[7]然而,现阶段就高管机会主义行为的研究多基于狭义机会主义视角,验证了高管为实现超额私利,在短期内引发显性消极后果的这类机会主义行为。实际中,机会主义界定应该是广义的,高管也可能利用其相对优势,去维护和实现共享收益。当然,机会主义的本质决定了它并没有根本上改善企业经营状况,其影响可能是短期性的。

## 2.1.5 高管机会主义行为的影响因素分析

高管机会主义行为存在的最主要根源是信息不对称和合约不完备。因此,前期的文献对高管机会主义行为影响因素的分析主要基于信息披露机制(信息

[1] 闫伟宸,肖星.CEO和董事之间的"本家关系"增加了代理成本?[J].管理评论,2019,31(4):99-116.

[2] 曾庆生,周波,张程,等.年报语调与内部人交易:"表里如一"还是"口是心非"?[J].管理世界,2018,34(9):143-160.

[3] 吴战篪,吴伟立.大股东减持伤害了实体经济吗[J].南开管理评论,2018,21(1):99-108.

[4] 俞毛毛,马妍妍.股票回购、现金股利替代性与研发投资——基于迎合渠道的比较分析[J].财经理论与实践,2020,41(2):62-68.

[5] 孟焰,张秀梅.上市公司关联方交易盈余管理与关联方利益转移关系研究[J].会计研究,2006(4):37-43,94.

[6] ROYCHOWDHURY S. Earnings management through real activities manipulation[J]. Journal of accounting and economics,2006,42(3):335-370.

[7] 曾庆生,周波,张程,等.年报语调与内部人交易:"表里如一"还是"口是心非"?[J].管理世界,2018,34(9):143-160.

不对称因素)和企业内外部的治理机制(代理成本因素)展开。

1. 信息披露机制

机会主义行为的前提条件是信息不对称。[1]前期学者基于信息披露机制的治理作用和粉饰作用两个维度展开。

首先,信息披露的治理作用。信息是缓解企业与利益相关者之间信息不对称问题的主要方式。特别是信息披露能够提升其他利益相关者增量信息的获取,发挥治理作用、抑制高管的机会主义行为。前期学者主要从企业信息披露治理机制和利益相关者信息披露治理机制两个维度,探讨信息机制对高管机会主义的治理效应。一方面,学者们认为,企业强制性地提升披露信息质量,能缓解信息不对称问题,提升内部治理、抑制企业高管的机会主义行为[2];另一方面,邦迪(Bondy)等[3]、杜闪和王站杰发现,企业非强制性信息披露,也能发挥信息机制、缓解信息不对称问题,抑制高管的机会主义行为和倾向[4];也有学者从利益相关者视角发现,其他利益相关者的信息披露也能发挥治理效应,规范高管机会主义行为。朗(Lang)等发现,分析师报告能发挥信息治理效应,改善企业信息披露质量,抑制高管机会主义行为。[5]而葛锐等认为,审计师信息公布能够改善外部信息环境,促进企业信息披露质量的提升、抑制企业高管机会主义行为。[6]

其次,信息披露的粉饰作用。企业外部人士并不能完全获知企业全部的内部信息,企业高管可利用相较于其他企业内外利益相关者的相对信息优势,为其机会主义行为提供掩饰,以避免资本市场的违规处罚和其他利益相关者的"愤怒

---

[1] 陈雨欣. 代理成本与机会主义行为——基于中央部门预算执行审计发现的经验证据[J]. 财会通讯,2020(14):42-45.

[2] 孟庆斌,杨俊华,鲁冰. 管理层讨论与分析披露的信息含量与股价崩盘风险——基于文本向量化方法的研究[J]. 中国工业经济,2017(12):132-150.

[3] BONDY K, MOON J, MATTEN D. An institution of corporate social responsibility (CSR) in multinational corporations (MNCs):Form and implications[J]. Journal of business ethics,2012,111(2):281-299.

[4] 杜闪,王站杰. 企业社会责任披露、投资效率和企业创新[J]. 贵州财经大学学报,2021(1):52-62.

[5] LANG M H, LINS K V, MILLER D P. Concentrated control, analyst following, and valuation:do analysts matter most when investors are protected least?[J]. Journal of accounting research,2004,42(3):589-623.

[6] 葛锐,刘晓颖,孙筱蔚. 审计师更换影响管理层报告信息增量了吗?——来自纵向文本相似度的证据[J]. 审计研究,2020(4):113-122.

成本"。[1]相关研究关注的高管机会主义行为中的信息披露的粉饰作用,主要基于数字信息和文本信息两种信息内容展开。一方面,数字信息披露的粉饰作用。罗伊乔杜里(Roychowdhury)的研究证实,高管会利用应计盈余管理和真实盈余管理的方式,以实现盈余的向上操纵。[2]数字信息披露的粉饰作用不仅体现在操纵信息披露层面,高管也可能择时择机策略性披露数字信息,为机会主义行为提供掩饰。程和罗(Cheng and Lo)的研究证实,高管在增持公司股票前会进行异常的负面信息披露。[3]而布罗克曼(Brockman)等则从减持交易行为视角,证实高管会主观选择释放利好消息推高股价,以便通过减持交易获取利益。[4]另一方面,文本信息披露的粉饰作用。从印象管理观视角,若高管存在印象管理机会主义动机,则可能针对文字裁量权更高的文本信息进行策略性披露,继而维护企业声誉、树立良好的企业形象。而曾庆生等则发现,高管可能利用年报语调管理为内部交易创造条件。[5]同时,文本信息披露在高管机会主义行为中的粉饰作用也并不限于强制性信息披露,企业的非强制性披露方式更为灵活,也可能为高管机会主义行为实现信息操纵和印象管理。海明威和麦克拉根(Hemingway and Maclagan)发现,企业社会责任披露加剧了高管的财务违规行为,原因是企业可能利用社会责任文本披露粉饰其业绩。[6]列弗(Lev)[7]和权小锋等分别发现,社会责任披

❶ JENSEN M C, MURPHY K J. Performance pay and top-management incentives [J]. Journal of political economy, 1990, 98(2): 225-264.

❷ ROYCHOWDHURY S. Earnings management through real activities manipulation [J]. Journal of accounting and economics, 2006, 42(3): 335-370.

❸ CHENG Q, LO K. Insider trading and voluntary disclosures [J]. Journal of accounting research, 2006, 44(5): 815-848.

❹ BROCKMAN P, MARTIN X, PUCKETT A. Voluntary disclosures and the exercise of CEO stock options [J]. Journal of corporate finance, 2010, 16(1): 120-136.

❺ 曾庆生, 周波, 张程, 等. 年报语调与内部人交易: "表里如一"还是"口是心非"? [J]. 管理世界, 2018, 34(9): 143-160.

❻ HEMINGWAY C A, MACLAGAN P W. Managers' personal values as drivers of corporate social responsibility [J]. Journal of business ethics, 2004, 50(1): 33-44.

❼ LEV B, PETROVITS C, RADHAKRISHNAN S. Is doing good good for you? How corporate charitable contributions enhance revenue growth [J]. Strategic management journal, 2010, 31(2): 182-200.

露可能作为高管掩饰消极信息和获取机会主义收益的信息粉饰手段。●

**2. 企业内外部治理机制**

机会主义行为的另一个根源是代理问题,企业内部人士作为理性经纪人,在权衡收益与成本后,可能采取机会主义行为去实现特定目标。企业内外部治理机制是影响其决策行为的重要因素。

**(1)外部治理机制**

外部治理机制是企业内部治理的有效补充,能约束企业高管的机会主义行为。现阶段研究关注的高管机会主义行为的外部治理因素包括:资本市场治理和其他外部利益相关者的治理。

首先,资本市场治理机制。上市公司的经营和发展是在资本市场中有序进行的,前期学者发现资本市场完善的监管治理措施能抑制高管的机会主义行为。一方面,资本市场法治化和市场化水平是抑制高管机会主义行为的重要因素。●企业处于市场化和法治化程度较高的外部环境中,投资者保护机制更为健全,完善的市场机制提升了高管机会主义行为识别和惩罚的概率,继而有效约束高管的机会主义行为。勒兹(Leuz)等发现,市场化、法治化较高地区的企业盈余管理程度较低。●另一方面,政策和法律的逐渐完善,能发挥治理作用、抑制高管机会主义行为。许红伟和陈欣发现,融资融券政策能够促进企业内部治理优化、提升股票定价效率。●而阿格瓦尔(Aggarwal)等的研究则证实,境外机构投资者政策有益于改善企业内部治理,提升会计信息披露质量。●

其次,其他外部利益相关者的治理机制。上市公司外部利益相关者包括证

---

❶ 权小锋,徐星美,许荣.社会责任强制披露下管理层机会主义行为考察——基于A股上市公司的经验证据[J].管理科学学报,2018,21(12):95-110.

❷ SMITH A J. What determines corporate transparency?[J]. Journal of accounting research,2004,42(2).

❸ LEUZ C,NANDA D,WYSOCKI P D. Earnings management and investor protection:an international comparison[J]. Journal of financial economics,2003,69(3):505-527.

❹ 许红伟,陈欣.我国推出融资融券交易促进了标的股票的定价效率吗?——基于双重差分模型的实证研究[J].管理世界,2012(5):52-61.

❺ AGGARWAL R,EREL I,FERREIRA M,et al. Does governance travel around the world? Evidence from institutional investors[J]. Journal of financial economics,2011,100(1):154-181.

券机构、分析师、风险投资机构、审计师、新闻媒体和外部投资者等。前期学者均证实了不同外部利益相关者对高管机会主义行为的治理作用。例如,媒体监管❶、审计师❷、分析师❸均能有效抑制控股股东和高管的机会主义行为。而外部利益相关者对高管机会主义行为的治理体现出其各自的监管优势。证券机构和风险投资机构能够发挥认证中介和监管中介的作用❹,制约企业机会主义违规行为。而分析师和审计师则发挥专业信息中介的职能,有效治理企业的信息披露机制,提升企业的信息质量和真实性,同时规范和优化企业的信息环境。❺新闻媒体和外部投资者作为相对独立的外部监管主体,通过信息互通和舆论引导,有效抑制企业的机会主义行为。❻

(2)内部治理机制

企业完善的内部治理机制包括健全的内部监管体系和充分的激励机制,以确保能发挥治理作用,同时有效抑制高管的机会主义行为。

首先,内部监管体系。牟韶红等认为,成熟的内部监管体系能够有效抑制高管的机会主义行为。❼前期学者主要从股权制衡机制、董事会制度、机构投资者监管和内部审计制度四个维度,验证了内部监管体系对高管机会主义行为的治理作用。其一,股权制衡机制。王和汪(Wang and Wong)认为,避免一股独大的股权结构,有利于高管经营自主性的提升,有效抑制内部人士的机会主义行

❶ 罗进辉,杜兴强.媒体报道、制度环境与股价崩盘风险[J].会计研究,2014(9):53-59,97.

❷ BENNOURI M,CLARK C R,ROBERT J. Information provision in financial markets[J]. Annals of Finance,2010,6(2):255-286.

❸ BOUBAKER S,LABÉGORRE F. Ownership structure, corporate governance and analyst following: A study of French listed firms[J]. Journal of banking & finance,2008,32(6):961-976.

❹ CHEMMANUR T J,LOUTSKINA E. The role of venture capital backing in initial public offerings: certification, screening, or market power?[C]. EFA 2005 Moscow Meetings Paper. 2006.

❺ AGUILERA R V,CRESPI-CLADERa R. Global corporate governance: On the relevance of firms' ownership structure[J]. Journal of world business,2016,51(1):50-57.

❻ DYCK A,MORSE A,ZINGALES L. Who blows the whistle on corporate fraud?[J]. The journal of finance,2010,65(6):2213-2253.

❼ 牟韶红,李启航,陈汉文.内部控制、产权性质与超额在职消费——基于2007—2014年非金融上市公司的经验研究[J].审计研究,2016(4):90-98.

为。❶其二,董事会制度。董事会是保障股东利益,履行代理监管和战略决策的重要机构。一方面,董事会的结构合理性直接影响监管的效力与效率。本尼德森和渥芬松(Bennedsen and Wolfenzon)证明,超额委派董事会会降低董事会监管和制约的能力,加剧企业内部人士的机会主义行为❷;另一方面,董事会的独立性是影响高管机会主义行为的关键因素。王跃堂等的研究证实,独立董事比例较高的上市企业的业绩会更好,即独立董事更能保证监督的独立性,能实现有效监管和治理。❸同时,独立董事利用对董事会议案提出异议来监督和制约企业内部人士的机会主义决策。❹其三,机构投资者监管。机构投资者能实现对企业内部人士的机会主义行为的有效抑制。一方面,机构投资者相较于散户投资者,其专业性更高,对企业内机会主义行为的识别能力更强❺;另一方面,机构投资者是资本市场中较为成熟的投资者,能发挥监管职能,提升高管的尽职性和创造性。丁振松和齐鲁骏的研究证实,机构投资者持股能够有效提升企业内部监管、抑制企业内部人士的机会主义行为。❻其四,内部审计制度。一方面,内部审计有利于提升企业信息披露质量,缓解因信息不对称引发的高管机会主义行为。贝达和格雷厄姆(Bedard and Graham)发现,内部审计能够识别财务报告中的缺陷,提升财务报告的质量,继而提升企业内部治理。❼而王嘉鑫的研究则证实,强制性的

---

❶ WANG K, WONG T J. Change in the largest shareholders and performance improvement: real improvement or accounting manipulation? [M]. Hong Kong University of Science and Technology Working Paper. 2003.

❷ BENNEDSEN M, WOLFENZON D. The balance of power in closely held corporations[J]. Journal of financial economics, 2000,58(1-2):113-139.

❸ 王跃堂,赵子夜,魏晓雁.董事会的独立性是否影响公司绩效?[J].经济研究,2006(5):62-73.

❹ 叶康涛,祝继高,陆正飞,等.独立董事的独立性:基于董事会投票的证据[J].经济研究,2011,46(1):126-139.

❺ SHLEIFER A, VISHNY R W. Large shareholders and corporate control[J]. Journal of political economy, 1986,94(3):461-488.

❻ 丁振松,齐鲁骏.民营上市公司控制权转移、机构投资者与大股东掏空[J].管理现代化,2020,40(2):64-66.

❼ BEDARD J C, GRAHAM L. Detection and severity classifications of Sarbanes-Oxley Section 404 internal control deficiencies[J]. The accounting review, 2011,86(3):825-855.

内部控制审计能够抑制信息不对称问题,有助于企业业绩提升和创新发展。❶另一方面,审计师发挥其技术专长,通过监管威慑抑制高管机会主义行为。范经华等的研究证实,具有行业专长的审计师和事务所能够有效降低企业应计盈余管理和真实盈余管理行为。❷

其次,激励机制。企业高管机会主义行为的根源是激励不充分,不能协调高管和股东之间的利益。前期研究主要从薪酬激励和股权激励两个维度出发,证实了激励机制对高管机会主义行为的治理作用。其一,薪酬激励。一方面,部分学者认为,高管薪酬激励发挥了有效的公司治理作用。詹森和梅克林提出了高管薪酬的有效激励理论,认为合理的薪酬体系能够发挥公司治理作用,抑制高管的机会主义行为。❸而我国学者周晓苏等的研究也证实,通过高管薪酬激励机制能够发挥治理作用,抑制高管的盈余管理行为。❹另一方面,也有部分学者质疑了高管薪酬激励的治理效应,他们认为高管薪酬激励具有加剧其机会主义行为的倾向。沃茨(Watts)认为,高管薪酬激励具有加剧企业盈余管理行为,增加高管的自利动机和程度。❺吴育辉和吴世农发现,高管薪酬激励并不能发挥治理作用,相反会加剧企业的代理成本。❻其二,股权激励。一方面,部分学者认为,高管股权激励发挥治理作用,规范了高管机会主义行为。贝克(Baker)等指出,股权激励对企业经营绩效的提升具有显著作用,能够优化高管的经营管理。❼而后

❶ 王嘉鑫. 强制性内部控制审计、企业创新与经济增长[J]. 会计研究,2020(5):166-177.

❷ 范经华,张雅曼,刘启亮. 内部控制、审计师行业专长、应计与真实盈余管理[J]. 会计研究,2013(4):81-88,96.

❸ JENSEN M C,MECKLING W H. Agency costs and the theory of the firm[J]. Journal of financial economics,1976,3(4):305-360.

❹ 周晓苏,陈沉,王磊. 高管薪酬激励与机会主义效应的盈余管理——基于会计稳健性视角的经验证据[J]. 山西财经大学学报,2016,38(2):88-99.

❺ WATTS R L. Conservatism in accounting part Ⅰ:Explanations and implications[J]. Accounting horizons,2003,17(12):207-221.

❻ 吴育辉,吴世农. 企业高管自利行为及其影响因素研究——基于我国上市公司股权激励草案的证据[J]. 管理世界,2010(5):141-149.

❼ BAKER G P,JENSEN M C,MURPHY K J. Compensation and incentives:Practice vs. theory[J]. The journal of finance,1988,43(3):593-616.

续一些学者基于股权激励的不同方式,验证了其对高管机会主义行为的治理效应。奥耶尔和谢弗(Oyer and Schaefer)发现,相较于股票激励,期权激励更能发挥治理作用,原因在于它能够吸引到更多的优秀高管,从而提升企业治理。[1]我国学者周晓苏等的研究也证实,高管股权激励能够降低高管盈余管理的信息操纵行为,对高管机会主义行为发挥了治理效应。[2]另一方面,也有部分学者认为,股权激励并没有对高管机会主义行为发挥治理作用,甚至还衍生出一类择时择机的机会主义行为。贝布丘克和弗里德(Bebchuk and Fried)提出了高管权力观,他们认为高管作为薪酬制定者和控制者能够将股权激励机制作为其寻租的工具。[3]我国学者顾斌和周立烨等的研究也证实,高管股权激励在我国上市公司中的治理效果较弱,甚至可能并不存在,主要是受企业治理结构和制度环境的限制和影响。[4]程果的研究发现,在我国上市企业股权激励草案公告之前,存在显著的机会主义择时行为。[5]

## 2.1.6 高管机会主义行为的经济后果分析

前期文献对高管机会主义行为的经济后果的研究主要聚焦于三个层面,包括对资本市场的影响、对利益相关者的影响及对企业自身的影响。

1. 对资本市场的影响

上市企业是资本市场的主要参与主体,高管的行为决策可能影响资本市场的运营和发展。前期文献就资本市场经济后果分析了企业内部机会主义行为的影响。一方面,企业机会主义行为会加剧资本市场崩盘风险。拉方德和瓦兹

---

[1] OYER P, SCHAEFER S. Why do some firms give stock options to all employees? An empirical examination of alternative theories[J]. Journal of financial economics, 2005, 76(1):99-133.

[2] 周晓苏,陈沉,王磊. 高管薪酬激励与机会主义效应的盈余管理——基于会计稳健性视角的经验证据[J]. 山西财经大学学报, 2016, 38(2):88-99.

[3] BEBCHUK L A, FRIED J M. Executive compensation as an agency problem[J]. Journal of economic perspectives, 2003, 17(3):71-92.

[4] 顾斌,周立烨. 我国上市公司股权激励实施效果的研究[J]. 会计研究, 2007(2):79-84,92.

[5] 程果. 股权激励的管理层机会主义择时:市场准确判断or盈余管理结果?[J]. 上海金融, 2020(1):39-53.

(LaFond and Watts)[1]和科塔里(Kothari)等[2]的研究分别证实,企业高管出于择机交易获利(资金性动机)和为了过度投资构建商业帝国(控制性动机)的倾向,扭曲企业的信息披露,隐瞒"坏消息",最终加剧股票市场的崩盘风险,引致资本市场的系统性风险。我国学者史永和李思昊的研究则证实,企业的关联交易降低了会计信息在契约中的有效性,最终加剧股价崩盘,对资本市场产生了消极影响。[3]另一方面,企业机会主义行为会降低资本市场的运行效率。吴璇等的研究证实,企业会计信息的披露质量会影响股票同步性,即会计信息透明度更低会加剧资本市场的股价同步性。[4]这说明企业内部人士对会计信息的操纵确实会降低资本市场的资源配置效率,特别是信息效率。而王碧澄认为,高管的过度投资机会主义行为和盈余管理机会主义行为均会降低投资者对企业真实情况的了解,最终降低股票的定价效率。[5]

2. 对利益相关者的影响

高管机会主义行为会对企业内外部利益相关者造成影响,甚至影响其行为和决策。首先,企业机会主义行为将引发监管部门的关注和反应。魏志华等证实企业关联交易水平会加剧企业受监管部门违规处罚的可能,同时证实企业的机会主义行为会促使监管部门加强关注,并对其采取监督和惩罚措施。[6]其次,企业及高管机会主义行为存在外溢作用,会影响同行业企业的机会主义倾向。

[1] LAFOND R, WATTS R L. The information role of conservatism[J]. The accounting review, 2008, 83(2): 447-478.

[2] KOTHARI S P, LI X, SHORT J E. The effect of disclosures by management, analysts, and business press on cost of capital, return volatility, and analyst forecasts: A study using content analysis[J]. The accounting review, 2009, 84(5): 1639-1670.

[3] 史永,李思昊. 关联交易、机构投资者异质性与股价崩盘风险研究[J]. 中国软科学, 2018(4): 123-131.

[4] 吴璇,田高良,李玥婷,等. 经营信息披露与股票收益联动——基于财务报告文本附注的分析[J]. 南开管理评论, 2019, 22(3): 173-186, 224.

[5] 王碧澄,韩豫峰,韩复龄. 卖空制度、公司管理层行为与股价信息效率——基于微观传导机制的研究[J]. 中央财经大学学报, 2019(12): 24-40.

[6] 魏志华,李常青,曾爱民,等. 关联交易、管理层权力与公司违规——兼论审计监督的治理作用[J]. 审计研究, 2017(5): 87-95.

迈纳(Miner)等发现,企业及内部人士可能受从众心理的影响,加剧其与其他企业行为决策逐渐趋同。❶而我国学者易志高等则证实,企业高管的股份减持行为会增加同行业其他企业采取机会主义减持策略的水平。这说明企业可能受从众效应的影响,加剧其机会主义操纵的动机和倾向。❷最后,高管机会主义行为会影响审计机构和证券机构的决策和行为。作为资本市场中重要的中介机构,审计机构和证券机构同样会受到企业机会主义行为的影响。一方面,汪健等证实,关联交易水平更高的企业,其审计师会相应提高审计费用,作为对机会主义风险的补偿。❸而徐江萍则指出,企业的会计信息操纵会加剧审计机构的监管难度和审计师的变更。❹另一方面,罗棪心等认为,分析师可能利用企业披露信息,特别是涉及关联交易的相关信息,提升其对企业价值判断的准确性。❺

3. 对企业自身的影响

前期文献多基于企业自身维度,验证了高管机会主义行为可能引致的经济后果。首先,企业机会主义行为加剧企业风险。史永和李思昊的研究证实,企业内部人士的机会主义交易行为可能加剧企业的股价的崩盘风险,同时也会增加企业的经营发展风险。❻魏志华等则发现,企业控股股东和高管的机会主义行为会加剧企业受到监管机构违规处罚的风险。❼其次,机会主义行为会影响企业的经营和发展。其一,机会主义行为会降低投融资效率。阿塔乌拉(Ataullah)等发

---

❶ MINER A S, HAUNSCHILD P R, SCHWAB A. Experience and convergence: Curiosities and speculation [J]. Industrial and corporate change, 2003, 12(4):789-813.

❷ 易志高,潘子成,茅宁,等.策略性媒体披露与财富转移——来自公司高管减持期间的证据[J].经济研究,2017,52(4):166-180.

❸ 汪健,王为,朱兆珍.关联交易、盈余透明度与审计收费[J].山西财经大学学报,2018,40(5):110-124.

❹ 徐江萍.盈余管理与审计师变更关系的实证研究[J].金融与经济,2007(12):96-98.

❺ 罗棪心,麻志明,伍利娜.关联交易方信息溢出效应对分析师的影响[J].会计研究,2020(3):46-53.

❻ 史永,李思昊.关联交易、机构投资者异质性与股价崩盘风险研究[J].中国软科学,2018(4):123-131.

❼ 魏志华,李常青,曾爱民,等.关联交易、管理层权力与公司违规——兼论审计监督的治理作用[J].审计研究,2017(5):87-95.

现,高管内部交易会加剧企业融资约束问题,提升企业的融资难度和融资成本。[1]吴战篪和吴伟立则发现,企业内部人士减持股份会加剧高管的短视行为,增加企业的融资约束问题,继而降低企业的投资效率。[2]其二,高管机会主义行为会降低企业的创新水平。朱磊等证实,企业内部人士的机会主义行为会导致企业自由现金流的减少,降低创新投入和产出。[3]其三,企业机会主义行为会降低经营业绩。前期文献证实,高管的减持行为[4]、现金股利的过度分配[5]及非法占用资金[6]均会引致企业业绩的显著下滑。最后,企业机会主义行为会降低其会计信息质量。为防止外部人士对其机会主义行为和动机的识别和惩罚,企业内部人士倾向于在寻觅机会主义后选择降低会计质量,以此作为掩饰。

### 2.1.7 文献评述

前期国内外学者们对公司文本信息披露和高管机会主义行为展开了广泛的研究,并取得了丰富的研究成果。然而,相关研究仍存在若干研究上的空白和不足之处。

1. 前期文献就文本信息披露策略的主体动机分析稍显薄弱,本研究则在此基础上深化文本信息披露的动机研究

现阶段,较少有文献深入分析主体制定或调节文本信息披露决策的根源动机。企业高管作为信息优势方,对文本信息披露具有高度的自主决策权,其可以选择是否披露信息,也可以选择披露何种质量信息,核心在于其动机是什么。若其文本信息披露动机是缓解企业内外部信息不对称问题,则披露的文本信息更

❶ ATAULLAH A, DAVIDSON I, LE H, et al. Corporate diversification, information asymmetry and insider trading[J]. British journal of management, 2014, 25(2): 228-251.

❷ 吴战篪, 吴伟立. 大股东减持伤害了实体经济吗[J]. 南开管理评论, 2018, 21(1): 99-108.

❸ 朱磊, 孙成, 王春燕, 等. 大股东股权质押对企业创新投资的影响分析——基于创业板上市公司的经验证据[J]. 证券市场导报, 2019(2): 26-34, 76.

❹ 顾煜, 程丹. 创业板高管减持与公司业绩实证研究[J]. 商业研究, 2013(11): 80-85.

❺ 孙淑伟, 梁上坤, 阮刚铭, 等. 高管减持、信息压制与股价崩盘风险[J]. 金融研究, 2017(11): 175-190.

❻ 翁健英. 大股东资金占用、业绩困境与盈余管理[J]. 上海立信会计学院学报, 2011, 25(3): 25-33.

可能是真实的企业信息;若其文本信息披露动机是迎合、引导或误导投资者,披露的文本信息则更可能是策略性或操纵性的信息。现阶段就文本信息披露行为性质的研究,大多基于经济后果推导为研究逻辑,即通过验证文本信息披露行为所带来的积极或消极后果来反映披露文本信息的真实性。然而,这些研究结果可能忽略了一些短期内不会引致消极经济后果、较为隐性的文本信息披露策略行为。本研究以高管采取文本信息披露策略中的机会主义动机为切入点,分析在机会主义动机驱使下,高管的文本信息披露策略选择和机会主义表现及机制。目的是更全面、系统地探索高管信息披露策略动因、产生后果和实现机制。

2. 前期文献对文本信息披露影响机制的研究稍显薄弱,本研究则在此基础上拓展了文本信息披露的作用机制探索

现阶段文献对文本信息披露的研究多聚焦于文本信息披露影响因素和经济后果层面。而文本信息披露作为一种企业释放的信息,其作用机制可能贯穿于"信息发送者—信息接收者"整个信息传递的过程。信息发送者和接收者的行为和反应均是需要关注的重点。同时,信息发送者与信息接收者之间的信息差是文本信息披露策略发挥作用的根源,信息发送者能够实现特定目的,可能是利用信息差,以迎合、引导或误导信息接收者来实现的。本研究以信号传递理论为研究线索,以"信息发送者—信息接收者"为研究逻辑,旨在厘清文本信息披露策略与高管机会主义行为之间的中介机制,探索投资者作为主要的信息接收者在两者之间所发挥的作用。

3. 前期文献对文本信息披露策略测算方法存在不足,本研究采用计算机技术进行了优化和完善

现阶段国内学者在测算文本语义信息相关指标时,主要参考和借鉴了一些国外学者的研究方法。然而,语义语境的差异可能导致指标测算存在偏差,如在字典选取是否合理、指标构建是否考虑了中文语义特征等方面。本研究则在既往研究基础上,选取了适合中文语境的权威字典,同时结合了字典法和机器学习技术,就中文中的相近词、常用词和语义反转等问题,采取了一些有针对性的处理策略。

4. 前期文献就高管机会主义行为的研究多基于狭义机会主义行为视角，本研究则在此基础上拓展了高管机会主义行为的研究边界

首先，现阶段的机会主义研究多聚焦于相对显性的领域，即关注高管利用比较优势，以实现私有收益为目的的狭义机会主义行为。然而，机会主义行为的边界是比较广泛的，机会主义主体也可能利用其比较优势去实现和维护共享收益，即广义的机会主义行为。本研究则基于文本信息披露策略与高管机会主义行为研究视角，全面和系统地探讨了高管广义机会主义行为。

其次，现阶段研究主要侧重于探讨影响因素或经济后果层面，研究文本信息披露策略如何作为高管机会主义行为的手段，在其机会主义行为事前发挥的作用。本研究则基于事前型和事后型两个维度，全面探讨了高管为实现特定机会主义行为，所采取的文本信息披露策略的时机选择问题。

再次，现阶段就文本信息披露策略的研究，在具体策略发挥作用的层面缺乏系统的理论依据。本研究则结合文本信息披露对高管机会主义的作用机制，深入厘清不同文本信息披露策略的性质，即这些策略是操纵性的、掩饰性的还是真实性的文本信息披露策略，是如何通过对投资者产生迎合、引导或误导，来实现其目的的。

最后，现阶段对文本信息策略手段的研究多聚焦于某种单一策略手段展开，如关注文本语调膨胀策略或文本正面离差策略。在实践中，高管作为文本信息披露策略的制定者和决策者，可能同时采取多样性的策略手段。本研究将每种文本信息披露策略均按具体的策略手段进行细分，目的是尝试探索高管为了实现特定机会主义目的，可能选择哪些文本信息披露策略的选择问题。

## 2.2　理论基础

本研究以公司文本信息披露和高管机会主义行为为研究对象，依据五种理论框架展开研究和分析。这五种理论包括信息不对称理论、信号传递理论、委托代理理论、印象管理理论和投资者有限理性理论。

### 2.2.1 信息不对称理论

20世纪70年代,有学者逐渐开始关注信息不对称现象,并将此作为新古典经济学中最为普遍的理论假设之一。[1]信息不对称是指信息关联方所掌握的信息在数量和质量上并不完全对等。阿克洛夫(Akerlof)指出,在市场中,总有一部分人相较于其他人拥有更多的信息,从而享有相对的或绝对的信息优势。[2]

基于信息不对称理论,信息双方发生信息不对称的时点,按照交易时间可分为事前型信息不对称和事后型信息不对称。事前型信息不对称是在交易前,信息优势方通过隐瞒信息,引致信息劣势方获取到的信息不对等的现象,即逆向选择风险。[3]而事后型信息不对称是信息劣势方因不能知悉企业全部专有信息,可能导致其无法有效地监督企业内部人士的经营和行为,进而蒙受损失,即道德风险。

本研究的信息不对称理论的运用主要体现在两个维度。一方面,是上市企业与外部投资者之间的信息不对称(信息披露决策和机会主义行为过程中)。上市企业高管所掌握的企业专有信息,无论从质量还是数量上都优于企业外部利益相关者。[4]这种信息优势赋予了内部人士寻机获利的可能。[5]然而,通过信息不对称获利一定是短期性的,随着新信息流的出现,信息优势将逐渐缩小,继而增加了信息操纵和信息造假被识别的可能,作为经济后果,外部利益相关者将索

---

[1] KESER C, WILLINGER M. Theories of behavior in principal-agent relationships with hidden action[J]. European economic review, 2007, 51(6): 1514-1533.

[2] AKERLOF G A. The market for "lemons": Asymmetrical information and market behavior[J]. Quarterly journal of economics, 1970, 83(3): 488-500.

[3] SPENCE A M. Time and communication in economic and social interaction[J]. The quarterly journal of economics, 1973, 87(4): 651-660.

[4] SPENCE A M. Time and communication in economic and social interaction[J]. The quarterly journal of economics, 1973, 87(4): 651-660.

[5] 曾庆生,周波,张程,等.年报语调与内部人交易:"表里如一"还是"口是心非"?[J].管理世界, 2018, 34(9): 143-160.

要更高的风险补偿和实施报复性惩罚。[1]另一方面,是机构投资者和个体投资者之间的信息不对称(中介机制的异质性影响层面)。机构投资者在信息搜集和信息处理方面相较于个体投资者都明显存在优势,即信息不对称。[2]继而,在分析上市企业公布的财务数字信息和文本信息时,机构投资者能够获取到数量更多和质量更高的信息,这导致他们相较于个体投资者能够做出更为准确的投资决策,因此两者之间的投资选择可能存在差异。

## 2.2.2　信号传递理论

美国经济学家斯彭斯(Spence)最早提出了信号传递理论,其认为雇主在招聘员工时,缺乏关于劳动力质量的信息,求职者通过受教育程度去传递他们的质量信息,以缓解和雇主之间的信息不对称问题。[3]斯蒂格利茨(Stiglitiz)指出,信息影响着人们各方面的决策过程,这些信息包括公共信息和私人信息。[4]基尔马尼和拉奥(Kirmani and Rao)则基于公司层面阐明了信息传递的作用,高质量公司有动力去传递信息,目的是向外部投资者彰显其与低质量公司的区别。[5]罗斯(Ross)指出,高质量公司释放的信息包括长期盈利和分红信息等。[6]

信息是内部人拥有的关于个人或组织的积极或者消极的信息,他们可以自己决定是否将信息发布给外部人。张和韦尔瑟玛(Zhang and Wiersema)认为,首席执行官(Chief Executive Officer,CEO)会有意识地去传递关于组织积极和正面

❶ 黄蓉,何宇婷.环境信息披露与融资约束之动态关系研究——基于重污染行业的检验证据[J].金融经济学研究,2020,35(2):63-74.

❷ 袁玉,吴战篪,廖佳.机构投资者分心会加剧管理层语言膨胀吗?——基于年报文本语调的实证研究[J/OL].(2024-05-30)[2024-09-10].http://kns.cnki.net/kcms/detail/12.1288.F.20240530.0908.002.html.

❸ SPENCE A M. Time and communication in economic and social interaction[J]. The quarterly journal of economics,1973,87(4):651-660.

❹ STIGLITZ J E. Information and the change in the paradigm in economics[J]. American economic review,2002,92(3):460-501.

❺ KIRMANI A,RAO A R. No pain,no gain:A critical review of the literature on signaling unobservable product quality[J]. Journal of marketing,2000,64(2):66-79.

❻ ROSS S A. The economic theory of agency:The principal's problem[J]. The American economic review,1973,63(2):134-139.

的信息,而不会主动地释放消极的信息。❶塞尔托(Certo)将信号传递理论和制度理论相联系,认为公司会通过具有权威性的董事会或高管发布不可观测的质量信息,目的是获得合法性的地位。❷

信号传递理论在本研究中的运用主要体现在两个维度。一方面,基于真实信息有益于缓解企业内外部信息不对称问题的视角(真实性的信息披露策略选择)。企业内部人士(信息发布者)通过向利益相关者(信息接收者)发布企业信息,缓解信息不对称。❸从信号传递理论视角出发,企业内部人士发布文本信息是其客观使用文字裁量权的表述,目的是向资本市场利益相关者传递企业真实信息,缓解信息不对称问题,最终实现利益相关者对企业客观、准确的判断。❹另一方面,基于信号传递理论中的欺诈行为(操纵性或掩饰性的信息披露策略选择)。信息接收者和信息发送者之间存在部分的利益冲突,信息发送者可以利用欺诈来获取收益,但会引致信息接收者利益受损。❺上市企业及其高管可能利用信息优势,掩饰或推迟消极信息的公布、夸大或操纵性地披露企业的积极信息,加剧企业内外部信息不对称程度,继而误导投资者预期和判断,以实现特定的机会主义目的。

### 2.2.3 委托代理理论

自18世纪末以来,詹森和麦克林(Jensen and Meckling)指出,委托代理关系存在于委托人和代理人之间,代理人代表委托人行使部分权力,但若委托人和代

---

❶ ZHANG Y, WIERSEMA M F. Stock market reaction to CEO certification: the signaling role of CEO background[J]. Strategic management journal, 2009, 30(7): 693-710.

❷ CERTO S T. Influencing initial public offering investors with prestige: Signaling with board structures[J]. Academy of management review, 2003, 28(3): 432-446.

❸ 许汝俊. 年报文本信息可读性与财务重述[J]. 财贸研究, 2024, 35(7): 98-110..

❹ 范黎波, 尚铎. 管理层语调会影响慈善捐赠吗? ——基于上市公司"管理层分析与讨论"文本分析的研究[J]. 经济与管理研究, 2020, 41(2): 112-126.

❺ 孙文章. 信息发布者会计背景有助于提高信息可读性吗? ——基于董秘个人特征的证据[J]. 经济管理, 2021, 43(9): 154-171.

理人目标不一致时,代理人可能违背委托人最优利益行事。❶代理关系存在于各行各业,如客户和服务提供者之间、选民和当选的代表之间、雇主和雇员之间、股东和公司管理者之间。❷在这些关系中,前者为委托人,后者为代理人。阿罗(Arrow)认为,在委托代理关系中,存在两类不对称信息的情形,一类是隐藏行动的情形,委托人并不能完全洞察代理人所采取的行动,而只能观测到行动的结果。❸另一类则是隐藏信息的情形,委托人虽然能够观察到代理人的行动,但不能完全清楚行动背后所需要的信息。

委托代理问题主要表现为两个层面。首先,是逆向选择问题,委托人在选择代理人的过程中,代理人倾向夸大其技能和才干,并且可能为获得代理业务而做出超出实际能力的承诺。❹这种过度承诺可能导致委托人选择了错误或不适合的代理人,即逆向选择风险。其次,是道德风险问题,可能代理人为了以最小的努力获得最大的报酬,从而达成的是低于承诺的业绩水平。艾森哈特(Eisenhardt)认为,约束委托人和代理人之间关系的有效方式是完善的合同契约,旨在激励代理人以最优化委托人利益作为追求目标进行经营活动。❺

本研究的委托代理理论的运用主要体现在两个维度。一方面,高管和股东之间的第一类代理冲突(文本信息披露策略下的机会主义行为表现)。本研究所关注的代理问题主要聚焦于高管和股东之间的第一类代理问题,当高管和股东的目标不一致时,特别是存在利益分歧时,高管可能为谋求私人利益,而违背委

❶ JENSEN M C, MECKLING W H. Agency costs and the theory of the firm[J]. Journal of financial economics, 1976, 3(4): 305–360.

❷ KISER E. Comparing varieties of agency theory in economics, political science, and sociology: An illustration from state policy implementation[J]. Sociological theory, 1999, 17(2): 146–170.

❸ ARROW K J. Informational structure of the firm[J]. The American economic review, 1985, 75(2): 303–307.

❹ DAVIS A K, GE W, MATSUMOTO D, et al. The effect of manager-specific optimism on the tone of earnings conference calls[J]. Review of accounting studies, 2015, 20(2): 639–673.

❺ EISENHARDT K M. Agency theory: An assessment and review[J]. Academy of management review, 1989, 14(1): 57–74.

托人利益最优化目标。[1]高管可能利用信息优势和控制权优势,采取机会主义行为或信息操纵策略去实现特定的目的。另一方面,高管和股东之间的第一类代理问题的有效治理(文本信息披露策略下的机会主义行为治理)。本研究关注的委托代理问题主要包括对信息操纵和机会主义行为的实施。因此,第一,应不断完善针对上市企业信息披露的监管和治理。鼓励上市企业自愿披露更多信息,以缓解信息不对称问题,同时监管部门也应不断完善对企业强制披露信息的规范和要求,从他律层面降低信息操纵行为。第二,应不断优化对上市企业及高管机会主义行为的监管和治理。基于企业内部治理视角不断优化治理机制,从自律层面约束企业机会主义行为的发生,同时基于企业外部治理视角,不断优化监管部门和投资者对企业机会主义行为的监督,从他律层面抑制企业机会主义行为。

### 2.2.4　印象管理理论

印象管理理论由美国社会学家、心理学家曼萨多(Manzardo)提出,其认为人们总是试图管理和控制他人对自己所形成的印象过程。[2]印象管理的本质是人们倾向于以一种与当前的社会情景或社会关系相吻合的形象来展示自己,目的是确保他人对自身的评价是较为良性和愉快的。[3]前期学者主要将印象管理理论运用于心理学领域,后续逐渐有学者将其运用到财务会计领域的研究中,发现企业可能为实现特定目标,有意识地树立积极和正面的形象。企业为实现某种特定目标,会有意识地树立积极和正面的形象。

印象管理理论实则是社会心理学与公司财务理论相融合的产物。梅洛尼(Melloni)等认为,管理层试图树立积极和正面的公司形象以策略性地引导或影响利益相关者的意见和决策,旨在避免负面信息对企业价值或高管声誉的消极

❶ 范丹,杨中园,凡盼来.委托代理视角下碳信息披露的减排效应:理论机理与经验证据[J].系统工程理论与实践,2024,44(7):2194-2212.

❷ MANZARDO A E. Impression management and economic growth:The case of the Thakalis of dhaulagiri zone[J]. Kailash,1982,9(1):45-60.

❸ 张倩倩,唐卓思,何潇潇,等."蹭热点"式转型路:企业热点信息披露与高质量创新[J/OL].(2024-08-05)[2024-09-10]. https://doi.org/10.19795/j.cnki.cn11-1166/f.20240805.002.

影响。❶印象管理的手段主要是通过及时发布企业的积极、正面信息,以及掩饰或拖延披露企业的负面、消极信息实现。戈弗雷(Godfrey)等认为,高管是理性的,可凭借相较于外部投资者而言的信息优势,操纵和美化财务报告信息,让投资者对公司业绩、企业前景和战略发展等产生积极的预期。❷贝蒂和琼斯(Beattie and Jones)则指出,相较于财务数字信息,文本信息的监管成本和违规成本较低,这赋予了高管更高的自由裁量权,使上市企业高管更倾向于采取文本信息的披露策略来实现印象管理。❸

本研究在印象管理理论的运用上,主要体现在两个维度。一方面,基于信息操纵策略观,厘清了高管实现印象管理的策略手段。为了实现印象管理目的,高管可能采取包括真实性披露、掩饰性披露和操纵性披露的文本信息披露策略。这些策略通常是通过及时释放企业的积极、正面信息,同时掩盖和推迟负面信息。❹相应地,高管可采取的文本信息披露策略包括释放更为积极的信息,如披露企业真实且正面的经营信息(真实性披露)和夸大企业积极信息的披露(操纵性信息披露)。高管也可以采取不披露企业信息的方式达到掩盖消极信息的目的,如采取掩饰性的文本信息披露策略。另一方面,基于印象管理动机视角,分析高管采取信息披露策略的目的。高管实现印象管理的目的可能包括主观目的和客观目的,即可能是为了实现超额利益或进行择机交易,而主动性进行的印象管理行为,如获取超额薪酬和高管机会主义减持等,也可能是受到外界压力的冲击,而被动性地发布积极信息、掩饰消极信息,营造企业经营良好的形象,如应对宏观经济政策不确定性和缓解企业融资约束困境等被动性印象管理行为。

❶ MELLONI G, STACCHEZZINI R, LAI A. The tone of business model disclosure: An impression management analysis of the integrated reports[J]. Journal of management & governance, 2016, 20(2):295-320.

❷ GODFREY J, MATHER P, RAMSAY A. Earnings and impression management in financial reports: The case of CEO changes[J]. Abacus, 2003, 39(1):95-123.

❸ BEATTIE V, JONES M J. Impression management: the case of inter-country financial graphs[J]. Journal of international accounting, auditing and taxation, 2000, 9(2):159-183.

❹ 朱杰,苏亚民. 控股股东股权质押与数字化转型信息策略性披露——基于信息沟通与信息操纵视角[J]. 广东财经大学学报, 2023, 38(5):75-95.

### 2.2.5 投资者有限理性理论

传统的财务理论认为,资本市场的投资者是富有理性的,投资者能够依据资本市场的完全信息调整预期和行为,最终将上市公司的内在价值真实地反映在股价中。❶然而,投资者并非完全理性,大多数投资者倾向于依据历史数据或企业信息进行价值判断,但在决策过程中,常因个体偏见导致股价与内在价值的严重偏离。❷行为金融学理论认为,投资者心理作用导致偏离符合经济理性的最优状态,而投资者情绪则是资本市场估值预期脱离基本面因素,出现系统性偏差的主要原因。❸从"投资者情绪"路径来说,行为金融学领域的研究表明,市场情绪和其他相关因素会通过干预投资者信心的建立和预期的形成过程进一步影响他们的投资决策行为。

投资者有限理性理论主要体现在两个层面。一方面,是投资者认知的有限理性。唐森(Tseng)指出,投资者的认知生成主要基于其信息搜集、加工、处理和反馈的流程中,不断形成和优化对某一现象和对象的认知和熟悉。信息搜集是认知实现的基础,投资者首先获取和筛选相关投资标的信息。❹其次,对获取的信息进行人工筛选,找到对自己价值判断有用的信息。再次,利用个人的技术能力和社会经验对相关信息进行处理,以做出对投资资产的价值判断。最后,在信息反馈到个人的认知过程中,不断促进对投资资产认知和理解的优化和完善。然而,投资者在认知形成过程中可能存在认知偏差,因为注意力分配不均和个人认知差异,都会导致投资者对于投资标的产生非理性的认知偏差。另一方面,是投资者决策的有限理性。投资者在实践投资决策过程中是欠缺理性的。受到注

❶ 李伯华,赵宝福,贾凯威,等. 谁主"沉浮"?——基于投资者理性变动对股市波动的影响分析[J].运筹与管理,2023,32(9):193-199.

❷ KAHNEMAN D,TVERSKY A. Prospect theory:An analysis of decision under risk[M]. England:London-Handbook of the fundamentals of financial decision mak- ing,2013:99-127.

❸ STAMBAUGH R F,YU J,YUAN Y. The short of it:Investor sentiment and anomalies[J]. Journal of financial economics,2012,104(2):288-302.

❹ TSENG K C. Behavioral finance,bounded rationality,neuro-finance,and traditional finance[J]. Investment management and financial innovations,2006,3 (4):7-18.

意力分配和认知偏差的影响,导致其在投资过程中可能因风险厌恶差异而偏离最优决策。奥丁(Odean)指出,同等损失给投资者带来的痛苦明显大于同等收益给其带来的幸福感,使其倾向于投资上涨股票。❶

在本研究中,投资者有限理性理论的运用主要体现在两个维度。一方面,投资者对企业机会主义行为是有限理性的。受信息搜集和处理能力的局限,投资者不能完全认知企业及其高管的机会主义行为,仅能识别较为显性的机会主义行为。同时,受投资者有限理性的影响,投资者即使能够识别企业及高管的机会主义行为,但其在投资过程中,仍可能受认知偏差、收益风险偏好的影响,而错误地制定投资判断和决策。另一方面,投资者对企业及高管所披露信息的处理是有限理性的。投资者有限理性为高管的文本信息披露策略创造了条件。若投资者是绝对理性的,则说明其能够获取所有的企业信息,且能够绝对理性地处理获取到的信息,并且作出客观的价值判断和制定决策。❷在这种情况下,无论高管披露的是真实的信息或者是经过粉饰的信息,均不能引导投资者的行为和决策,则文本信息披露策略将不会发挥作用。正是投资者的有限理性赋予了高管采取文本信息披露策略的条件。本研究的理论基础示意图,详见图2-1。

## 2.3 逻辑分析与梳理

本研究的逻辑主要是基于四种高度关联但存在明显差异的文本信息披露策略展开。在下文中,我们就文本信息披露策略之间的逻辑关联、文本信息披露策略与高管机会主义行为的逻辑关联和中介机制,以及本研究的总体逻辑线索进行阐述(图2-1)。

---

❶ ODEAN T. Are investors reluctant to realize their losses?[J]. The journal of finance,1998,53(5):1775-1798.

❷ FAMA E F. The behavior of stock-market prices[J]. The journal of business,1965,38(1):34-105.

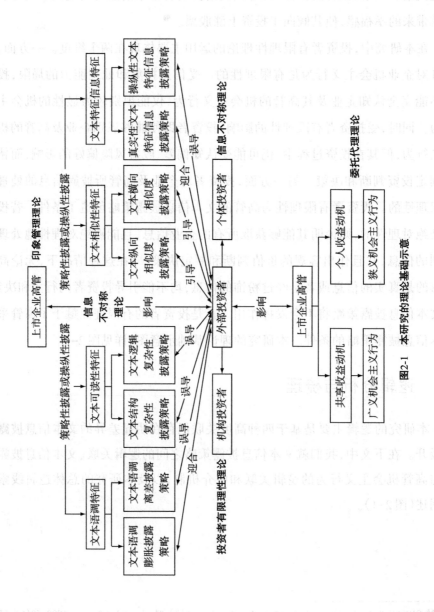

图2-1 本研究的理论基础示意

## 2.3.1 文本信息披露策略之间的逻辑关联

本研究所关注的四种文本信息披露策略既存在区别又相互联系且并列的，它们较为系统地涵盖了现阶段相对主要的文本信息策略性披露手段。四种文本信息披露策略之间的具体关系，详见图 2-2。接下来，本研究将从策略披露的信息特征、策略方式和策略手段三个维度，梳理四种高管文本信息披露策略之间的逻辑关联。

1. 策略披露的信息特征

（1）区别

首先，内容相关的文本信息特征和非内容相关的文本信息特征的区别。基于拉夫兰和麦克唐纳[1]、肖浩等[2]、钱爱民和朱大鹏[3]对文本信息内容特征的分类，会计文本信息包括内容相关的文本信息和非内容相关的文本信息。其中，文本特征信息披露策略以内容相关的文本信息特征作为策略披露的对象；而文本语调披露策略、文本可读性披露策略和文本相似度披露策略则以非内容相关的文本信息特征作为策略披露的对象。

其次，具体策略披露的信息特征的区别。本研究关注的文本碳信息披露策略（文本特征信息披露策略的一种典型性代表，但并非唯一）是以内容相关文本信息特征中的环境治理（碳信息）特征信息作为策略披露的对象。而文本语调披露策略、文本可读性披露策略和文本相似度披露策略分别侧重于高管对非内容相关文本特征信息：情感语调、文本可读性和文本相似性特征信息作为策略披露的对象。

[1] LOUGHRAN T, MCDONALD B. Textual analysis in accounting and finance: A survey[J]. Journal of accounting research, 2016, 54(4): 1187-1230.

[2] 肖浩, 詹雷, 王征. 国外会计文本信息实证研究述评与展望[J]. 外国经济与管理, 2016, 38(9): 93-112.

[3] 钱爱民, 朱大鹏. 财务报告文本相似度与违规处罚——基于文本分析的经验证据[J]. 会计研究, 2020(9): 44-58.

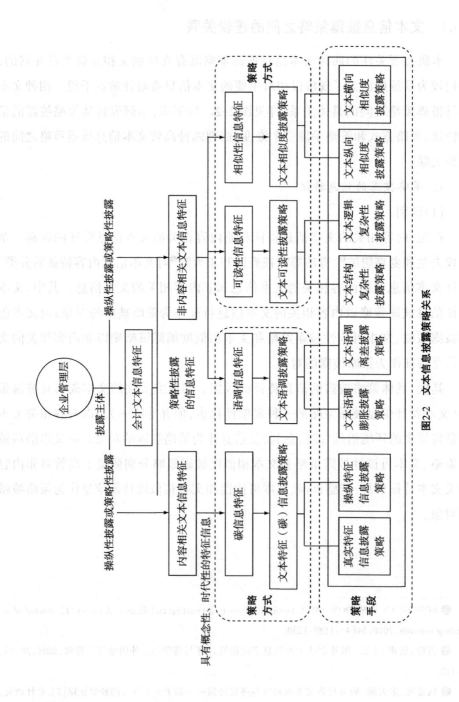

图2-2 文本信息披露策略关系

（2）联系

肖浩等的研究基于内容相关和非内容相关的文本信息特征基础上，将会计文本信息特征分为特征信息、语调、可读性和文本相似度特征。[1]本研究关注的文本语调披露策略、文本可读性披露策略、文本相似度披露策略及文本特征信息披露策略之间存在着高度关联：其一，策略披露的信息特征较系统性地囊括了相对主要的文本特征信息；其二，就具体策略披露的信息特征而言，四种文本信息披露策略之间是平行关系。

2. 策略方式

（1）区别

就策略方式而言，四种文本信息披露策略存在操纵性、真实性和掩饰性文本信息披露策略方式的区别。

首先，操纵性文本信息披露策略方式。操纵性文本信息披露策略方式是指文本发布者采取夸大披露超出实际的积极信息的方式实现。[2]本研究关注的文本语调披露策略和操纵性文本特征信息披露策略主要采取的是操纵性文本信息披露策略方式。

其次，真实性文本信息披露策略方式。真实性文本信息披露策略方式是指文本发布者以择机发布符合实际的、积极或消极的信息的方式实现，是一种真实性文本信息披露策略方式。

最后，掩饰性文本信息披露策略方式。掩饰性文本信息披露策略方式是指文本发布者以掩盖或推迟披露企业消极信息的方式实现。[3]本研究关注的文本可读性披露策略和文本相似度披露策略则是一种掩饰性文本信息披露策略方式。

（2）联系

四种文本信息披露策略主要采取的策略方式包括真实性文本信息披露策

---

[1] 肖浩，詹雷，王征. 国外会计文本信息实证研究述评与展望[J]. 外国经济与管理，2016，38（9）：93-112.

[2] 赵璨，陈仕华，曹伟. "互联网+"信息披露：实质性陈述还是策略性炒作——基于股价崩盘风险的证据[J]. 中国工业经济，2020（3）：174-192.

[3] 逯东，余渡，杨丹. 财务报告可读性、投资者实地调研与对冲策略[J]. 会计研究，2019（10）：34-41.

略、掩饰性文本信息披露策略和操纵性文本信息披露策略三种。其中,文本语调披露策略和操纵性文本特征信息披露策略主要是操纵性文本信息披露策略方式,而文本可读性披露策略和文本相似度披露策略则主要是掩饰性文本信息披露策略方式。因此,这四种文本信息披露策略在具体策略方式方面,两两之间存在共性,相互之间具有一定联系。

3. 策略手段

(1)区别

首先,文本语调披露策略的策略手段包括文本语调膨胀披露策略和文本语调离差策略,其中文本语调膨胀披露策略是指过度使用积极(超出实际)情感词汇的策略手段[1];文本语调离差披露策略则是指通过调节正面和负面词汇在文本中的分散程度,实现情绪感染的语调策略[2]。

其次,文本可读性披露策略的策略手段包括文本结构复杂性披露策略和文本逻辑复杂性披露策略,其中文本逻辑复杂性披露策略是指通过增加句子中连词和副词的使用,增加语句难理解性的策略;而文本结构复杂性披露策略则是指通过增加文本语句的长度,降低文本可理解性的策略。[3]

再次,文本相似度披露策略的策略手段包括文本纵向相似度披露策略和文本横向相似度披露策略,分别是通过借鉴企业以往年份和同行业其他企业的披露报告,重复性地披露没有差异的特质信息,来达到降低企业当期披露特质信息目的(模糊性目的)的实施手段。[4]

最后,文本特征信息披露策略的策略手段包括真实性文本特征信息披露策略和操纵性文本特征信息披露策略,其中真实性文本特征信息披露策略是指高管如实地披露企业某种特质内容信息;而操纵性文本特征信息披露策略则是指

---

[1] 贺康,万丽梅.政治关联与管理层语调操纵——声誉约束观还是资源支持观?[J].中南财经政法大学学报,2020(5):17-27,158-159.

[2] 黄萍萍,温素彬.社会责任文本信息策略性披露的识别研究——基于社会责任负面事件的情境[J].会计研究,2023(10):33-47.

[3] 徐巍,姚振晔,陈冬华.中文年报可读性:衡量与检验[J].会计研究,2021(3):28-44.

[4] 钱爱民,朱大鹏.财务报告文本相似度与违规处罚——基于文本分析的经验证据[J].会计研究,2020(9):44-58.

高管操纵性(夸大)地披露企业特质内容信息。❶

（2）联系

虽然从具体策略手段的选择而言,四种文本信息披露策略之间存在较大差异,但高管在采取某种特定的文本信息披露策略时,针对同一种信息披露策略,可能理性采取一种实施手段,也可能综合性地采取多种实施手段,对会计文本信息进行调节性披露和策略性披露。因此,就文本信息策略的具体实施来看,四种文本信息披露策略是存在联系和共性的,既可能是单一型策略手段,也可能是综合型策略手段。

## 2.3.2 文本信息披露策略与高管机会主义行为的逻辑关联和中介机制

四种文本信息披露策略之间的区别与联系并不单纯体现在文本信息披露策略之间,也体现在其与高管具体的机会主义行为的逻辑关联与中介机制中,本部分将进一步对比进行阐述。

1. 文本信息披露策略与高管机会主义行为的逻辑关联

在策略时机、策略目的和策略实现方式三个维度,四种文本信息披露策略与高管机会主义行为的逻辑关联存在区别与联系。

（1）策略时机

本研究关注文本信息披露策略的策略时机包括事前型和事后型两类。若文本信息披露策略实施后,才会出现高管机会主义的实际表现,则文本信息披露的策略时机是事前型的(本质是高管文本信息披露策略的经济后果研究);而若高管在存在机会主义行为和表现后,才会相应地采取文本信息披露策略,则文本信息披露的策略时机是事后型的(本质是高管文本信息披露策略的影响因素研究)。

本研究主要关注事前型的文本信息披露策略,包括文本可读性披露策略和文本特征信息披露策略;而事后型的文本信息披露策略,包括文本语调披露策略和文本相似度披露策略。需要说明的是,经过前期文献梳理,笔者发现文本可读性披露策略和文本特征信息披露策略、文本语调披露策略和文本相似度披露策

❶ HUANG X,TEOH S H,ZHANG Y. Tone management[J]. The accounting review,2014,89(3):1083-1113.

略,分别在事前型和事后型两种策略的策略时机研究稍显薄弱,为了补充相关研究,本研究对策略时机的关注侧重点进行了安排。

(2)策略目的

本研究关注文本信息披露策略的策略目的,包括广义性机会主义目的和狭义性机会主义目的。若高管采取文本信息披露策略实现的机会主义目的是维护共享收益,则文本信息披露策略倾向于实现广义性机会主义目的。若高管采取文本信息披露策略实现的机会主义目的是获取私有收益并会造成显性的消极经济后果,则文本信息披露策略倾向于实现狭义性机会主义目的。

本研究主要关注的是实现狭义机会主义目的的文本信息披露策略,包括文本语调披露策略和文本可读性披露策略;而实现广义机会主义目的的文本信息披露策略包括文本相似度披露策略和文本特征信息披露策略。

(3)策略的实现方式

本研究关注文本信息披露策略的实现方式包括增加或降低文本信息披露策略的使用。高管作为信息披露的决策主体,可以根据其动机和目的,调节信息披露策略的使用程度。

本研究关注的以增加策略使用作为策略实现方式的文本信息披露策略,包括文本语调披露策略、文本可读性披露策略和文本特征信息披露策略;以降低策略使用作为策略实现方式的文本信息披露策略包括文本相似度披露策略。

2. 文本信息披露策略与高管机会主义行为的中介机制

文本信息披露策略可能在机会主义事前或事后,高管通过发布真实的或操纵性的积极信息,以迎合投资者预期或掩饰消极信息,达到误导投资者预期其机会主义目的。

(1)事前型文本信息披露策略(文本可读性披露策略和文本特征信息披露策略)下高管机会主义行为的中介机制

基于印象管理理论,企业会有意识地树立积极和正面的形象。❶而作为理性人的企业高管,可能出于特定动机和目的,如避免负面信息对企业及其自身带来

---

❶ 张悦玫,邵帅.企业转型升级信息披露能否促进机构持股?——基于制造业上市公司的经验证据[J].大连理工大学学报(社会科学版),2024,45(2):35-47.

的消极影响,采取策略性的手段去影响利益相关者的预期和判断。❶本研究认为,基于中国资本市场实践,高管可能存在利用文本信息披露策略进行印象管理,继而影响投资者预期和行为的动机和倾向。其一,高管可能为实现获取共享收益的机会主义目的(广义机会主义目的),而利用文本信息披露策略迎合或引导投资者预期和决策。投资者是资本市场中重要的组成部分。投资者的预期和行为是影响企业资源获取的重要渠道,高管倾向于利用文本信息披露策略引导或误导投资者产生对企业积极的预期,继而拓展企业融资来源和渠道,短期内实现资金和资源的支持。其二,高管可能为实现获取个人利益的机会主义目的(狭义机会主义目的),而利用文本信息披露策略迎合或引导投资者的预期和决策。投资者是影响企业融资成本的重要因素,中国资本市场存在大量非理性投资者,其预期和交易决策足以影响股价。❷而受卖空交易限制,理性套利受阻,非理性投资者引发的估值偏误难以及时纠正。❸高管可能利用信息优势采取文本信息披露策略,误导投资者对企业价值估计,继而侵占投资者利益,实现超额私利获取的机会主义目的。

而基于信息不对称理论,上市企业高管所掌握的企业专有信息,无论从质量或者是数量上都优于企业外部利益相关者。❹这种信息优势赋予了内部人士借由信息优势寻机获利的可能。❺而针对文本信息,高管享有更高的自由裁量权,其可能进行策略性的文本信息披露去影响投资者,实现印象管理。❻本研究推

❶ MELLONI G,STACCHEZZINI R,LAI A. The tone of business model disclosure:an impression management analysis of the integrated reports[J]. Journal of management & governance,2016,20(2):295–320.

❷ HONG H,STEIN J C. Differences of opinion,short–sales constraints,and market crashes[J]. The review of financial studies,2003,16(2):487–525.

❸ MILLER E M. Risk,uncertainty,and divergence of opinion[J]. The journal of finance,1977,32(4):1151–1168.

❹ SPENCE A M. Time and communication in economic and social interaction[J]. The quarterly journal of economics,1973,87(4):651–660.

❺ 曾庆生,周波,张程,等.年报语调与内部人交易:"表里如一"还是"口是心非"?[J].管理世界,2018,34(9):143–160.

❻ BEATTIE V,JONES M J. Impression management:the case of inter–country financial graphs[J]. Journal of international accounting,auditing and taxation,2000,9(2):159–183.

断,高管可能利用文本信息披露策略来实现影响投资者预期判断和行为决策。其一,中国资本市场以中小投资者为主,相较于机构投资者,其信息搜集和处理的专业技术和能力更为欠缺,其对企业及高管发布的信息的甄别能力更为有限,更容易受高管文本信息披露策略的影响。其二,中小投资者受认知能力和专业技能的影响,相较于财务数字信息,更容易理解直观、易懂的文本信息,高管策略地采取文本信息披露影响投资者的预期和决策。其三,中国是高权力距离国家,非理性投资者的预期和决策更容易受权威言论的影响,高管作为企业内部的专业和权威人士,其认证公布的文本信息更可能被非理性投资者作为预期和决策的依据。❶

综上所述,基于印象管理理论和信息不对称理论,高管采取文本信息披露策略是作为事前型文本披露策略的策略手段,旨在通过影响信息接收者(外部投资者)的预期和行为,来实现其特定机会主义目的,而外部投资者在此过程中发挥着中介作用。

(2)事后型文本信息披露策略(文本语调披露策略和文本相似度披露策略)下,高管机会主义行为的中介机制

基于投资者有限理性理论,大多数投资者倾向基于历史数据或企业信息进行价值判断,但在决策过程中常因个体认知偏差导致股价与内在价值的严重偏离。❷其中,投资者情绪预期是导致其决策行为偏离最优状态和资本市场估值脱离实际的重要因素。❸前期研究证实,企业高管可以通过股利分配、投资决策和盈余管理❹等策略性决策行为,实现对投资者非理性情绪预期的迎合,继而实现对企业股票估值的影响。本研究推断,企业高管可能出于迎合投资者积极预期

❶ 靳光辉,刘志远,花贵如.政策不确定性与企业投资——基于战略性新兴产业的实证研究[J].管理评论,2016,28(9):3-16.

❷ RUAN Q,WANG Z,ZHOU Y,et al. A new investor sentiment indicator (ISI) based on artificial intelligence:A powerful return predictor in China[J]. Economic modelling,2020,88:47-58.

❸ BAKER M,WURGLER J. Investor sentiment and the cross-section of stock returns[J]. The journal of finance,2006,61(4):1645-1680.

❹ POLK C,SAPIENZA P. The stock market and corporate investment:A test of catering theory[J]. The review of financial studies,2008,22(1):187-217.

和扭转投资者消极预期的动机,采取文本信息披露策略。其一,中国资本市场存在大量非理性投资者,其预期和交易决策足以影响股价。❶特别是当大量非理性投资者产生共同偏好时,集中购买会引发股价非理性上涨。其二,受卖空交易限制,理性套利受阻,非理性投资者引发的估值偏误难以及时纠正,股价估值存在偏差。❷若投资者预期偏乐观,则可能导致企业股价上升,企业融资途径拓展、融资成本下降和企业核心竞争力提升。其三,投资者较悲观的预期可能引致企业的消极经济后果。若投资者预期偏悲观,则可能导致企业股价下降,企业融资途径紧缩、融资成本上升和企业核心竞争力下降。同时,若投资者预期较为悲观,可能引发其他利益相关者的消极反应,如监管部门更严格的监管、中介机构更有限的支持和证券分析师的预期下降等。

而基于印象管理理论,企业高管在特定时期,可能操纵和美化财务报告信息,以此影响投资者或利益相关者对企业产生积极和良好的印象。❸本研究推断,企业高管具有在事后(面对宏观不利因素冲击或实施了机会主义行为后)迎合投资者积极预期和扭转投资者消极预期的动机。其一,出于企业利益最大化动机,高管倾向于迎合投资者情绪。投资者和消费者均偏好价值型企业,高管倾向于在面对宏观不利因素冲击后,迎合投资者情绪、释放积极信息,有利于企业股价和竞争优势提升,助力企业资源获取和业绩提振。❹另一方面,出于自身利益最大化动机,高管可能在实施了机会主义行为后,迎合投资者积极预期和情绪。高管理性迎合投资者情绪、实现价值提升,能有效彰显其管理经营能力,为

❶ HONG H, STEIN J C. Differences of opinion, short-sales constraints, and market crashes[J]. The review of financial studies, 2003, 16(2): 487-525.

❷ MILLER E M. Risk, uncertainty, and divergence of opinion[J]. The journal of finance, 1977, 32(4): 1151-1168.

❸ 游家兴, 于明洋, 曹旭, 等. 政府环境关注与企业环境治理——基于政府工作报告文本分析的视角[J]. 管理评论, 2024, 36(5): 235-247.

❹ KOTHARI S P, LI X, SHORT J E. The effect of disclosures by management, analysts, and business press on cost of capital, return volatility, and analyst forecasts: A study using content analysis[J]. The accounting review, 2009, 84(5): 1639-1670.

其超额收益获取提供合理解释。[1]其三,当有限理性的投资者预期较偏悲观时(面对宏观不利因素的冲击或高管实施了机会主义行为后),高管为防止投资者的悲观预期为企业带来不利的经济后果,其可能在面对宏观不利因素冲击或实施了机会主义行为后,采取积极的信息披露策略,如披露更多企业的真实特质信息或采取夸大式的信息披露策略,目的是将投资者的悲观预期扭转成乐观预期,以减轻企业所面临的冲击和负面影响,维护企业长远的共享收益。另一方面,上市企业高管存在利用文本信息披露策略迎合投资者积极预期和扭转投资者消极预期的能力。其一,有学者已证实,高管可以利用股利发放[2]、投资决策[3]和股票分拆等决策行为,实现投资者非理性情绪迎合。同时,作为数字信息有力补充的文本信息披露,同样可作为高管的迎合手段。其二,投资者情绪高涨时期,投资者对好消息的反应更为强烈。高管积极的文本信息披露策略则更能利用投资者信息反应的非对称性进行策略性的引导。其三,相较于财务数字信息,文本信息的监管成本和违规成本更低,赋予了高管更高的自由裁量权,其更可能采取文本信息的披露策略来实现特定时期的印象管理。[4]

综上所述,基于投资者有限理性理论和印象管理理论,高管采取文本信息披露策略是作为事后型的策略手段,通过迎合或扭转信息接收者(外部投资者)情绪和行为的方式,来实现其特定机会主义目的,而外部投资者在此过程中发挥着中介作用。

### 2.3.3　本研究的逻辑线索

本研究的主线是基于四种相互区别,但又存在联系的文本信息披露策略展

❶ AYAYDIN Ö A, THEWISSEN J, TORSIN W. Disclosure tone management and labor unions [J]. Journal of business finance & accounting, 2021, 48(1-2):102-147.

❷ BAKER G P, JENSEN M C, MURPHY K J. Compensation and incentives: Practice vs. theory [J]. The journal of finance, 1988, 43(3):593-616.

❸ POLK C, SAPIENZA P. The stock market and corporate investment: A test of catering theory [J]. The review of financial studies, 2008, 22(1):187-217.

❹ BEATTIE V, JONES M J. Impression management: the case of inter-country financial graphs [J]. Journal of international accounting, auditing and taxation, 2000, 9(2):159-183.

开,这四种文本信息披露策略较系统地囊括了高管能对会计文本信息实施的、相对主要的策略性和操纵性披露手段,并分别就四种文本信息披露策略选择下高管的机会主义行为表现及作用机制进行梳理。

1. 事后型文本信息操纵性披露策略与高管的狭义性机会主义行为:高管超额薪酬与文本语调披露策略

文本语调披露策略是指上市企业高管调整和采取情感偏向和语调表述策略,主要通过情绪传递和感染,实现对利益相关者的情绪引导。从本质来看,文本语调披露策略既可能是真实性的披露策略(即传递一种符合企业实际和高管真实预期的情感信息),也可能是操纵性的披露策略(即传递夸大性的不符合实际的情感预期)。本研究基于高管的狭义性机会主义动机视角,分析了高管可能在超额薪酬实现后采取更为积极的文本语调披露策略(文本语调膨胀披露策略和文本正面语调离差披露策略),目的是实现机会主义的掩饰和超额薪酬的辩护。可见,文本情感语调披露是一种操纵性的披露手段,其实施时机是在投资者行为和预期之后(事后信息披露策略),其目的是获取更多的超额收益(自利),策略机制是实现利益相关者误导。

2. 事前型文本信息掩饰性披露策略与高管的狭义性机会主义行为:文本可读性与高管机会主义减持

文本可读性披露策略是指上市企业高管通过增加文本的复杂程度和提升词汇冗余程度降低文本可读性,目的是掩盖企业的负面消息和误导外部利益相关者。从本质来看,文本可读性披露策略可能是掩饰性的披露策略(即主观选择降低文本可读性、掩盖消极信息)。本研究基于高管的狭义性机会主义行为视角,分析了高管可能在机会主义减持之前采取文本可读性披露策略(文本结构复杂性披露策略),目的是掩盖企业的负面消息和引导投资者非理性情绪(操纵股价),继而实现更多机会主义减持获利。可见,文本可读性披露策略是一种掩盖性的信息披露策略,策略时机是投资者投资行为和投资预期之前(事前型信息披露策略),策略目的是获取更多超额收益(自利)和策略机制是实现利益相关者误导。

3. 事后型文本信息真实性(非掩饰性)披露策略与高管的广义性机会主义行为：经济政策不确定性与文本相似性策略

文本相似度披露策略是指上市企业高管通过借鉴以往时期和同行业其他企业的披露信息，目的是调节披露阅读者可以获悉的信息含量。从本质来看，文本相似度披露策略可能是掩饰性的披露策略(即主观增加文本相似程度、减少企业特质信息披露甚至是掩盖企业不利信息)。本研究基于高管的广义性机会主义行为视角，分析了高管可能在经济政策不确定性较高时期，降低文本相似度披露策略(文本横向相似度披露策略和文本纵向相似度披露策略)，目的是增加文本披露的信息含量和展现企业的竞争优势，继而缓解宏观经济不确定性带来的冲击和影响。可见，文本相似度披露策略的策略手段是一种掩盖性的信息披露策略，其策略方式是调节披露策略是使用程度，策略时机是在投资者行为和预期之后(事后型信息披露策略)，策略目的是缓解企业经营压力和风险(利他)和策略机制是实现利益相关者引导或迎合。

4. 事前型文本信息真实性和操纵性披露策略与高管的广义性机会主义行为：碳信息披露策略(一种典型的文本特征信息披露策略)与企业融资约束

文本特征信息披露策略是指上市企业高管在文本披露中针对某一种类特征词的披露水平，反映了上市企业及其高管对特定领域或维度的关注程度、实施现状和预期水平。从本质来看，文本特征信息披露策略既可能是真实性的披露策略(即披露符合企业实际状况的特征维度信息)，也可能是操纵性的披露策略(即夸大性、有目的地披露超出企业实际状况特征维度的信息)。本研究基于高管的广义性机会主义行为视角，分析了高管可能通过文本碳信息披露策略，促进潜在投资者的积极预期，进而转化为投资，有效缓解企业融资约束问题。可见，文本特征词披露策略是一种真实的和操纵性的信息披露策略，策略时机是在投资者行为和预期之前(事前型信息披露策略)，实施目的是助力企业发展、融资约束缓解(利他)，而策略机制是实现利益相关者迎合、引导和误导。

针对不同文本信息披露策略选择下，高管机会主义行为的研究，目的是探索高管在企业经营和治理中，可能采取的行为决策和策略选择问题，最终为市场监管、企业治理和投资者自我保护提供有益的建议和启示。本研究的逻辑关联和逻辑线索，如图2-3所示。

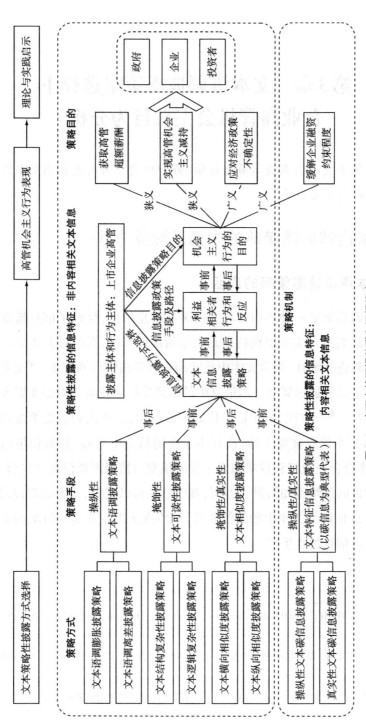

图2-3 本研究的逻辑关联和逻辑线索

# 第3章 文本语调披露策略选择下企业高管机会主义行为分析

本章聚焦于文本语调披露策略视角,分析高管是否可能利用文本语调披露策略实现其机会主义目的。

## 3.1 文本语调披露策略的内涵及测算方法

### 3.1.1 文本语调披露策略的内涵

文本语调特征是一种非内容相关的文本信息特征,反映了信息披露者积极或消极的情绪表达。文本语调特征是文本情绪的反映,其通过对正面词汇和负面词汇的词频进行统计,衡量文本中反映的积极和消极语调信息。[1]文本语调披露策略是企业高管通过调节文本信息中的语调来影响投资者对企业财务结果理解的策略手段。[2]一方面,基于信号传递理论视角,文本语调披露策略倾向于一种真实性的文本信息披露手段,高管出于缓解信息不对称、释放积极信息的目的,可能披露符合企业经营现状和未来发展预期的情绪语调信息,以迎合外部利益相关者积极的情绪感知[3];另一方面,基于信息操纵视角,文本语调披露策略是高管可能有意地调节文本中的情绪表达,以传递超出企业实际情况的正面情绪的操纵性文本信息披露手段。

---

[1] HUANG X, TEOH S H, ZHANG Y. Tone management [J]. The accounting review, 2014, 89(3): 1083-1113.

[2] 朱朝晖,许文瀚. 管理层语调是否配合了盈余管理行为[J]. 广东财经大学学报, 2018, 33(1): 86-98.

[3] 林乐,谢德仁. 投资者会听话听音吗?——基于管理层语调视角的实证研究[J]. 财经研究, 2016, 42(7): 28-39.

## 3.1.2　文本语调披露策略的测算方法

### 1. 技术方法

拉夫兰和麦克唐纳指出,解析文档的难度很大,且是关键环节。基于干净文本,采用计算机文本分析方法,可以构建可读性、语调、文档相似性等指标。❶字典法是度量语调的基本方法,研究者通过对乐观和悲观两类单词进行词频统计来测算文本的语调倾向。字典法的优势在于:使用简易、方便测算;复现性较强,能够推而广之;方法成熟,相关研究较为丰富。

首先,是字典的构建。拉夫兰和麦克唐纳通过对其整理的金融情感词典与哈弗字典进行比较,发现他们设计的词典更适用于金融行业文本。现阶段,国外最普遍的会计金融类文本分析字典是 Henry 字典和 L&M 字典。❷而伴随着文本分析方法在我国研究中的推广,部分学者尝试构建了一些适用于中文语境的文本分析字典:知网情感词典、大连理工大学情感词典和台湾大学学术词典。❸也有部分学者尝试自行构建金融字典,如卞世博等将人工甄别和机器学习方法相结合,构建了中文金融情感词典(Chinese Financial Sentiment Dictionary,CFSD)。❹

其次,是语义信息的测度。字典法主要是对文本词汇频率进行统计,忽略了文本语义信息前后之间的联系,测量不可避免地存在偏误。现阶段有部分学者运用机器学习方法等自然语言处理技术,如朴素贝叶斯、支持向量机、决策树等特定算法,基于文本的整体语义情绪进行判断。

### 2. 具体测算

前期文献普遍采用字典法对文本语调变量进行测算。字典法实质上是一种词频统计法,它基于预设的字典和规则将目标文档中的单词逐一映射到各个集

---

❶ LOUGHRAN T, MCDONALD B. When is a liability not a liability? Textual analysis, dictionaries, and 10-Ks[J]. The journal of finance,2011,66(1):35-65.

❷ HENRY E. Are investors influenced by how earnings press releases are written?[J]. The journal of business communication (1973),2008,45(4):363-407.

❸ 贾德奎,卞世博.招股说明书负面语调能预测 IPO 后业绩表现吗?[J].金融论坛,2019,24(10):60-69.

❹ 卞世博,阎志鹏."答非所问"与 IPO 市场表现——来自网上路演期间的经验证据[J].财经研究,2020,46(1):49-63.

合中,经过统计计算得到文本的量化特征。

首先,针对上市企业文本情感语调构建的方法已经较为成熟。其中,使用最多的情感语调指标是基于传统字典法测算的高管净正面语调指标Tone。具体测算方式是采用Python中的Jieba中文分词模块对文本进行自动分词,并与选定字典对照,分别统计积极词汇和消极词汇及总词汇的词频数量。然后,采取模型(3-1)方法测算高管语调。[1]

其次,也有学者进一步优化了高管语调的测算方法。在传统文本净正面语调指标基础上,考虑了文本篇幅的影响,采取文本净正面词汇(正面词汇数-负面词汇数)与总词汇数的比值来计算文本语调指标,具体测算方法见模型(3-2)。此外,另一些学者则采取TF-IDF算法模型(3-3)计算词汇向量,并在对应词汇向量基础上,利用模型(3-3)计算文本语调指标,目的是将文本篇幅和词汇重要性纳入指标测算中。[2]

$$Tone = \frac{(正面词汇数 - 负面词汇数)}{(正面词汇数 + 负面词汇数)} \tag{3-1}$$

$$Tone = \frac{(正面词汇数 - 负面词汇数)}{总词汇数} \tag{3-2}$$

$$TFIDF_{x,y} = tf_{x,y} \times \log\left(\frac{N}{df_x}\right) \tag{3-3}$$

式中,$tf_{x,y}$为$y$文本中单词$x$出现频率,$df_x$为包含单词$x$的文本数量,$N$为文本的总数量。

最后,部分学者从文本操纵性视角,在传统文本语调指标基础上,构建了操纵性文本情感语调指标。一方面,王华杰和王克敏[3]尝试将语调分离为正常语调和异常语调,采用了拟合模型的测算方式,构造了高管语调的最优拟合模型,通过计算残差来衡量高管语调超出正常水平的积极程度,即为文本语调膨胀披露策略(Abtone),拟合模型见模型(3-4);另一方面,也有学者从语调离散程度视

[1] LOUGHRAN T, MCDONALD B. When is a liability not a liability? Textual analysis, dictionaries, and 10-Ks[J]. The journal of finance, 2011, 66(1):35-65.

[2] 邱静,杨妮. 情感语调信号传递与企业融资约束[J]. 中南财经政法大学学报,2021(5):75-88.

[3] 王华杰,王克敏. 应计操纵与年报文本信息语气操纵研究[J]. 会计研究,2018(4):45-51.

角,测算积极词汇和消极词汇在文本中的离散程度。其策略逻辑是阅读者同时接收好消息(或坏消息)的喜悦(或痛苦)小于分开获取信息的喜悦(或痛苦)。[1] 测算方式是对文本进行 Jieba 分词和去除停用词,并与选定字典比对,分别测算正面词汇和负面词汇及总词汇的数量,若文本中正面词汇数为 $n$,则将文本平均分为 $n$ 部分,逐一查看每部分是否包含正面(或负面)情感词汇,最终计算包含正面词部分(或负面词部分)与总部分数之比,来衡量语调的正面离差程度。

$$\text{Tone}_{i,t} = \alpha_0 + \alpha_1 \text{Roa}_{i,t} + \alpha_2 \text{Ret}_{i,t} + \alpha_3 \text{Size}_{i,t} + \alpha_4 \text{Bm}_{i,t} + \alpha_5 \text{Ret\_Sd}_{i,t} \\ + \alpha_6 \text{Roa\_Sd}_{i,t} + \alpha_7 \text{Age}_{i,t} + \alpha_8 \text{Loss}_{i,t} + \alpha_9 \text{D\_Roa}_{i,t} + \varepsilon_{i,t} \tag{3-4}$$

式中,$\alpha$ 为常数,$i$ 为企业,$t$ 为时期,$\text{Tone}_{i,t}$ 为高管净正面语调;$\text{Roa}_{i,t}$ 为企业净盈利;$\text{Ret}_{i,t}$ 为 12 个月持有到期收益率;$\text{Size}_{i,t}$ 为企业总资产的自然对数;$\text{Bm}_{i,t}$ 为账面市值比;$\text{Ret\_Sd}_{i,t}$ 为个股月收益率标准差;$\text{Roa\_Sd}_{i,t}$ 为过去五年业绩标的准差;$\text{Age}_{i,t}$ 为企业上市年限的对数;$\text{Loss}_{i,t}$ 为亏损虚拟变量,若当年亏损则为 1,否则为 0;$\text{D\_Roa}_{i,t}$ 为 $t$ 期的净利润减 $t-1$ 期净利润,除以 $t-1$ 期总资产;$\varepsilon_{i,t}$ 为截距项。

## 3.2 文本语调披露策略选择下企业高管机会主义行为的理论机制分析

### 3.2.1 具体背景

1. 研究背景

高额薪酬是企业增加高管黏性、提振尽职性的激励机制,但薪酬过高也可能成为高管机会主义操纵的抓手。在资本市场中,"天价薪酬"劣性事件屡见不鲜,原因在于,一方面,高管权利赋予其操纵薪酬方案制定的可能;另一方面,信息不对称为高管利用信息披露策略掩饰薪酬寻租创造了条件。前期文献发现,超额收益实现后,高管可能通过财务数字信息操纵,对薪酬合理性进行辩护,以掩盖高管寻租。[2]而公司披露的信息分为数字信息和文本信息,其中文本信息同样能

---

[1] 朱朝晖,包燕娜,许文瀚.管理层语调离差策略及其对分析师预测乐观度影响——基于A股制造业上市公司管理层分析与讨论文本分析[J].财经论丛,2018(2):39-46.

[2] 缪毅,胡奕明.内部收入差距、辩护动机与高管薪酬辩护[J].南开管理评论,2016,19(2):32-41.

发挥增量信息优势,引导资本市场反应与预期。高管是否可通过文本信息披露策略(特别是包含企业规划和预期的管理层分析与讨论的文本信息披露策略),在超额薪酬实现后,如何进行印象管理?这种高管策略性披露的决策依据是什么?❶

2. 问题提出

基于薪酬权力观,高管超额薪酬是指脱离了薪酬与业绩挂钩的激励原则的薪酬部分,即高管通过权力寻租而不是其真实的经营努力来获取薪酬。❷❸有学者认为,超额薪酬会引致消极经济后果。❹首先,加剧企业持续经营风险。超额薪酬显著降低企业财务业绩和增加股价崩盘风险。其次,降低企业投融资效率。超额薪酬导致非效率投资增加❺及债务融资减少❻。再次,增加企业内部治理风险。薪酬过高会加剧代理成本❼、降低员工积极性。最后,有损企业和高管的声誉和形象。超额薪酬增加公众和媒体"愤怒成本",有损企业和高管声誉。❽因此,高管倾向于从程序和结果的正当性层面辩护薪酬的合理性。❾其一,高管通过增强薪酬和业绩敏感性实现结果合理性辩护。其二,高管会利用数字信息操

---

❶ 本章所关注的高管超额薪酬是高管为获取超额私有收益的狭义机会主义行为的一种具体表现和典型方式,而在实际中高管采取文本语调披露策略所进行的狭义机会主义行为可能并不仅限于超额薪酬这一种表现形式。

❷ 权小锋,吴世农,文芳. 管理层权力、私有收益与薪酬操纵[J]. 经济研究,2010,45(11):73-87.

❸ 罗宏,黄敏,周大伟,等. 政府补助、超额薪酬与薪酬辩护[J]. 会计研究,2014(1):42-48,95.

❹ 傅颀,乐婷,徐静. 有效激励还是以权谋私:超额高管薪酬与股价崩盘风险——基于不同产权性质的实证研究[J]. 财经论丛,2017(9):74-82.

❺ 郑玲,周晓雯. 现金薪酬、股权激励对管理层投资行为影响的实证检验[J]. 统计与决策,2019,35(24):153-157.

❻ 黄送钦,吴利华,许从宝. 高管超额薪酬影响了企业债务融资吗[J]. 当代财经,2017(11):110-122.

❼ 吴育辉,吴世农. 企业高管自利行为及其影响因素研究——基于我国上市公司股权激励草案的证据[J]. 管理世界,2010(5):141-149.

❽ 谢德仁,姜博,刘永涛. 经理人薪酬辩护与开发支出会计政策隐性选择[J]. 财经研究,2014,40(1):125-134.

❾ 谢德仁,林乐,陈运森. 薪酬委员会独立性与更高的经理人报酬—业绩敏感度——基于薪酬辩护假说的 Godfrey 分析和检验[J]. 管理世界,2012(1):121-140,188.

纵和文本披露信息实现薪酬辩护。[1]

有学者认为,文本信息(特别是情感语调信息)是阅读者调整预期和判断的增量信息。投资者、分析师和资本市场均会解读文本情感信息,并做出决策和反应。特别是管理层分析与讨论中的前瞻性陈述的语调,在解释公司未来收益方面具有显著解释能力,高管使用积极的语调有助于改善公司未来绩效。然而,文本情感信息并非总是客观有效的,有时候可能沦为高管印象管理的手段。高管可能利用语调膨胀度和语调正面离差披露策略实现其特定的目的。

### 3.2.2　假设提出

基于印象管理理论,企业印象管理是指为实现某种特定目的,企业有意树立积极正面形象。企业及其高管可以通过策略向利益相关者传递企业积极正面形象的信息。[2]其中,策略性的信息披露,即发布积极正面的信息、掩饰负面消息是一种主要的印象管理手段。然而,企业印象管理是成本与收益权衡的结果。其中,收益是通过美化利益相关者心中形象所带来,而成本则是信息操纵被利益相关者洞悉后的"愤怒成本"。企业并不会贸然进行印象管理,而是依据利益相关者预期和反应慎重决策。而投资者作为企业主要利益相关者,其反应可能是企业信息操纵、印象管理的主要依据。

关注是一种稀缺性资源[3],企业可能依据投资者关注的变化判断其反应,并调整决策。投资者接收和分析信息的能力并非完全的。在有限的注意力下,投资者只会对能够迅速吸引关注的信息做出反应,而可能忽略那些具有价值但不能被其关注到的信息。[4]其一,指时间和精力的有限性,限制了投资者所能分析的信息量,使投资者不可能关注到所有的股票,从而导致暂时性定价偏差的发

[1] 张勇.高管超额薪酬与企业会计信息可比性——基于薪酬辩护理论视角[J].会计与经济研究,2020,34(3):50-67.

[2] GODFREY J,MATHER P,RAMSAY A. Earnings and impression management in financial reports:The case of CEO changes[J]. Abacus,2003,39(1):95-123.

[3] KAHNEMAN D. Attention and effort[M]. Englewood Cliffs:Prentice-Hall,1973.

[4] 马黎珺,伊志宏,张澈.廉价交谈还是言之有据?——分析师报告文本的信息含量研究[J].管理世界,2019,35(7):182-200.

生❶,而有限注意受到吸引是预期和判断变化的前提条件。其二,随着互联网信息快速发展,企业高管可以利用互联网信息快速获取投资者关注变化的情报。其三,资本市场中的其他参与者会依据投资者的关注来分配其自身的关注资源。❷因此,本研究推断高管可能在超额薪酬后,依据投资者关注的变化,调整其信息披露决策。

资本市场投资者包括易受情绪和认知影响的个体投资者和信息搜集、解析能力专业的机构投资者。一方面,超额薪酬显著增加个体投资者关注。其一,投资者的关注是有限的,倾向于将其分配到易理解和获取的信息上❸,高管薪酬信息更易吸引其关注;其二,个体投资者更易关注表现异常的企业❹,超额薪酬作为异常事件更易吸引其关注;其三,追求平等是人类内驱力和价值观平衡的标准❺,高管薪酬作为反映社会公平和贫富问题事件更易吸引个体投资者关注。另一方面,超额薪酬显著增加机构投资者关注。其一,超额薪酬作为增量信息,更能反映企业实际,吸引机构投资者关注;其二,超额薪酬既反映经营情况,又体现内部治理问题,机构投资者倾向于关注超额薪酬信息掌握企业情况;其三,机构投资者倾向于关注超额薪酬信息,作为验证先验信念的增量信息。

超额薪酬实现后,高管会依据超额薪酬信息产生的投资者关注,调节其文本语调披露策略。

基于委托代理理论,若委托人和代理人目标不一致时,代理人可能违背委托人最优利益行事。在委托代理关系中,存在着信息不对称的情况。委托人并不

❶ ABOODY D, LEHAVY R, TRUEMAN B. Limited attention the earnings announcement returns of past stock market winners[J]. Review of accounting studies, 2010, 15(2): 317-344.

❷ 成松豪,张兵. 投资者有限关注行为与IPO表现——基于百度指数的研究[J]. 金融经济学研究, 2014, 29(6): 54-63.

❸ ALTER A L, OPPENHEIMER D M. Predicting short-term stock fluctuations by using processing fluency [J]. Proceedings of the national academy of sciences, 2006, 103(24): 9369-9372.

❹ 刘杰,陈佳,刘力. 投资者关注与市场反应——来自中国证券交易所交易公开信息的自然实验[J]. 金融研究, 2019(11): 189-206.

❺ 邱龙广,刘斌. 公平信息披露制度的人性假设研究[J]. 财经问题研究, 2015(2): 18-24.

能完全洞察代理人所采取的行动,而只能观测到行动的结果。[1]这为高管利用信息优势和控制权优势,采取机会主义行为或信息操纵策略实现特定的目的,如为超额薪酬行为进行合理性辩护,创造了条件。

首先,文本语调披露策略是高管可能采取的印象管理的信息披露手段。一方面,这种策略是一种隐蔽的印象管理手段,较难识别。另一方面,文本语调披露策略通过传递高管情绪,进而影响投资者的感知。常用的文本语调披露策略包括文本语调膨胀披露策略和文本语调离差披露策略。[2]文本语调膨胀披露策略通过使用更多正面词汇,强化情绪渲染,增加阅读者的积极感知。[3]外部投资者认为管理者负面语调比正面语调更具可信度并且更具信息价值,往往更相信负面语调带来的关于公司业绩的坏消息,并对其做出及时的市场反应。信息接收者的认知并非完全理性,一次性得知两个好消息的价值要小于分开得知两个好消息的价值总和,而一次性得知两个坏消息的痛苦也会小于分开得到两个坏消息的痛苦总和。高管可能利用文本正面语调离差披露策略(增加正面词汇分散度)和文本负面语调离差披露策略(减少负面词汇分散度),实现情绪渲染(上市公司可能选择集中披露坏消息、分散披露好消息的策略)。因此,高管可能采取的文本语调披露策略包括文本语调膨胀披露策略、文本正面语调离差披露策略和文本负面语调离差披露策略。

其次,超额薪酬可能增加投资者的关注,继而增加高管文本语调披露策略的使用。一方面,高管超额薪酬吸引了更多投资者的关注,可能转化潜在的投资机会。[4]受先验信念影响,乐观(或悲观)投资者可能将超额薪酬视作积极(或消极)信息。为迎合乐观投资者预期和扭转悲观投资者预期,高管可能利用积极情绪渲染(采取文本语调膨胀披露策略和文本正面语调离差披露策略),降低消极情

[1] ARROW K J. Informational structure of the firm [J]. The American economic review, 1985, 75 (2): 303–307.

[2] 朱朝晖,包燕娜,许文瀚.管理层语调离差策略及其对分析师预测乐观度影响——基于A股制造业上市公司管理层分析与讨论文本分析[J].财经论丛,2018(2):39–46.

[3] 曾庆生,周波,张程,等.年报语调与内部人交易:"表里如一"还是"口是心非"?[J].管理世界,2018,34(9):143–160.

[4] 肖奇,沈华玉.投资者关注、信息质量与IPO抑价[J].华东经济管理,2018,32(1):119–126.

绪传播(采取文本负面语调离差披露策略)实现印象管理,增加潜在的投资转化。另一方面,为规避监管惩罚和降低"愤怒成本",超额薪酬吸引投资者的关注增加后,高管可能采取文本语调披露策略实现印象管理。其一,超额薪酬后投资者关注增加,提升投资者信息搜集处理效率,降低信息不对称、增加机会主义操纵识别可能。●其二,受注意力传染和从众心理驱使,超额薪酬引发投资者消极关注的增加,可能引致市场质疑和"愤怒成本"。其三,市场参与者倾向于依据投资者关注分配其关注●,超额薪酬吸引投资者关注增加,可能引致因分析师、审计师和监管部门关注带来的惩罚和"报复"。出于规避消极后果,高管在超额薪酬引发投资者关注后,可能增加积极情感渲染(采取文本语调膨胀披露策略和文本正面语调离差披露策略),降低消极情绪渲染(采取文本负面语调离差披露策略),以实现印象管理和薪酬辩护。为更直观地展示推导逻辑,本研究绘制了理论推导路径图3-1。

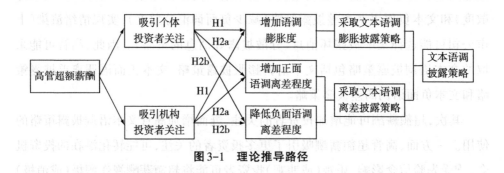

图3-1 理论推导路径

基于此,本研究提出以下假设。

H1:高管的超额薪酬可能显著增加其文本语调膨胀披露策略的使用。

H2a:高管的超额薪酬可能显著增加其文本正面语调离差披露策略的使用。

H2b:高管的超额薪酬可能显著增加其文本负面语调离差披露策略的使用。

● 权小锋,尹洪英.投资者注意力、信息获利与管理层择机交易[J].上海经济研究,2012,24(7):65-82.

● 成松豪,张兵.投资者有限关注行为与IPO表现——基于百度指数的研究[J].金融经济学研究,2014,29(6):54-63.

## 3.3　文本语调披露策略选择下企业高管机会主义行为的实证分析

### 3.3.1　研究设计

1. 研究样本

以2005—2021年中国A股市场上市公司为研究对象,剔除金融保险类公司、ST和PT企业、资不抵债及数据缺失的公司,最终得到样本观察值为26397个。基础财务数据来自CSMAR数据库,媒体数据来自CNRDS数据库。本研究使用网络爬虫程序自动获取巨潮资讯网披露的上市公司年报,并将PDF文件转换为TXT文档。随后采用计算机和手工整理相结合的方式,提取年报中"管理层分析与讨论"的文本内容。数据分析采用Stata15,并通过Python软件提取文本指标。为避免极端值的影响,对所有连续变量均在1%水平上进行了缩尾处理。

虽然研究样本仅实证检验了截至2021年的数据样本,但近年来的研究再次验证了文本语调披露策略可能成为高管机会主义行为的手段。沈红波等发现管理层可能在语调披露中进行操纵以掩盖企业真实业绩,管理层文本语调与公司业绩的变动方向可能出现相反情况。❶刘颖斐等也证实管理层在不同信息环境和公司治理环境下可能存在差异性语调操控行为。❷黄萍萍和温素彬年更证实管理层可能通过文本语调披露策略实现其机会主义目的,且这种操纵是难以被投资者短期识别的。❸因此可以推断,本研究的结论仍然适用于近年的情况,高管文本语调操纵策略仍然是其进行机会主义利己的重要手段,也是治理和监督的关键性信息披露风险问题。

---

❶ 沈红波,石若瑜,陈鹏翔. 机构投资者能有效识别管理层语调信息吗? ——基于管理层讨论与分析的文本语调[J]. 东南大学学报(哲学社会科学版),2024,26(4):35-46,150-151,153.

❷ 刘颖斐,刘学财,林晚发. 管理层语调操控及投资者识别:基于问询监管视角[J]. 管理科学,2023,36(6):123-137.

❸ 黄萍萍,温素彬. 社会责任文本信息策略性披露的识别研究——基于社会责任负面事件的情境[J]. 会计研究,2023(10):33-47.

2. 变量定义

(1)被解释变量：文本语调膨胀度披露策略指标 RTone、文本正面语调离差披露策略指标 Pos_deviation 和文本负面语调离差披露策略指标 Neg_deviation

①文本语调膨胀披露策略指标 Rtone。本研究参考拉夫兰和麦克唐纳的做法，首先，使用知网情感词典、大连理工大学情感词典和台湾大学学术词典，把3个常用的情感通用词典整合生成文本词典。[1]其次，利用字典法，在手工搜集管理层分析与讨论文本基础上，分词、去停用词、词典比对并计算词频和情感语调指标。Tone 越大，说明高管用词越积极正面。

$$\text{Tone}_{i,t} = \frac{(\text{Postsum}_{i,t} - \text{Negsum}_{i,t})}{(\text{Postsum}_{i,t} + \text{Negsum}_{i,t})} \tag{3-5}$$

式中，$\text{Postsum}_{i,t}$ 和 $\text{Negsum}_{i,t}$ 分别为文本正面词语总数和负面词语总数。

其次，参考贺康和万丽梅、王华杰和王克敏的做法，构建模型、计算残差衡量文本语调膨胀披露策略 RTone。[2][3]

$$\text{Tone}_{i,t} = \alpha_0 + \alpha_1 \text{Roa}_{i,t} + \alpha_2 \text{Ret}_{i,t} + \alpha_3 \text{Size}_{i,t} + \alpha_4 \text{Bm}_{i,t} + \alpha_5 \text{Ret}_s \text{d}_{i,t}$$
$$+ \alpha_6 \text{Roa}_s \text{d}_{i,t} + \alpha_7 \text{Age}_{i,t} + \alpha_8 \text{Loss}_{i,t} + \alpha_9 \text{D\_Roa}_{i,t} + \varepsilon_{i,t} \tag{3-6}$$

式中，$\text{Age}_{i,t}$ 为公司上市年份的对数。

②文本正面语调离差披露策略指标 Pos_deviation 和文本负面语调离差披露策略 Neg_deviation。参考朱朝晖等[4]的做法，首先用 $N$ 表示某文本的总字数，分别用 Possum 和 Negsum 表示这篇文本的正面和负面情感语调总字数；然后分别把全文平均分为 Possum 和 Negsum 部分，求出现正面/负面情感语调词的部分占总部分数的比重，就是正面/负面语调离差。具体文本正面(负面)语调离差披露策略指标计算方法如下。

❶ LOUGHRAN T, MCDONALD B. Textual analysis in finance[J]. Annual review of financial economics, 2020, 12:357-375.

❷ 贺康, 万丽梅. 政治关联与管理层语调操纵——声誉约束观还是资源支持观?[J]. 中南财经政法大学学报, 2020(5):17-27, 158-159.

❸ 王华杰, 王克敏. 应计操纵与年报文本信息语气操纵研究[J]. 会计研究, 2018(4):45-51.

❹ 朱朝晖, 包燕娜, 许文瀚. 管理层语调离差策略及其对分析师预测乐观度影响——基于 A 股制造业上市公司管理层分析与讨论文本分析[J]. 财经论丛, 2018(2):39-46.

$$\text{Pos\_deviation}_{i,t} = \frac{\sum \text{Pos\_Parts}_{i,t}}{\text{Possum}_{i,t}} \quad (3\text{-}7)$$

$$\text{Neg\_deviation}_{i,t} = \frac{\sum \text{Neg\_parts}_{i,t}}{\text{Negsum}_{i,t}} \quad (3\text{-}8)$$

式中，$\sum \text{Pos\_Parts}_{i,t}$ 和 $\sum \text{Neg\_parts}_{i,t}$ 分别为包含正面情感词汇和负面情感词汇部分数的总和。

③企业价值指标Tobinq。测算企业价值指标用于指标效度检验，采用企业托宾Q值衡量企业价值，托宾$Q$值的测算方法见模型(3-9)

$$\text{Tobinq} = \frac{(流通股市值 + 非流通股股份数 \times 每股净资产 + 负债账面值)}{总资产}$$

$$(3\text{-}9)$$

（2）解释变量：高管超额薪酬变量Overpay

参考罗宏等的做法，计算前三名企业高管薪酬总和对数，衡量绝对薪酬Ceopay。[1]并在此基础上，构建模型、计算残差衡量高管超额薪酬Overpay。

$$\text{Ceopay}_{i,t} = \alpha_0 + \alpha_1 \text{Size}_{i,t} + \alpha_2 \text{Roa}_{i,t} + \alpha_3 \text{Ia}_{i,t} + \alpha_4 \text{Zone}_{i,t} + \sum \text{Industry} + \sum \text{Year} + \epsilon$$

$$(3\text{-}10)$$

式中，$\text{Ia}_{i,t}$ 为无形资产比，$\text{Zone}_{i,t}$ 为区域虚拟变量，若注册地是中西部省份，则取值为1。

（3）中介变量：个体投资者关注指标Investor和机构投资者关注指标Institution

①个体投资者关注指标Investor。考虑到个体投资者对企业信息关注的重要渠道来源于网络媒体。因此，参考俞庆进、张兵和叶康涛等的做法，通过搜集上市企业百度搜索指数，并计算关注度指标Investor。[2][3]

---

[1] 罗宏,黄敏,周大伟,等.政府补助、超额薪酬与薪酬辩护[J].会计研究,2014(1):42-48,95.

[2] 俞庆进,张兵.投资者有限关注与股票收益——以百度指数作为关注度的一项实证研究[J].金融研究,2012(8):152-165.

[3] 叶康涛,祝继高,陆正飞,等.独立董事的独立性:基于董事会投票的证据[J].经济研究,2011,46(1):126-139.

$$Investor_{i,t} = \ln(Index_{i,t} + 1) \tag{3-11}$$

式中,$Index_{i,t}$为企业年度百度搜索指数。

②机构投资者关注变量Institution。徐飞指出分析师报告的重要信息需求者是机构投资者且分析师与机构投资者存在利益关联。[❶]而王爱群等认为,分析师的佣金收入和职业声誉与机构投资者息息相关,分析师会考虑机构投资者信息需求调整其关注。[❷]因此,本研究采取分析师关注度衡量机构投资者的关注水平Institution。

$$Institution_{i,t} = \ln(Analysts_{i,t} + 1) \tag{3-12}$$

式中,$Analysts_{i,t}$为关注上市公司的证券分析师人数。

(4)分组变量

①高管能力指标。本研究借鉴德梅尔吉安(Demerjian)等的做法,计算高管能力指标。[❸]首先,利用数据包络分析计算企业效率值。其中,产出变量为营业收入,投入变量为固定资产净额、无形资产净额、商誉、研发支出、营业成本、销售与管理费用。其次,构建Tobit模型拟合企业贡献的效率值。其中,控制了包括企业规模、市场份额、自由现金流、成立年限、国际化程度和多元化程度等变量,回归残差即为高管能力指标Ma_score。同时,为降低指标的干扰,将企业高管的能力按其大小排序分为四组,作为高管能力另一个衡量指标Ma4。

②印象管理动机指标。本研究将从传统报刊媒体和网络媒体两个维度,计算媒体净负面报道率。参考杨晶等的做法,在中国国家研究数据服务平台(CNRDS数据库)获取媒体报道数据基础上,构建如下模型测算净负面报道率。[❹]

---

❶ 徐飞.放松卖空管制、分析师评级与股价崩盘风险——基于机构持股与溢价并购的机制检验[J].安徽师范大学学报(人文社会科学版),2021,49(4):106-121.

❷ 王爱群,李静波,萧朝兴,等.股价崩盘风险与分析师关注:"趋之若鹜"还是"退避三舍"[J].上海财经大学学报,2019,21(5):65-84.

❸ DEMERJIAN P R, LEV B, LEWIS M F, et al. Managerial ability and earnings quality[J]. The accounting review, 2013, 88(2):463-498.

❹ 杨晶,沈艺峰,李培功.网络负面舆论对高管薪酬公平与效率的影响[J].经济管理,2017,39(2):117-134.

$$\text{Negtive}_{i,t} = \frac{\text{Negtive\_new}_{i,t} - \text{Positive\_new}_{i,t}}{\text{Total\_new}_{i,t}} \qquad (3\text{-}13)$$

式中，$\text{Negtive}_{i,t}$ 为报刊 Negtive_paper 和网络媒体 Negtive_net 净负面报道比率。$\text{Negtive\_new}_{i,t}$、$\text{Positive\_new}_{i,t}$ 和 $\text{Total\_new}_{i,t}$ 分别为报刊和网络媒体负面报道、报刊和网络媒体正面报道和总报道的数量。

③信息操纵动机指标。本研究参考王亚平等和李增福等的做法，构建了应计盈余管理指标 Da 和真实盈余管理指标 AbsREM 衡量高管会计信息操纵。[1][2]

首先，分年度和行业构建模型进行回归分析：

$$\frac{\text{Ta}_{i,t}}{\text{Asset}_{i,t-1}} = \alpha_1 \frac{1}{\text{Asset}_{i,t-1}} + \alpha_2 \frac{\Delta\text{Rev}_{i,t}}{\text{Asset}_{i,t-1}} + \alpha_3 \frac{\text{Ppe}_{i,t}}{\text{Asset}_{i,t-1}} + \varepsilon_{i,t} \qquad (3\text{-}14)$$

其次，将估计值带入如公式(3-15)，计算应计盈余管理变量 Da。

$$\text{Da}_{i,t} = \frac{\text{Ta}_{i,t}}{\text{Asset}_{i,t-1}} - \left( \widehat{\alpha_1} \frac{1}{\text{Asset}_{i,t-1}} + \widehat{\alpha_2} \frac{\Delta\text{Rev}_{i,t} - \Delta\text{Rec}_{i,t}}{\text{Asset}_{i,t-1}} + \widehat{\alpha_3} \frac{\text{Ppe}_{i,t}}{\text{Asset}_{i,t-1}} \right)$$

$$(3\text{-}15)$$

式中，$\text{Ta}_{i,t}$、$\text{Asset}_{i,t-1}$、$\Delta\text{Rev}_{i,t}$、$\text{Ppe}$ 和 $\Delta\text{Rec}_{i,t}$ 分别为总应计利润、资产总额、主营业务收入变动额、固定资产原值和应收账款变动额。

再次，分年度和行业进行拟合回归计算残差，其中包括非正常经营活动现金流 R_Cfo、非正常费用 R_Prod 和非正常产品成本 R_Disexp：

$$\frac{\text{R\_Cfo}_{i,t}}{\text{Ta}_{i,t-1}} = \alpha_0 + \alpha_1 \frac{1}{\text{Ta}_{i,t-1}} + \alpha_2 \frac{\text{Sales}_{i,t}}{\text{Ta}_{i,t-1}} + \alpha_3 \frac{\Delta\text{Sales}_{i,t}}{\text{Ta}_{i,t-1}} + \varepsilon_{i,t} \qquad (3\text{-}16)$$

$$\frac{\text{R\_Prod}_{i,t}}{\text{Ta}_{i,t-1}} = \alpha_0 + \alpha_1 \frac{1}{\text{Ta}_{i,t-1}} + \alpha_2 \frac{\text{Sales}_{i,t}}{\text{Ta}_{i,t-1}} + \alpha_3 \frac{\Delta\text{Sales}_{i,t}}{\text{Ta}_{i,t-1}} + \alpha_4 \frac{\Delta\text{Sales}_{i,t-1}}{\text{Ta}_{i,t-1}} + \varepsilon_{i,t}$$

$$(3\text{-}17)$$

$$\frac{\text{R\_Disexp}_{i,t}}{\text{Ta}_{i,t-1}} = \alpha_0 + \alpha_1 \frac{1}{\text{Ta}_{i,t-1}} + \alpha_2 \frac{\text{Sales}_{i,t-1}}{\text{Ta}_{i,t-1}} + \varepsilon_{i,t} \qquad (3\text{-}18)$$

$\text{Sales}_{i,t}$、$\Delta\text{Sales}_{i,t}$、$\text{Prod}_{i,t}$ 和 $\text{R\_Disexp}_{i,t}$ 分别为销售收入、销售收入变动额、营业

[1] 王亚平,刘慧龙,吴联生.信息透明度、机构投资者与股价同步性[J].金融研究,2009(12):162-174.

[2] 李增福,董志强,连玉君.应计项目盈余管理还是真实活动盈余管理?——基于我国2007年所得税改革的研究[J].管理世界,2011(1):121-134.

成本、存货变动额总和,以及销售费用与管理之和。

最后,计算真实盈余管理水平:

$$AbsREM_{i,t} = R\_Cfo_{i,t} + R\_Prod_{i,t} + R\_Disexp_{i,t} \qquad (3\text{-}19)$$

④高管过度乐观指标。本研究借鉴了姜付秀等、饶育蕾和王建新的做法,构建了高管持股变动水平 Ceocon 和盈余预测偏差 Predict,来衡量高管过度乐观程度。[1][2]若企业年末股价与年初股价之比低于沪深300指数年末价格与年初价格之比。同时,若 CEO 增持本公司股票或者持股数量不变,则高管过度乐观变量(持股变动)Ceocon 的取值为1。另外,样本期内,公司一季度报告、半年度报告、第三季度报告和年度报告至少有一次实际盈利水平低于预期盈利水平,则该公司高管被认定为过度乐观 Predict。

(5)控制变量

本研究借鉴陈华的做法,本研究选取如下控制变量:净资产收益率 Roe 为净利润与股东权益平均余额之比;公司规模 Size 为总资产的对数;资产负债率 Lev,使用年末负债比年末总资产,来衡量资产负债率;成长性 Growth,使用年末总资产增长率,来衡量企业的成长状况,流动负债比 Liquidratio 是流动负债与总负债之比;亏损企业虚拟变量 Loss 若公司亏损则取值为1;月均超额换手率 Dturn 则用当年股票月平均换手率与前一年股票月平均换手率之差衡量;市场价值 Tobinq 为企业市值与总资产之比;会计师事务所是否属于国际四大会计师事务所 Big4,若是国际四大会计师事务所,则取值为1;股权制衡 Balance 为第二至第五大股东持股总数和与控股股东持股数之比;管理费用率 Mfee 为管理费用与营业收入之比,是否属于国有企业 Soe,若企业为国有企业取值为1;独立董事比例 Indep 为独立董事占董事会总人数的比例;上市年限 Listage 为企业自上市年份起,经过一对数据转换后的数值。[3]主要变量定义,见表3-1。

---

❶ 姜付秀,张敏,陆正飞,等.管理者过度自信、企业扩张与财务困境[J].经济研究,2009,44(1):131-143.

❷ 饶育蕾,王建新.CEO过度自信、董事会结构与公司业绩的实证研究[J].管理科学,2010,23(5):2-13.

❸ 陈华,包也,孙汉.高管薪酬与社会责任报告的印象管理[J].上海财经大学学报,2021,23(4):76-90.

表3-1　主要变量定义

| 变量属性 | 变量名 | 变量计算方式 |
|---|---|---|
| 被解释变量 | RTone | 在字典法基础上,进行拟合回归计算残差,计算见模型(3-6) |
| | Pos_deviation | 分别按照前期计算所得的文本正Possum词汇总数,将文本均分为对应的部分数,逐一查看每部分是否包含正面情感词汇,计算见模型(3-7) |
| | Neg_deviation | 分别按照前期计算所得的文本负Negsum词汇总数,将文本均分为对应的部分数,逐一查看每部分是否包含负面情感词汇,计算见模型(3-8) |
| 解释变量 | Overpay | 基于模型(3-10)计算残差所得 |
| 中介变量 | Investor | 个体投资者有限关注,具体计算见模型(3-11) |
| | Institution | 机构投资者有限关注,具体计算见模型(3-12) |
| 分组变量 | Ma_score | 构建Tobit模型以拟合企业贡献的效率值,并计算回归残差Ma_score |
| | Ma4 | 企业高管能力按其大小排序分为四组,从小到大排序为1~4 |
| | Negtive_paper | 在CNRDS数据库获取报纸报道数据的基础上,构建模型测算净负面报刊报道率,计算见模型(3-13) |
| | Negtive_net | 在CNRDS数据库获取网络媒体报道数据的基础上,构建模型测算净负面网络报道率,计算见模型(3-13) |
| | Da | 应计盈余管理变量Da,具体计算见模型(3-15) |
| | AbsREM | 真实盈余管理水平AbsREM,具体计算见模型(3-19) |
| | Ceocon | 若企业年末股价与年初股价之比低于沪深300指数年末价格与年初价格之比。同时,CEO增持本公司股票或者持股不变,则高管过度乐观变量(持股变动)Ceocon的取值为1 |
| | Predict | 样本期内,公司第一季度报告、半年报告、第三季度报告和年报至少有一次实际盈利水平低于预期的盈利水平,Predict取值为1 |
| 控制变量 | Roe | 净利润与股东权益平均余额之比 |
| | Size | 总资产的对数 |
| | Lev | 总负债与总资产之比 |
| | Growth | 销售收入增长率 |

续表

| 变量属性 | 变量名 | 变量计算方式 |
|---|---|---|
| 控制变量 | Liquidratio | 流动负债与总负债之比 |
| | Loss | 公司亏损则取值为1 |
| | Dturn | 当年股票月均换手率与前一年股票月均换手率之差 |
| | Tobinq | 企业市值与总资产之比 |
| | Big4 | 若会计师事务所是国际四大会计师事务所则取值为1 |
| | Balance | 第二至第五大股东持股总数和与控股股东持股数之比 |
| | Mfee | 管理费用与营业收入之比 |
| | Soe | 若企业为国有企业，则取值为1 |
| | Indep | 独立董事占董事会总人数比例 |
| | Listage | 企业上市年份加一对数 |

### 3. 模型设定

参考陈华等的做法，本研究构建以下模型来验证所提出的假设。[1]模型的回归分析采用行业和年份的固定效应。本研究所用的OLS进行回归分析，并对$t$值做了公司层面的聚类调整，并构建模型（3-20）以检验假设H1、H2a和H2b，有：

$$Tone\_Tactis_{i,t} = \alpha_0 + \alpha_1 Overpay_{i,t} + \sum Control + \sum Year + \sum Industry + \varepsilon$$

$$（3-20）$$

式中，$Tone\_Tactis_{i,t}$包括文本语调膨胀披露策略变量Rtone、文本正面语调离差披露策略变量Pos_deviation和文本负面语调离差披露策略变量Neg_deviation。

## 3.3.2 实证分析

### 1. 描述性分析

表3-2为变量描述性分析结果。超额薪酬Overpay的均值为0.002，说明上市企业仍存在高管异常薪酬问题。文本语调膨胀披露策略Rtone和文本正面语调

[1] 陈华，包也，孙汉.高管薪酬与社会责任报告的印象管理[J].上海财经大学学报，2021，23（4）：76-90.

离差披露策略 Pos_deviation 的均值分别为 0.009 和 0.873，标准差分别为 0.116 和 0.152，说明上市企业的文本语调膨胀度和正面语调离差程度存在异质性差异。

表 3-2　变量描述性分析结果

| 变量 | | 均值 | 标准差 | 最小值 | 最大值 |
|---|---|---|---|---|---|
| 被解释变量 | Rtone | 0.009 | 0.116 | −0.365 | 0.261 |
| | Pos_deviation | 0.873 | 0.152 | 0.421 | 0.991 |
| | Neg_deviation | 0.856 | 0.182 | 0.000 | 0.977 |
| 解释变量 | Overpay | 0.002 | 0.579 | −1.415 | 1.439 |
| 中介变量 | Investor | 3.676 | 1.482 | 0.000 | 6.172 |
| | Institution | 1.356 | 1.175 | 0.000 | 3.761 |
| 分组变量 | Ceocon | 0.058 | 0.234 | 0.000 | 1.000 |
| | Predict | 0.471 | 0.499 | 0.000 | 1.000 |
| | Ma_score | −0.007 | 0.170 | −0.380 | 0.401 |
| | Ma4 | 2.465 | 1.130 | 1.000 | 4.000 |
| | Negtive_net | −0.162 | 0.363 | −1.000 | 1.000 |
| | Negtive_paper | −0.194 | 0.298 | −1.000 | 1.000 |
| | Da | 0.002 | 0.080 | −0.234 | 0.253 |
| | AbsREM | 0.061 | 0.064 | 0.001 | 0.359 |
| 控制变量 | Roe | 0.056 | 0.137 | −0.621 | 0.341 |
| | Size | 22.267 | 1.272 | 19.760 | 25.966 |
| | Lev | 0.472 | 0.200 | 0.072 | 0.894 |
| | Growth | 0.172 | 0.394 | −0.540 | 2.196 |
| | Liquidratio | 1.890 | 1.627 | 0.270 | 10.598 |
| | Loss | 0.123 | 0.329 | 0.000 | 1.000 |
| | Dturn | −0.017 | 0.337 | −0.975 | 0.911 |
| | Tobinq | 2.026 | 1.300 | 0.877 | 7.999 |
| | Big4 | 0.063 | 0.242 | 0.000 | 1.000 |
| | Balance | 0.330 | 0.288 | 0.008 | 0.985 |

续表

| 变量 | | 均值 | 标准差 | 最小值 | 最大值 |
|---|---|---|---|---|---|
| 控制变量 | Mfee | 0.090 | 0.076 | 0.010 | 0.447 |
| | Soe | 0.478 | 0.500 | 0.000 | 1.000 |
| | Indep | 0.372 | 0.053 | 0.300 | 0.571 |
| | Listage | 2.450 | 0.493 | 1.386 | 3.296 |

**2. 均值差异检验**

表3-3是单变量均值差异检验的结果。该表根据年度和行业分类,计算企业高管超额薪酬的中位数,若企业超额薪酬高于行业中位数,则为超额薪酬较高企业Overpay_high=1,反之亦然。结果显示,相较于超额薪酬较低企业,超额薪酬较高企业的文本语调膨胀披露策略Rtone和文本正面语调离差披露策略Pos_deviation均值显著更高,初步验证了假设H1和H2a。同时,超额薪酬较高企业的个体投资者关注Investor和机构投资者关注Institution均值显著增高,初步证实超额薪酬会增加中小投资者和机构投资者的关注度。

表3-3 单变量均值差异检验结果

| 变量 | Overpay_high=0 | Overpay_high=1 | diff |
|---|---|---|---|
| Rtone | 0.008 | 0.011 | −0.0033** |
| Pos_deviation | 0.500 | 0.505 | −0.005*** |
| Neg_deviation | 0.508 | 0.506 | 0.0028* |
| Investor | 3.817 | 3.908 | −0.091*** |
| Institution | 1.305 | 1.592 | −0.287*** |

\*\*\*、\*\*、\*分别代表1%、5%、10%显著性水平。

**3. 指标效度检验**

学者谢德仁和林乐指出,文本中正、负面语调是能够有助于预测公司未来业绩的信息。[1] 另一方面,黄等发现,文本语调包含正常语调和非正常语调,其中非正常语调是不能有效预测企业未来业绩的。[2] 因此,若本研究测算的文本语调披露策略指标是有效的,实证检验应该得到相似的结果。

本研究借鉴陈(Chen)等的方法[3],检验了三种文本语调披露策略指标:文本语调膨胀披露策略 Rtone、文本正面语调离差披露策略 Pos_deviation 和文本负面语调离差披露策略 Neg_deviation 与企业未来价值变量 Tobinq 之间的关系。本研究控制了与企业特质相关的控制变量,具体效度检验模型见(3-21)。

$$\text{Tobinq}_{i,t+n} = \alpha_0 + \alpha_1 \text{Tone\_tactics}_{i,t} + \sum \text{Control} + \sum \text{Industry} + \sum \text{Year} + \varepsilon$$

$$(3-21)$$

式中,$\text{Tone\_tactics}_{i,t}$ 包括 Rtone、Pos_deviation 和 Neg_deviation 变量;$n$ 取值为 1 或 2。

表 3-4 是指标效度检验的结果。分析结果显示,文本语调膨胀披露策略 Rtone 与未来一期和二期的企业价值 Tobinq(+1)和 Tobinq(+2)在 1% 显著性水平上负相关,说明文本语调中使用夸大性的积极词汇的程度越高,企业未来一期和二期的价值越低;而文本正面语调离差披露策略 Pos_deviation、文本负面语调离差披露策略 Neg_deviation 与未来一期和二期的企业价值 Tobinq(+1)和 Tobinq(+2)均不存在显著的相关关系。综上所述,文本情感语调的披露策略均不能有效预测企业未来的价值走向,甚至可能与企业价值走向相背离。效度检验的结果验证了所测算指标与理论预期相符。

---

[1] 谢德仁,林乐. 管理层语调能预示公司未来业绩吗? ——基于我国上市公司年度业绩说明会的文本分析[J]. 会计研究,2015(2):20-27,93.

[2] HUANG X, TEOH S H, ZHANG Y. Tone management[J]. The accounting review,2014,89(3):1083-1113.

[3] CHEN S, MIAO B, SHEVLIN T. A new measure of disclosure quality: The level of disaggregation of accounting data in annual reports[J]. Journal of accounting research,2015,53(5):1017-1054.

表3-4  指标的效度检验结果

| 变量 | Tobinq(+1) | Tobinq(+2) |
|---|---|---|
| Rtone | −0.140***<br>(−2.734) | −0.183***<br>(−2.614) |
| Pos_deviation | 0.118<br>(1.031) | 0.229<br>(1.427) |
| Neg_deviation | 0.018<br>(0.383) | −0.038<br>(−0.567) |

注:括号内为企业聚类稳健标准误对应 $t$ 值,省略了控制变量的回归结果。

***代表10%显著性水平。

### 4. 实证分析

表3-5是主回归检验的结果。结果显示,超额薪酬 Overpay 均在1%显著水平上与文本语调膨胀披露策略 Rtone 及文本正面语调离差披露策略 Pos_deviation 正相关,说明超额薪酬实现后,高管为避免引发利益相关者消极反应和预期,可能增加使用文本语调膨胀披露策略和文本正面语调离差披露策略,以实现印象管理和薪酬辩护,证实了假设 H1 和 H2a。而超额薪酬与文本负面语调离差披露策略 Neg_deviation 之间不存在显著相关关系,未能证实假设 H2b。原因可能在于负面情感渲染对阅读者情绪影响较弱,高管更可能采取效果更优的正面情感渲染。

表3-5  主回归检验结果

| 变量 | (1) | (2) | (3) |
|---|---|---|---|
|  | RTone | Pos_deviation | Neg_deviation |
| Overpay | 0.007***<br>(3.372) | 0.005***<br>(6.803) | 0.002<br>(1.101) |
| Roe | 0.031***<br>(2.970) | 0.000<br>(0.108) | −0.017**<br>(−2.339) |

续表

| 变量 | （1） | （2） | （3） |
|------|------|------|------|
|      | RTone | Pos_deviation | Neg_deviation |
| Size | −0.005*** | 0.002*** | 0.003*** |
|      | (−3.445) | (5.199) | (3.051) |
| Lev | −0.021** | −0.001 | 0.011 |
|      | (−2.203) | (−0.337) | (1.619) |
| Growth | 0.015*** | 0.003*** | −0.002 |
|      | (7.697) | (4.249) | (−1.190) |
| Liquidratio | −0.003** | 0.000 | 0.000 |
|      | (−2.540) | (0.883) | (0.130) |
| Loss | 0.026*** | −0.003** | 0.003 |
|      | (7.214) | (−2.037) | (1.266) |
| Dturn | 0.001 | 0.003*** | −0.001 |
|      | (0.513) | (3.660) | (−0.651) |
| Tobinq | −0.007*** | 0.000 | −0.002** |
|      | (−7.163) | (0.701) | (−2.482) |
| Big4 | −0.006 | 0.000 | −0.009** |
|      | (−1.143) | (0.210) | (−2.348) |
| Balance | −0.004 | 0.000 | −0.004 |
|      | (−0.947) | (0.135) | (−1.332) |
| Mfee | 0.034* | −0.010* | −0.026* |
|      | (1.670) | (−1.670) | (−1.830) |
| Soe | 0.000 | −0.005*** | 0.002 |
|      | (0.165) | (−5.393) | (0.750) |
| Indep | 0.025 | 0.005 | −0.019 |
|      | (1.208) | (0.759) | (−1.492) |
| Listage | 0.004 | −0.008*** | −0.012*** |
|      | (1.477) | (−9.189) | (−7.509) |
| _cons | 0.128*** | 0.836*** | 0.536*** |
|      | (4.139) | (77.493) | (24.278) |

| 变量 | (1) | (2) | (3) |
|---|---|---|---|
| | RTone | Pos_deviation | Neg_deviation |
| 行业 | 固定 | 固定 | 固定 |
| 年份 | 固定 | 固定 | 固定 |
| Observation | 26397 | 26397 | 26397 |
| $R^2$ | 0.092 | 0.922 | 0.717 |

注:括号内为企业聚类稳健标准误对应 $t$ 值。

***、**、*分别代表1%、5%、10%显著性水平。

### 3.3.3 进一步研究

1. 中介机制检验

为检验高管超额薪酬是否通过增加个体和机构投资者的有限关注,继而影响高管在年报中管理层分析与讨论部分采取了更为积极的文本语调披露策略,本研究采取了逐步回归模型。

$$\text{Interest}_{i,t} = \alpha_0 + \alpha_1 \text{Overpay}_{i,t} + \Sigma\text{Control} + \Sigma\text{Year} + \Sigma\text{Industry} + \varepsilon \quad (3\text{--}22)$$

$$\text{Tone\_Tactic}_{i,t} = \alpha_0 + \alpha_1 \text{Interest}_{i,t} + \alpha_2 \text{Overpay}_{i,t} + \Sigma\text{Control} + \Sigma\text{Year} \\ + \Sigma\text{Industry} + \varepsilon \quad (3\text{--}23)$$

式中,$\text{Interest}_{i,t}$包括中小投资者 Investor 和机构投资者 Institution 关注度变量。

表3-6是中介机制检验回归结果,超额薪酬 Overpay 均在1%显著性水平上与中小投资者 Investor 和机构投资者关注度 Institution 正相关,说明超额薪酬作为反映企业经营发展和内部治理的信息,会吸引散户投资者和机构投资者的有限关注。

而在超额薪酬 Overpay 与文本正面语调离差披露策略 Pos_deviation 回归中,分别加入中小投资者 Investor 和机构投资者 Institution 关注度变量后,两者正相关系数均有所下降。而在超额薪酬 Overpay 和文本语调膨胀披露策略 Rtone 回归中,加入机构投资者 Institution 关注度变量后,两者正相关系数也有所下降,证实投资者关注发挥了部分中介作用。本研究为验证中介机制稳健性采取了 bootstrap检验,检验结果说明中小投资者Investor和机构投资者Institution关注度发挥了中介作用。这说明高管超额薪酬作为增量信息和特殊事件,会吸引中小投资者和机构投资者对企业的关注。高管出于吸引潜在投资者和降低市场惩罚目的,倾向于在采取更多的文本语调膨胀披露策略和文本正面语调离差披露策略,向市场传递积极向好的信息,以达到薪酬辩护的目的。

表3-6　中介机制检验回归结果

| 变量 | | (1) | (2) | (3) | (4) |
|---|---|---|---|---|---|
| | | Investor | RTone | Pos_deviation | Neg_deviation |
| Panel A：Investor的中介回归检验 | Overpay | 0.044***<br>(4.095) | 0.007***<br>(3.355) | 0.005***<br>(6.758) | 0.002<br>(1.126) |
| | Investor | | 0.001<br>(1.075) | 0.001***<br>(2.732) | −0.001*<br>(−1.732) |
| | Roe | −0.215***<br>(−3.358) | 0.031***<br>(2.986) | 0.001<br>(0.158) | −0.017**<br>(−2.363) |
| | Size | 0.240***<br>(28.161) | −0.005***<br>(−3.508) | 0.002***<br>(4.649) | 0.003***<br>(3.216) |
| | Lev | −0.181***<br>(−4.033) | −0.021**<br>(−2.185) | −0.001<br>(−0.283) | 0.011<br>(1.597) |
| | Growth | 0.035***<br>(2.778) | 0.015***<br>(7.683) | 0.003***<br>(4.201) | −0.002<br>(−1.173) |
| | Liquidratio | −0.009*<br>(−1.658) | −0.003**<br>(−2.533) | 0.000<br>(0.909) | 0.000<br>(0.119) |
| | Loss | 0.081***<br>(3.430) | 0.026***<br>(7.199) | −0.003**<br>(−2.092) | 0.003<br>(1.290) |
| | Dturn | 0.312***<br>(12.651) | 0.001<br>(0.394) | 0.003***<br>(3.359) | −0.001<br>(−0.501) |
| | Tobinq | 0.080***<br>(10.994) | −0.007***<br>(−7.206) | 0.000<br>(0.482) | −0.002**<br>(−2.379) |

续表

| 变量 | | (1) | (2) | (3) | (4) |
|---|---|---|---|---|---|
| | | Investor | RTone | Pos_deviation | Neg_deviation |
| | Big4 | −0.011 | −0.006 | 0.000 | −0.009** |
| | | (−0.343) | (−1.142) | (0.215) | (−2.352) |
| | Balance | 0.104*** | −0.004 | 0.000 | −0.004 |
| | | (4.705) | (−0.968) | (0.071) | (−1.302) |
| | Mfee | 0.387*** | 0.033* | −0.010* | −0.025* |
| | | (4.297) | (1.653) | (−1.724) | (−1.804) |
| | Soe | −0.163*** | 0.001 | −0.005*** | 0.001 |
| | | (−11.988) | (0.211) | (−5.246) | (0.680) |
| Panel A: | Indep | 0.162 | 0.025 | 0.005 | −0.019 |
| Investor 的 | | (1.415) | (1.202) | (0.738) | (−1.482) |
| 中介回归 | Listage | 0.340*** | 0.004 | −0.008*** | −0.012*** |
| 检验 | | (19.395) | (1.330) | (−9.257) | (−7.180) |
| | _cons | −5.699*** | 0.133*** | 0.841*** | 0.531*** |
| | | (−29.525) | (4.176) | (76.381) | (23.661) |
| | 行业 | 固定 | 固定 | 固定 | 固定 |
| | 年份 | 固定 | 固定 | 固定 | 固定 |
| | Bootstrap 上限 | | 0.001 | 0.006 | −0.004 |
| | Bootstrap 下限 | | 0.002 | 0.008 | 0.003 |
| | Observation | 26397 | 26397 | 26397 | 26397 |
| | $R^2$ | 0.699 | 0.092 | 0.922 | 0.717 |
| | Institution | | 0.004*** | 0.001*** | 0.000 |
| Panel B: | | | (3.300) | (3.455) | (0.389) |
| Institution 的 | Roe | 2.090*** | 0.023** | −0.003 | −0.018** |
| 中介回归 | | (23.879) | (2.153) | (−0.703) | (−2.377) |
| 检验 | Size | 0.634*** | −0.007*** | 0.001*** | 0.003** |
| | | (52.961) | (−4.676) | (2.731) | (2.318) |
| | Lev | −0.794*** | −0.018* | 0.000 | 0.011 |
| | | (−10.364) | (−1.853) | (0.064) | (1.639) |

续表

| 变量 | | （1） | （2） | （3） | （4） |
|---|---|---|---|---|---|
| | | Investor | RTone | Pos_deviation | Neg_deviation |
| Panel B：Institution的中介回归检验 | Growth | 0.051*** | 0.015*** | 0.003*** | −0.002 |
| | | (3.440) | (7.598) | (4.131) | (−1.201) |
| | Liquidratio | −0.039*** | −0.003** | 0.000 | 0.000 |
| | | (−5.182) | (−2.408) | (1.077) | (0.148) |
| | Loss | 0.183*** | 0.025*** | −0.003** | 0.003 |
| | | (6.989) | (7.001) | (−2.240) | (1.245) |
| | Dturn | 0.090*** | 0.001 | 0.003*** | −0.001 |
| | | (5.582) | (0.353) | (3.515) | (−0.669) |
| | Tobinq | 0.233*** | −0.008*** | 0.000 | −0.002** |
| | | (26.934) | (−7.811) | (−0.365) | (−2.463) |
| | Big4 | −0.081* | −0.006 | 0.001 | −0.009** |
| | | (−1.647) | (−1.082) | (0.273) | (−2.341) |
| | Balance | 0.016 | −0.004 | 0.000 | −0.004 |
| | | (0.416) | (−0.964) | (0.119) | (−1.333) |
| | Mfee | −0.296** | 0.035* | −0.010 | −0.026* |
| | | (−2.029) | (1.731) | (−1.601) | (−1.824) |
| | Soe | −0.109*** | 0.001 | −0.005*** | 0.002 |
| | | (−4.083) | (0.311) | (−5.218) | (0.762) |
| | Indep | −0.347* | 0.027 | 0.005 | −0.019 |
| | | (−1.909) | (1.273) | (0.838) | (−1.485) |
| | Listage | −0.448*** | 0.006** | −0.007*** | −0.012*** |
| | | (−19.006) | (2.127) | (−8.151) | (−7.374) |
| | _cons | −11.440*** | 0.174*** | 0.853*** | 0.540*** |
| | | (−42.354) | (5.164) | (72.552) | (21.880) |
| | 行业 | 固定 | 固定 | 固定 | 固定 |
| | 年份 | 固定 | 固定 | 固定 | 固定 |
| | Bootstrap上限 | | 0.000 | 0.007 | −0.001 |
| | Bootstrap下限 | | 0.000 | 0.013 | 0.000 |

续表

| 变量 | | (1) | (2) | (3) | (4) |
| --- | --- | --- | --- | --- | --- |
| | | Investor | RTone | Pos_deviation | Neg_deviation |
| Panel B: Institution 的 中介回归 检验 | Observation | 26397 | 26397 | 26397 | 26397 |
| | $R^2$ | 0.497 | 0.092 | 0.922 | 0.717 |

注：括号内为企业聚类稳健标准误对应 $t$ 值；Boostrap 中介检验采取了随机 1000 次抽样。
\*\*\*、\*\*、\*分别代表 1%、5%、10% 显著性水平。

2. 异质性检验

在高管实现超额薪酬后，其采取文本语调披露策略，本质是人的行为，可能被高管动机所影响，也可能受认知偏差和个人特质的作用。为进一步验证高管不同动机和认知偏差影响下，是否会导致超额薪酬对文本语调披露策略存在异质影响，本研究采取分组检验进行验证。

（1）高管动机异质性检验

①能力辩护动机异质性检验。高管超额薪酬是其自利性的收益，一旦被外部人士获悉，将会对高管能力产生质疑，从而影响高管声誉和未来职业发展。[1] 出于能力辩护动机，能力较差的高管，更可能在超额薪酬实现后，采取更多的文本语调披露策略。

本研究将高管能力指标 Ma_score 大于零的企业视为高管能力较强企业，其数值大于零说明高管对企业营业收入具有增量贡献。另一种高管能力分组方式则是以高管能力排序指标 Ma4 为标准，若企业高管能力排序指标大于2，即为高管能力较强组企业。若高管文本语调披露策略受高管能力辩护动机的影响，则相较于高管能力较强企业，高管能力较低企业，在超额薪酬实现后，更可能担忧因自己能力不够而引发市场的质疑，会采取更多文本语调膨胀披露策略和正面语调离差策略。

---

[1] 吴育辉，吴世农. 企业高管自利行为及其影响因素研究——基于我国上市公司股权激励草案的证据[J]. 管理世界，2010(5)：141-149.

表3-7是高管能力分组检验结果。费舍尔组间系数差异结果显示,相较于高管能力较低组的企业,高管能力较强组的企业中超额薪酬对文本语调披露策略的正向影响更为显著,说明高管不会受能力辩护动机驱使,在超额薪酬实现后采取更多的文本语调膨胀披露策略和文本正面语调离差披露策略来为个人较差的能力进行辩护,而是基于个人能力的真实情况,调整情感语调的披露策略。

表3-7 高管能力分组检验结果

| 变量 | | (1) | (2) | (3) | (4) |
|---|---|---|---|---|---|
| | | 高组 | 低组 | 高组 | 低组 |
| | | R_Tone | R_Tone | Pos_deviation | Pos_deviation |
| 高管能力 Ma_Score | Overpay | 0.009*** | 0.004 | 0.004*** | 0.005*** |
| | | (2.987) | (1.356) | (4.978) | (4.750) |
| | Roe | 0.049*** | 0.016 | 0.004 | −0.002 |
| | | (3.313) | (1.129) | (0.801) | (−0.344) |
| | Size | −0.005*** | −0.004** | 0.002*** | 0.002*** |
| | | (−2.851) | (−2.271) | (4.369) | (3.049) |
| | Lev | −0.024** | −0.012 | −0.002 | 0.002 |
| | | (−1.975) | (−0.969) | (−0.599) | (0.399) |
| | Growth | 0.016*** | 0.014*** | 0.002** | 0.004*** |
| | | (6.312) | (4.798) | (2.520) | (3.822) |
| | Liquidratio | −0.002 | −0.003*** | 0.001 | 0.000 |
| | | (−1.183) | (−2.583) | (1.560) | (0.176) |
| | Loss | 0.027*** | 0.025*** | −0.002 | −0.003* |
| | | (4.701) | (5.524) | (−1.156) | (−1.677) |
| | Dturn | −0.005 | 0.007** | 0.004*** | 0.003** |
| | | (−1.383) | (2.219) | (2.741) | (2.317) |
| | Tobinq | −0.009*** | −0.005*** | 0.000 | 0.001** |
| | | (−6.482) | (−3.494) | (−0.644) | (1.965) |

续表

| 变量 | | (1) 高组 R_Tone | (2) 低组 R_Tone | (3) 高组 Pos_deviation | (4) 低组 Pos_deviation |
|---|---|---|---|---|---|
| | Big4 | −0.012*<br>(−1.658) | 0.002<br>(0.332) | −0.002<br>(−0.702) | 0.003<br>(1.081) |
| | Balance | −0.001<br>(−0.152) | −0.008<br>(−1.464) | 0.000<br>(−0.161) | 0.001<br>(0.550) |
| | Mfee | 0.016<br>(0.558) | 0.029<br>(1.111) | −0.015*<br>(−1.673) | −0.013<br>(−1.602) |
| | Soe | 0.004<br>(1.031) | −0.003<br>(−0.797) | −0.004***<br>(−3.284) | −0.006***<br>(−4.798) |
| 高管能力<br>Ma_Score | Indep | 0.044<br>(1.501) | 0.010<br>(0.395) | 0.006<br>(0.662) | 0.003<br>(0.386) |
| | Listage | 0.005<br>(1.419) | 0.005<br>(1.593) | −0.007***<br>(−6.402) | −0.007***<br>(−6.194) |
| | _cons | 0.136***<br>(3.320) | 0.079*<br>(1.947) | 0.834***<br>(63.277) | 0.900***<br>(58.842) |
| | 组间系数<br>差异检验P值 | 0.042 | | 0.466 | |
| | 行业 | 固定 | 固定 | 固定 | 固定 |
| | 年份 | 固定 | 固定 | 固定 | 固定 |
| | Observation | 12517 | 13880 | 12517 | 13880 |
| | $R^2$ | 0.092 | 0.098 | 0.901 | 0.939 |
| 高管能力<br>Ma4 | Overpay | 0.008***<br>(2.983) | 0.004<br>(1.359) | 0.004***<br>(5.227) | 0.005***<br>(4.532) |
| | Roe | 0.047***<br>(3.296) | 0.017<br>(1.179) | 0.003<br>(0.569) | 0.000<br>(−0.055) |
| | Size | −0.005***<br>(−2.878) | −0.004**<br>(−2.360) | 0.002***<br>(4.415) | 0.002***<br>(2.919) |

续表

| 变量 | | (1)<br>高组<br>R_Tone | (2)<br>低组<br>R_Tone | (3)<br>高组<br>Pos_deviation | (4)<br>低组<br>Pos_deviation |
|---|---|---|---|---|---|
| 高管能力<br>Ma4 | Lev | −0.026**<br>(−2.207) | −0.008<br>(−0.616) | −0.003<br>(−0.712) | 0.002<br>(0.581) |
| | Growth | 0.016***<br>(6.480) | 0.014***<br>(4.659) | 0.002***<br>(2.747) | 0.004***<br>(3.496) |
| | Liquidratio | −0.002<br>(−1.374) | −0.003**<br>(−2.481) | 0.001<br>(1.382) | 0.000<br>(0.283) |
| | Loss | 0.028***<br>(5.135) | 0.024***<br>(5.148) | −0.002<br>(−1.151) | −0.003*<br>(−1.648) |
| | Dturn | −0.004<br>(−1.242) | 0.007**<br>(2.313) | 0.004***<br>(3.089) | 0.003**<br>(2.004) |
| | Tobinq | −0.009***<br>(−6.594) | −0.004***<br>(−3.210) | 0.000<br>(−0.811) | 0.001**<br>(2.206) |
| | Big4 | −0.011<br>(−1.571) | 0.002<br>(0.262) | −0.001<br>(−0.498) | 0.003<br>(0.943) |
| | Balance | −0.003<br>(−0.436) | −0.007<br>(−1.205) | −0.001<br>(−0.463) | 0.002<br>(0.968) |
| | Mfee | 0.014<br>(0.505) | 0.029<br>(1.055) | −0.016*<br>(−1.806) | −0.012<br>(−1.459) |
| | Soe | 0.002<br>(0.574) | −0.001<br>(−0.385) | −0.004***<br>(−3.480) | −0.006***<br>(−4.773) |
| | Indep | 0.037<br>(1.304) | 0.014<br>(0.547) | 0.002<br>(0.205) | 0.008<br>(0.903) |
| | Listage | 0.005<br>(1.457) | 0.005<br>(1.391) | −0.007***<br>(−6.821) | −0.007***<br>(−5.814) |
| | _cons | 0.137***<br>(3.451) | 0.086**<br>(2.029) | 0.837***<br>(65.594) | 0.899***<br>(56.590) |

续表

| 变量 | | (1) | (2) | (3) | (4) |
|---|---|---|---|---|---|
| | | 高组 | 低组 | 高组 | 低组 |
| | | R_Tone | R_Tone | Pos_deviation | Pos_deviation |
| 高管能力 Ma4 | 组间系数差异检验P值 | 0.052 | | 0.482 | |
| | 行业 | 固定 | 固定 | 固定 | 固定 |
| | 年份 | 固定 | 固定 | 固定 | 固定 |
| | Observation | 11375 | 15022 | 11375 | 15022 |
| | $R^2$ | 0.094 | 0.094 | 0.907 | 0.937 |

注:括号内为企业聚类稳健标准误对应 $t$ 值。采取随机抽样1000次费舍尔检验组间系数差异。

***、**、*分别代表1%、5%、10%显著性水平。

②印象管理动机异质性检验。超额薪酬实质是高管利用经营决策权获取的机会主义收益。媒体作为企业重要的外部治理机制,其报道不仅会影响投资者对公司的认知,也会影响公司各项决策行为。若媒体和公众对企业超额薪酬产生偏消极的预期和印象,企业则可能面临严峻的市场惩罚。[1]在超额薪酬实现后,若高管受到舆论负面质疑压力更大,其印象管理动机更趋强烈,可能采取更多文本语调披露策略,实现印象管理,抑制公众负面质疑。

本研究按同年份同行业求取报刊和网络媒体净负面报道率中位数,若企业报刊和网络媒体净负面报道率高于行业中位数,则为媒体净负面报道高组。若高管文本语调披露策略受高管印象管理动机的影响,则相较于媒体净负面报道低组,媒体净负面报道高企业舆论情绪更偏负面,高管超额薪酬更可能增加消极的市场反应和声誉风险。高管为扭转媒体公众的负面印象,会倾向于采取更多文本语调膨胀披露策略和文本正面语调离差披露策略,引导公众积极预期,实现印象管理。

---

[1] 谢德仁,姜博,刘永涛.经理人薪酬辩护与开发支出会计政策隐性选择[J].财经研究,2014,40(1):125-134.

表3-8是媒体净负面报道分组检验结果,高管超额薪酬对文本语调膨胀披露策略的影响在报刊和网络媒体净负面报道高组更为显著,费舍尔组间系数差异检验也基本证实了分组结果的显著差异。说明高管印象管理动机更为强烈时,其在超额薪酬实现后,会倾向于采取更多文本语调膨胀披露策略,向外界传递企业发展持续向好的信息,以抑制舆论的负面预期,维护企业形象。而文本正面语调离差披露策略的组间差异并不显著,原因可能在于,文本语调膨胀披露策略通过增加积极词汇的方式实现情绪渲染,更能发挥感知传递的作用,高管更倾向于采取这样直接的方式达到引导投资者预期和情绪的目的。

**表3-8 媒体净负面报道分组检验结果**

| 变量 | | (1) | (2) | (3) | (4) |
|---|---|---|---|---|---|
| | | 高组 | 低组 | 高组 | 低组 |
| | | R_Tone | R_Tone | Pos_deviation | Pos_deviation |
| 媒体净负面报道(网络) | Overpay | 0.014***<br>(5.253) | 0.000<br>(0.160) | 0.004***<br>(4.886) | 0.005***<br>(5.671) |
| | Roe | 0.028**<br>(2.046) | 0.018<br>(1.236) | 0.003<br>(0.593) | −0.007<br>(−1.307) |
| | Size | −0.006***<br>(−3.425) | −0.004**<br>(−2.333) | 0.003***<br>(4.921) | 0.002***<br>(3.308) |
| | Lev | −0.029**<br>(−2.433) | −0.010<br>(−0.949) | −0.002<br>(−0.616) | 0.001<br>(0.392) |
| | Growth | 0.019***<br>(7.163) | 0.009***<br>(3.540) | 0.004***<br>(4.026) | 0.002*<br>(1.706) |
| | Liquidratio | −0.003**<br>(−2.498) | −0.002*<br>(−1.742) | 0.000<br>(0.777) | 0.000<br>(0.779) |
| | Loss | 0.029***<br>(6.366) | 0.022***<br>(4.248) | −0.001<br>(−0.496) | −0.005**<br>(−2.221) |
| | Dturn | 0.002<br>(0.430) | 0.001<br>(0.322) | 0.003**<br>(2.336) | 0.004***<br>(3.015) |

续表

| 变量 | | (1)<br>高组<br>R_Tone | (2)<br>低组<br>R_Tone | (3)<br>高组<br>Pos_deviation | (4)<br>低组<br>Pos_deviation |
|---|---|---|---|---|---|
| | Tobinq | −0.008***<br>(−5.888) | −0.006***<br>(−5.253) | 0.001<br>(1.243) | 0.000<br>(0.320) |
| | Big4 | −0.009<br>(−1.388) | 0.000<br>(−0.035) | −0.002<br>(−0.637) | 0.002<br>(1.167) |
| | Balance | −0.007<br>(−1.386) | 0.000<br>(−0.059) | −0.001<br>(−0.670) | 0.002<br>(1.045) |
| | Mfee | 0.025<br>(1.049) | 0.050**<br>(2.010) | −0.015*<br>(−1.856) | 0.001<br>(0.169) |
| | Soe | 0.006*<br>(1.668) | −0.005<br>(−1.327) | −0.004***<br>(−3.153) | −0.006***<br>(−5.657) |
| 媒体净负面<br>报道（网络） | Indep | 0.019<br>(0.718) | 0.036<br>(1.521) | 0.004<br>(0.464) | 0.006<br>(0.719) |
| | Listage | 0.003<br>(0.946) | 0.006*<br>(1.884) | −0.008***<br>(−7.202) | −0.007***<br>(−6.967) |
| | _cons | 0.122***<br>(3.197) | 0.122***<br>(3.353) | 0.826***<br>(59.655) | 0.844***<br>(63.047) |
| | 组间系数<br>差异检验P值 | 0.014*** | | 0.000 | |
| | 行业 | 固定 | 固定 | 固定 | 固定 |
| | 年份 | 固定 | 固定 | 固定 | 固定 |
| | Observation | 13785 | 12612 | 13785 | 12612 |
| | $R^2$ | 0.093 | 0.098 | 0.895 | 0.939 |
| 媒体净负面<br>报道（报刊） | Overpay | 0.011***<br>(4.206) | 0.002<br>(0.967) | 0.004***<br>(4.610) | 0.005***<br>(5.866) |
| | Roe | 0.027**<br>(2.041) | 0.019<br>(1.238) | 0.001<br>(0.273) | −0.003<br>(−0.468) |

续表

| 变量 | | (1) | (2) | (3) | (4) |
| --- | --- | --- | --- | --- | --- |
| | | 高组 | 低组 | 高组 | 低组 |
| | | R_Tone | R_Tone | Pos_deviation | Pos_deviation |
| 媒体净负面报道(报刊) | Size | −0.006***<br>(−3.909) | −0.003**<br>(−2.081) | 0.003***<br>(4.922) | 0.002***<br>(3.003) |
| | Lev | −0.028**<br>(−2.365) | −0.011<br>(−0.965) | 0.000<br>(−0.076) | −0.002<br>(−0.398) |
| | Growth | 0.017***<br>(6.140) | 0.012***<br>(4.585) | 0.003***<br>(3.601) | 0.002**<br>(2.244) |
| | Liquidratio | −0.003**<br>(−2.475) | −0.002*<br>(−1.717) | 0.000<br>(0.443) | 0.000<br>(1.132) |
| | Loss | 0.030***<br>(6.792) | 0.020***<br>(3.696) | −0.001<br>(−0.908) | −0.004**<br>(−1.974) |
| | Dturn | 0.001<br>(0.184) | 0.002<br>(0.631) | 0.003**<br>(2.269) | 0.003***<br>(2.712) |
| | Tobinq | −0.007***<br>(−5.607) | −0.007***<br>(−5.447) | 0.001**<br>(2.000) | 0.000<br>(−0.765) |
| | Big4 | −0.005<br>(−0.736) | −0.004<br>(−0.707) | −0.001<br>(−0.633) | 0.002<br>(1.091) |
| | Balance | −0.008<br>(−1.503) | 0.001<br>(0.099) | −0.002<br>(−0.945) | 0.002<br>(1.157) |
| | Mfee | 0.016<br>(0.662) | 0.061**<br>(2.306) | −0.014*<br>(−1.797) | −0.003<br>(−0.339) |
| | Soe | 0.003<br>(0.856) | −0.002<br>(−0.714) | −0.004***<br>(−3.777) | −0.006***<br>(−4.849) |
| | Indep | 0.022<br>(0.807) | 0.034<br>(1.423) | 0.000<br>(−0.038) | 0.010<br>(1.164) |
| | Listage | 0.002<br>(0.672) | 0.007**<br>(2.402) | −0.008***<br>(−7.556) | −0.007***<br>(−6.610) |

续表

| 变量 | | (1) | (2) | (3) | (4) |
|---|---|---|---|---|---|
| | | 高组 | 低组 | 高组 | 低组 |
| | | R_Tone | R_Tone | Pos_deviation | Pos_deviation |
| 媒体净负面报道(报刊) | _cons | 0.160***<br>(4.088) | 0.097***<br>(2.697) | 0.827***<br>(60.064) | 0.848***<br>(61.008) |
| | 组间系数<br>差异检验$P$值 | 0.000 | | 0.113 | |
| | 行业 | 固定 | 固定 | 固定 | 固定 |
| | 年份 | 固定 | 固定 | 固定 | 固定 |
| | Observation | 13299 | 13098 | 13299 | 13098 |
| | $R^2$ | 0.095 | 0.093 | 0.92 | 0.925 |

注:括号内为企业聚类稳健标准误对应$t$值。采取随机抽样1000次费舍尔检验组间系数差异。

***、**、*分别代表1%、5%、10%显著性水平。

③信息操纵动机异质性检验。高管出于信息操纵动机,可能利用对会计信息的操纵和增加信息不对称,实现薪酬合理性辩护。[1]当高管信息操纵动机更强时,其可能增加文本语调披露策略的使用,以便实现文本信息和数字信息一致性,掩饰会计信息操纵行为。

本研究按同年份同行业求取应计盈余管理和真实盈余管理中位数,若企业应计盈余和真实盈余管理高于行业中位数,则为会计信息操纵较高组。若文本语调披露策略受高管信息操纵动机的影响,高管在实现超额薪酬后,为掩饰其应计盈余管理和真实盈余管理的会计信息操纵行为,则倾向于采取文本语调披露策略。相较于会计信息操纵低组,会计信息操纵较高企业,高管在实现超额薪酬后会更显著地使用文本语调披露策略。

表3-9是会计信息操纵分组检验结果。费舍尔组间系数差异结果显示,高

[1] 张勇.高管超额薪酬与企业会计信息可比性——基于薪酬辩护理论视角[J].会计与经济研究,2020,34(3):50-67.

管超额薪酬对文本语调披露策略的影响在应计盈余管理操纵低组更为显著,说明相较于会计信息操纵较高企业,会计信息操纵较低的企业高管可能采取更多文本语调膨胀披露策略和文本正面语调离差披露策略。原因可能在于,高管超额薪酬辩护时,会计信息操纵和文本语调披露策略成为互为替代性手段。若高管采取粉饰会计信息手段实现了超额薪酬辩护,则其倾向于减少文本语调披露策略的使用,说明高管不会受信息操纵掩饰动机驱使,而在超额薪酬实现后,采取更多的文本语调膨胀披露策略和文本正面语调离差披露策略。

**表3-9　会计信息操纵分组检验结果**

| 变量 | | (1) | (2) | (3) | (4) |
|---|---|---|---|---|---|
| | | 高组 | 低组 | 高组 | 低组 |
| | | R_Tone | R_Tone | Pos_deviation | Pos_deviation |
| 应计盈余管理 | Overpay | 0.004 | 0.009*** | 0.003*** | 0.006*** |
| | | (1.582) | (3.752) | (3.689) | (7.202) |
| | Roe | 0.035** | 0.037*** | −0.007 | 0.005 |
| | | (1.996) | (3.083) | (−1.167) | (0.975) |
| | Size | −0.003* | −0.007*** | 0.002*** | 0.002*** |
| | | (−1.881) | (−4.008) | (4.419) | (3.735) |
| | Lev | −0.019* | −0.019* | 0.000 | −0.002 |
| | | (−1.661) | (−1.727) | (0.127) | (−0.392) |
| | Growth | 0.017*** | 0.013*** | 0.003*** | 0.002*** |
| | | (6.572) | (4.566) | (3.539) | (2.617) |
| | Liquidratio | −0.003** | −0.003** | 0.001 | 0.000 |
| | | (−2.155) | (−2.032) | (1.594) | (−0.596) |
| | Loss | 0.014** | 0.030*** | −0.006*** | 0.000 |
| | | (2.235) | (7.017) | (−2.787) | (−0.080) |
| | Dturn | −0.004 | 0.005 | 0.004*** | 0.003** |
| | | (−1.142) | (1.515) | (2.716) | (2.388) |

续表

| 变量 | | （1） | （2） | （3） | （4） |
|---|---|---|---|---|---|
| | | 高组 | 低组 | 高组 | 低组 |
| | | R_Tone | R_Tone | Pos_deviation | Pos_deviation |
| 应计盈余管理 | Tobinq | −0.007*** | −0.008*** | 0.000 | 0.000 |
| | | （−5.673） | （−6.131） | （1.157） | （0.227） |
| | Big4 | −0.007 | −0.004 | −0.001 | 0.002 |
| | | （−1.069） | （−0.671） | （−0.333） | （0.820） |
| | Balance | −0.009* | 0.001 | 0.000 | 0.000 |
| | | （−1.763） | （0.164） | （0.271） | （−0.075） |
| | Mfee | 0.046* | 0.024 | −0.003 | −0.015* |
| | | （1.760） | （1.009） | （−0.382） | （−1.829） |
| | Soe | 0.001 | 0.000 | −0.006*** | −0.004*** |
| | | （0.350） | （−0.003） | （−5.157） | （−3.515） |
| | Indep | 0.032 | 0.020 | 0.014* | −0.002 |
| | | （1.294） | （0.805） | （1.659） | （−0.265） |
| | Listage | 0.007** | 0.002 | −0.007*** | −0.008*** |
| | | （2.216） | （0.468） | （−6.934） | （−7.613） |
| | _cons | 0.081** | 0.180*** | 0.832*** | 0.840*** |
| | | （2.211） | （4.724） | （63.261） | （59.047） |
| | 组间系数差异检验P值 | 0.021 | | 0.001 | |
| | 行业 | 固定 | 固定 | 固定 | 固定 |
| | 年份 | 固定 | 固定 | 固定 | 固定 |
| | Observation | 13202 | 13195 | 13202 | 13195 |
| | $R^2$ | 0.094 | 0.090 | 0.924 | 0.921 |
| 真实盈余管理 | Overpay | 0.006*** | 0.008*** | 0.004*** | 0.005*** |
| | | （2.588） | （2.900） | （4.968） | （6.048） |
| | Roe | 0.031** | 0.031** | 0.001 | −0.001 |
| | | （2.284） | （2.234） | （0.166） | （−0.137） |

续表

| 变量 | | （1） | （2） | （3） | （4） |
|------|------|------|------|------|------|
| | | 高组 | 低组 | 高组 | 低组 |
| | | R_Tone | R_Tone | Pos_deviation | Pos_deviation |
| 真实盈余管理 | Size | −0.004***<br>（−2.584） | −0.005***<br>（−3.391） | 0.003***<br>（4.802） | 0.002***<br>（3.692） |
| | Lev | −0.017<br>（−1.491） | −0.024**<br>（−2.042） | −0.004<br>（−1.134） | 0.002<br>（0.625） |
| | Growth | 0.014***<br>（6.291） | 0.017***<br>（4.704） | 0.003***<br>（3.458） | 0.003**<br>（2.227） |
| | Liquidratio | −0.002*<br>（−1.827） | −0.003**<br>（−2.435） | 0.000<br>（0.611） | 0.000<br>（0.792） |
| | Loss | 0.026***<br>（5.291） | 0.027***<br>（5.486） | −0.003*<br>（−1.884） | −0.002<br>（−1.084） |
| | Dturn | −0.001<br>（−0.208） | 0.003<br>（0.956） | 0.004***<br>（3.427） | 0.002<br>（1.583） |
| | Tobinq | −0.007***<br>（−5.332） | −0.008***<br>（−6.149） | 0.000<br>（0.370） | 0.000<br>（0.805） |
| | Big4 | −0.008<br>（−1.344） | −0.003<br>（−0.568） | −0.001<br>（−0.507） | 0.002<br>（0.984） |
| | Balance | −0.004<br>（−0.845） | −0.004<br>（−0.680） | −0.001<br>（−0.354） | 0.001<br>（0.422） |
| | Mfee | 0.036<br>（1.543） | 0.030<br>（1.170） | −0.011<br>（−1.449） | −0.009<br>（−1.144） |
| | Soe | 0.000<br>（−0.127） | 0.001<br>（0.410） | −0.006***<br>（−5.616） | −0.004***<br>（−3.303） |
| | Indep | 0.018<br>（0.718） | 0.034<br>（1.387） | −0.005<br>（−0.609） | 0.015*<br>（1.811） |
| | Listage | 0.000<br>（−0.022） | 0.008**<br>（2.549） | −0.007***<br>（−7.080） | −0.008***<br>（−7.614） |

续表

| 变量 | | (1) | (2) | (3) | (4) |
|---|---|---|---|---|---|
| | | 高组 | 低组 | 高组 | 低组 |
| | | R_Tone | R_Tone | Pos_deviation | Pos_deviation |
| 真实盈余管理 | _cons | 0.116*** | 0.145*** | 0.831*** | 0.841*** |
| | | (3.159) | (3.929) | (62.075) | (62.537) |
| | 组间系数 差异检验P值 | 0.238 | | 0.177 | |
| | 行业 | 固定 | 固定 | 固定 | 固定 |
| | 年份 | 固定 | 固定 | 固定 | 固定 |
| | Observation | 13392 | 13005 | 13392 | 13005 |
| | $R^2$ | 0.085 | 0.098 | 0.921 | 0.923 |

注:括号内为企业聚类稳健标准误对应 $t$ 值。采取随机抽样1000次费舍尔检验组间系数差异。

***、**、*分别代表1%、5%、10%显著性水平。

(2)高管认知偏差异质性检验

从非完全理性人假设来看,高管使用文本语调披露策略也可能是由于高管认知偏差和情绪感知影响的有偏行为。在超额薪酬实现后,当高管过度乐观时,会高估未来的企业收益,低估未来的企业风险及不利因素出现的可能性,从而导致在文本信息披露中,非刻意地增加了文本语调膨胀披露策略和文本正面语调离差披露策略的使用。

若文本语调披露策略受高管认知偏差和乐观程度的影响,则相较于非过度乐观企业高管,过度乐观企业高管则更可能因为超额薪酬增加偏乐观的预期和感知,最终非蓄意地增加了文本语调膨胀披露程度和文本正面语调离差披露程度。

表3-10是高管乐观程度分组检验结果。费舍尔组间系数差异结果显示,在高管乐观程度分组检验中,高管超额薪酬对正面语调离差的影响均不存在显著差异。而在高管过度乐观企业中,高管超额薪酬对文本语调膨胀披露策略的影

响显著更低。这说明高管自我认知和情绪感知的偏差,并不会导致超额薪酬对文本语调披露策略作用存在异质性影响。高管不会因为过度乐观认知偏误,在超额薪酬实现后,更显著地增加文本语调膨胀披露策略和文本正面语调离差披露策略的使用程度。相反地,过度乐观的高管对自身能力可能产生较乐观的判断,认为超额薪酬是其能力的合理补偿,则倾向于采取更少的文本语调膨胀披露策略。研究结果再次验证了文本语调披露策略是高管基于特定动机和目的的主观策略选择。

表3-10 高管乐观程度分组检验结果

| 变量 | | (1) | (2) | (3) | (4) |
|---|---|---|---|---|---|
| | | 高组 | 低组 | 高组 | 低组 |
| | | R_Tone | R_Tone | Pos_deviation | Pos_deviation |
| 高管乐观程度（持股变动） | Overpay | −0.002 | 0.008*** | 0.006*** | 0.004*** |
| | | (−0.379) | (3.413) | (3.143) | (6.447) |
| | Roe | −0.031 | 0.033*** | −0.010 | 0.001 |
| | | (−0.793) | (3.106) | (−0.771) | (0.179) |
| | Size | −0.007 | −0.005*** | 0.002 | 0.002*** |
| | | (−1.583) | (−3.445) | (1.437) | (5.042) |
| | Lev | −0.009 | −0.020** | 0.002 | −0.001 |
| | | (−0.345) | (−2.135) | (0.258) | (−0.342) |
| | Growth | 0.011 | 0.015*** | 0.003 | 0.003*** |
| | | (1.561) | (7.521) | (0.852) | (4.141) |
| | Liquidratio | −0.005** | −0.003** | 0.000 | 0.000 |
| | | (−2.280) | (−2.253) | (0.321) | (0.854) |
| | Loss | 0.016 | 0.026*** | −0.003 | −0.003* |
| | | (1.040) | (7.185) | (−0.599) | (−1.955) |
| | Dturn | 0.005 | 0.001 | 0.007** | 0.003*** |
| | | (0.517) | (0.511) | (2.214) | (3.280) |

续表

| 变量 | | (1) | (2) | (3) | (4) |
|---|---|---|---|---|---|
| | | 高组 | 低组 | 高组 | 低组 |
| | | R_Tone | R_Tone | Pos_deviation | Pos_deviation |
| 高管乐观程度（持股变动） | Tobinq | −0.008** | −0.007*** | 0.001 | 0.000 |
| | | (−2.210) | (−7.014) | (1.139) | (0.611) |
| | Big4 | 0.006 | −0.006 | −0.001 | 0.001 |
| | | (0.462) | (−1.221) | (−0.120) | (0.271) |
| | Balance | −0.005 | −0.004 | 0.000 | 0.000 |
| | | (−0.458) | (−0.938) | (−0.077) | (0.130) |
| | Mfee | 0.103* | 0.032 | −0.004 | −0.010 |
| | | (1.798) | (1.581) | (−0.229) | (−1.591) |
| | Soe | −0.008 | 0.001 | −0.006* | −0.005*** |
| | | (−1.036) | (0.399) | (−1.883) | (−5.222) |
| | Indep | −0.009 | 0.028 | 0.010 | 0.004 |
| | | (−0.174) | (1.296) | (0.514) | (0.640) |
| | Listage | 0.022*** | 0.003 | −0.005* | −0.008*** |
| | | (2.934) | (1.190) | (−1.706) | (−9.047) |
| | _cons | 0.297*** | 0.127*** | 0.877*** | 0.837*** |
| | | (3.435) | (4.036) | (26.566) | (76.012) |
| | 系数检验P值 | 0.038 | | 0.228 | |
| | 行业 | 固定 | 固定 | 固定 | 固定 |
| | 年份 | 固定 | 固定 | 固定 | 固定 |
| | Observation | 1534 | 20311 | 1534 | 20311 |
| | $R^2$ | 0.120 | 0.091 | 0.951 | 0.920 |
| 高管乐观程度（盈利预测偏差） | Overpay | 0.002 | 0.013*** | 0.004*** | 0.005*** |
| | | (0.839) | (4.551) | (4.185) | (4.717) |
| | Roe | −0.011 | 0.044*** | −0.017*** | 0.005 |
| | | (−0.669) | (3.184) | (−3.044) | (0.931) |
| | Size | −0.003* | −0.006*** | 0.003*** | 0.002*** |
| | | (−1.665) | (−3.056) | (4.620) | (3.055) |

续表

| 变量 | | (1) | (2) | (3) | (4) |
|---|---|---|---|---|---|
| | | 高组 | 低组 | 高组 | 低组 |
| | | R_Tone | R_Tone | Pos_deviation | Pos_deviation |
| 高管乐观程度（盈利预测偏差） | Lev | −0.011 | −0.014 | −0.002 | −0.003 |
| | | (−0.895) | (−1.106) | (−0.536) | (−0.665) |
| | Growth | 0.010*** | 0.022*** | 0.001 | 0.004*** |
| | | (3.440) | (6.866) | (1.418) | (3.451) |
| | Liquidratio | −0.003* | −0.002 | 0.000 | 0.000 |
| | | (−1.774) | (−1.584) | (1.108) | (0.027) |
| | Loss | 0.028*** | 0.038*** | −0.003 | −0.001 |
| | | (3.832) | (8.649) | (−0.932) | (−0.378) |
| | Dturn | 0.000 | −0.001 | 0.005*** | 0.003** |
| | | (0.008) | (−0.181) | (3.365) | (1.992) |
| | Tobinq | −0.006*** | −0.007*** | 0.001 | 0.000 |
| | | (−4.738) | (−5.081) | (1.547) | (0.360) |
| | Big4 | −0.006 | −0.009 | −0.002 | −0.003 |
| | | (−0.867) | (−1.214) | (−0.812) | (−0.993) |
| | Balance | −0.010* | 0.001 | 0.000 | 0.000 |
| | | (−1.950) | (0.154) | (0.132) | (−0.165) |
| | Mfee | 0.102*** | 0.011 | 0.002 | −0.013 |
| | | (3.912) | (0.443) | (0.213) | (−1.570) |
| | Soe | −0.001 | −0.004 | −0.006*** | −0.004*** |
| | | (−0.275) | (−1.007) | (−4.518) | (−3.127) |
| | Indep | 0.025 | 0.054* | −0.001 | −0.001 |
| | | (0.938) | (1.865) | (−0.151) | (−0.111) |
| | Listage | 0.002 | 0.005 | −0.009*** | −0.007*** |
| | | (0.593) | (1.193) | (−7.354) | (−5.968) |
| | _cons | 0.136*** | 0.100** | 0.829*** | 0.836*** |
| | | (3.146) | (2.412) | (54.341) | (55.019) |

| 变量 | | (1) | (2) | (3) | (4) |
|---|---|---|---|---|---|
| | | 高组 | 低组 | 高组 | 低组 |
| | | R_Tone | R_Tone | Pos_deviation | Pos_deviation |
| 高管乐观程度（盈利预测偏差） | 组间系数差异检验$P$值 | 0.000 | | 0.271 | |
| | 行业 | 固定 | 固定 | 固定 | 固定 |
| | 年份 | 固定 | 固定 | 固定 | 固定 |
| | Observation | 10024 | 8938 | 10024 | 8938 |
| | $R^2$ | 0.106 | 0.082 | 0.914 | 0.929 |

注：括号内为企业聚类稳健标准误对应$t$值。采取随机抽样1000次费舍尔检验组间系数差异。

***、**、*分别代表1%、5%、10%显著性水平。

### 3.3.4　内生性检验和稳健性估计

1. 内生性检验

（1）IV工具变量法

考虑到可能由于互为因果关系而存在内生性问题，因此本研究运用IV工具变量法进行两阶段最小二乘回归（2SLS），选取滞后一期企业高管超额薪酬和同省份同年份（除自身外）企业高管超额薪酬均值作为IV工具变量进行回归。表3-11是IV工具变量的回归结果。结果显示，高管超额薪酬Overpay分别在10%和1%的显著性水平上与文本语调膨胀披露策略Rtone和文本正面语调离差披露策略Pos_deviation正相关，而Kleibergen-Paap rk LM检验和Kleibergen-Paap rk Wald F检验证实不存在不可识别和弱工具变量问题。本研究通过IV工具变量法验证主回归的稳健性。

表3-11　IV工具变量回归结果

| 变量 | (1) | (2) | (3) | (4) |
|---|---|---|---|---|
| | Overpay | R_Tone | Pos_deviation | Neg_deviation |
| IV_lag | 0.810*** | | | |
| | (154.324) | | | |
| IV_province | 0.148*** | | | |
| | (8.856) | | | |
| Overpay | | 0.005* | 0.006*** | 0.004*** |
| | | (1.762) | (6.829) | (3.344) |
| Roe | −0.037 | 0.023** | −0.003 | −0.011** |
| | (−1.314) | (2.308) | (−0.716) | (−2.039) |
| Size | 0.023*** | −0.004*** | 0.002*** | 0.002*** |
| | (8.627) | (−2.937) | (5.065) | (2.661) |
| Lev | −0.045*** | −0.020** | 0.000 | 0.005 |
| | (−2.625) | (−2.125) | (−0.135) | (1.118) |
| Growth | −0.083*** | 0.015*** | 0.003*** | −0.002* |
| | (−10.752) | (7.666) | (4.659) | (−1.698) |
| Liquidratio | −0.002 | −0.003*** | 0.000 | 0.000 |
| | (−0.966) | (−2.627) | (0.981) | (0.026) |
| Loss | 0.030*** | 0.027*** | −0.003** | 0.001 |
| | (3.100) | (7.707) | (−2.287) | (0.799) |
| Dturn | −0.001 | 0.001 | 0.004*** | 0.000 |
| | (−0.176) | (0.505) | (4.160) | (−0.195) |
| Tobinq | 0.014*** | −0.007*** | 0.000 | −0.002*** |
| | (6.305) | (−6.969) | (0.493) | (−3.368) |
| Big4 | 0.020* | −0.006 | 0.000 | −0.008*** |
| | (1.788) | (−1.052) | (0.267) | (−2.618) |
| Balance | 0.035*** | −0.004 | 0.000 | −0.002 |
| | (4.545) | (−0.836) | (0.223) | (−1.075) |

续表

| 变量 | (1) | (2) | (3) | (4) |
|---|---|---|---|---|
| | Overpay | R_Tone | Pos_deviation | Neg_deviation |
| Mfee | 0.383*** | 0.052** | −0.007 | −0.036*** |
| | (9.593) | (2.564) | (−1.180) | (−3.744) |
| Soe | −0.041*** | 0.001 | −0.005*** | 0.000 |
| | (−7.910) | (0.196) | (−5.800) | (−0.022) |
| Indep | −0.127*** | 0.026 | 0.005 | −0.010 |
| | (−3.204) | (1.259) | (0.806) | (−1.074) |
| Listage | 0.014*** | 0.003 | −0.008*** | −0.010*** |
| | (2.939) | (1.280) | (−8.895) | (−8.142) |
| _cons | −0.462*** | 0.045 | 0.905*** | 0.868*** |
| | (−7.522) | (1.470) | (86.591) | (58.951) |
| 行业 | 固定 | 固定 | 固定 | 固定 |
| 年份 | 固定 | 固定 | 固定 | 固定 |
| Kleibergen–Paap rk LM statistic | | 995.15 | 995.15 | 995.157 |
| | | 0.000 | 0.000 | 0.000 |
| Kleibergen–Paap rk Wald F statistic | | 14000 | 14000 | 14000 |
| | | 10% | 10% | 10% |
| Hansen J | | 0.113 | 20.800 | 1.713 |
| | | 0.7365 | 0.000 | 0.1907 |
| Observation | 20650 | 20650 | 20650 | 20650 |
| $R^2$ | 0.738 | 0.080 | 0.444 | 0.286 |

注:括号内为企业聚类稳健标准误对应 $t$ 值。

***、**、*分别代表1%、5%、10%显著性水平。

(2)缓解遗漏变量风险的内生性检验

①增加企业个体固定效应。为进一步缓解因遗漏变量问题引发的内生性风险,本研究在进行稳健性估计时,在原回归基础上增加了企业个体固定效应。增加企业个体固定效应的回归结果显示(表3-12),超额薪酬Overpay均在1%显著

水平上与文本语调膨胀披露策略 Rtone 及文本正面语调离差披露策略 Pos_deviation 正相关,而与文本负面语调离差披露策略 Neg_deviation 不存在显著相关关系。在控制个体固定效应之后,检验结果与前文保持一致。

**表3-12　增加企业个体固定效应回归结果**

| 变量 | (1) | (2) | (3) |
|---|---|---|---|
| | R_Tone | Pos_deviation | Neg_deviation |
| Overpay | 0.009*** | 0.004*** | −0.002 |
| | (3.727) | (4.198) | (−1.094) |
| Roe | 0.026** | 0.002 | −0.021*** |
| | (2.550) | (0.597) | (−2.599) |
| Size | −0.005** | 0.004*** | 0.010*** |
| | (−2.068) | (4.156) | (4.209) |
| Lev | 0.003 | −0.003 | −0.009 |
| | (0.241) | (−0.664) | (−0.916) |
| Growth | 0.017*** | 0.002** | −0.002 |
| | (9.031) | (2.557) | (−0.923) |
| Liquidratio | 0.000 | 0.001* | 0.000 |
| | (−0.322) | (1.738) | (−0.117) |
| Loss | 0.036*** | 0.000 | 0.002 |
| | (11.088) | (−0.312) | (0.598) |
| Dturn | 0.004* | 0.004*** | 0.000 |
| | (1.654) | (3.850) | (−0.259) |
| Tobinq | −0.003*** | 0.000 | −0.001 |
| | (−2.589) | (0.076) | (−1.435) |
| Big4 | 0.002 | −0.003 | −0.004 |
| | (0.322) | (−0.884) | (−0.523) |
| Balance | −0.001 | 0.000 | −0.004 |
| | (−0.203) | (−0.010) | (−0.790) |

续表

| 变量 | （1） | （2） | （3） |
|---|---|---|---|
| | R_Tone | Pos_deviation | Neg_deviation |
| Mfee | −0.067*** | −0.032*** | 0.028 |
| | (−2.973) | (−3.402) | (1.430) |
| Soe | 0.002 | 0.000 | 0.006 |
| | (0.298) | (−0.217) | (1.045) |
| Indep | −0.023 | −0.002 | −0.021 |
| | (−1.012) | (−0.197) | (−0.946) |
| Listage | 0.042*** | 0.009*** | −0.009 |
| | (5.169) | (2.787) | (−1.110) |
| _cons | 0.065 | 0.783*** | 0.390*** |
| | (1.128) | (36.514) | (6.712) |
| 企业 | 固定 | 固定 | 固定 |
| 行业 | 固定 | 固定 | 固定 |
| 年份 | 固定 | 固定 | 固定 |
| Observation | 26397 | 26397 | 26397 |
| $R^2$ | 0.089 | 0.923 | 0.713 |

注：括号内为企业聚类稳健标准误对应 $t$ 值。

***、**、*分别代表1%、5%、10%显著性水平。

②增加控制变量。考虑到高管个人特质会影响其薪酬和信息披露，本研究在原回归的基础上进一步控制了上市企业董事的个人特质：企业任期 Tenure、性别 Gender、年龄 Age、是否两职合一 Dual、学历 Degree、是否具有金融背景 Ceofin 和是否具有海外工作经验 Ceooversea 变量，以缓解遗漏变量问题。表3-13是增加控制变量后回归结果，稳健性分析结果与主回归结果高度一致。

表3-13 增加控制变量后稳健性估计结果

| 变量 | (1) | (2) | (3) |
| --- | --- | --- | --- |
| | R_Tone | Plus_deviation | Neg_deviation |
| Overpay | 0.006* | 0.004*** | 0.001 |
| | (1.727) | (3.397) | (1.191) |
| Roe | 0.020 | −0.006 | 0.006 |
| | (1.195) | (−1.007) | (1.002) |
| Size | −0.006*** | 0.002** | 0.000 |
| | (−2.730) | (2.314) | (−0.393) |
| Lev | −0.014 | −0.008 | −0.002 |
| | (−0.943) | (−1.537) | (−0.421) |
| Growth | 0.008** | 0.002 | 0.000 |
| | (2.476) | (1.643) | (−0.251) |
| Liquidratio | −0.003** | 0.000 | 0.000 |
| | (−2.345) | (−0.963) | (−0.766) |
| Loss | 0.034*** | −0.001 | 0.004** |
| | (6.360) | (−0.586) | (2.131) |
| Dturn | 0.001 | 0.004*** | 0.001 |
| | (0.240) | (2.891) | (0.704) |
| Tobinq | −0.007*** | 0.000 | −0.001** |
| | (−5.070) | (0.727) | (−2.021) |
| Big4 | −0.004 | 0.000 | −0.005 |
| | (−0.386) | (0.057) | (−1.510) |
| Balance | −0.004 | 0.002 | 0.001 |
| | (−0.576) | (0.801) | (0.478) |
| Mfee | 0.082*** | −0.004 | −0.014 |
| | (2.580) | (−0.440) | (−1.250) |
| Soe | −0.009 | −0.004** | 0.000 |
| | (−1.624) | (−2.224) | (−0.221) |

续表

| 变量 | (1) | (2) | (3) |
|------|-----|-----|-----|
| | R_Tone | Plus_deviation | Neg_deviation |
| Indep | −0.003 | 0.002 | −0.015 |
| | (−0.095) | (0.155) | (−1.351) |
| Listage | 0.008 | −0.004** | −0.005*** |
| | (1.557) | (−2.302) | (−2.987) |
| Tenure | 0.003** | 0.000 | −0.001* |
| | (2.019) | (−0.770) | (−1.826) |
| Gender | −0.004 | −0.003 | 0.001 |
| | (−0.535) | (−1.263) | (0.290) |
| Age | −0.026** | −0.001 | 0.011** |
| | (−2.012) | (−0.328) | (2.318) |
| Dual | 0.004 | 0.003** | 0.002 |
| | (1.169) | (2.550) | (1.506) |
| Degree | −0.004 | −0.002 | 0.001 |
| | (−0.889) | (−0.915) | (0.652) |
| Ceofin | −0.011 | 0.001 | 0.003 |
| | (−1.484) | (0.245) | (1.368) |
| Ceooversea | −0.002 | 0.003** | 0.002* |
| | (−0.541) | (2.535) | (1.701) |
| _cons | 0.229*** | 0.917*** | 0.898*** |
| | (3.207) | (36.338) | (33.853) |
| 行业 | 固定 | 固定 | 固定 |
| 年份 | 固定 | 固定 | 固定 |
| Observation | 7622 | 7622 | 7622 |
| $R^2$ | 0.132 | 0.959 | 0.954 |

注:括号内为企业聚类稳健标准误对应 $t$ 值。

***、**、*分别代表1%、5%、10%显著性水平。

(3)样本自选择问题的内生性检验

考虑到样本存在自选择偏误,即获取超额薪酬的高管可能机会主义倾向更高,在信息披露阶段,其更可能采取策略性的披露手段。本研究采取了Heckman二阶段来缓解样本自选择问题。按照超额薪酬Overpay_dum是否大于0,将样本分为存在超额薪酬组Overpay_dum=1和不存在超额薪酬组Overpay_dum=0,在此基础上进行Probit模型回归,并计算逆米尔斯指数IMR带入第二阶段回归。表3-14是Heckman二阶段的回归结果,回归结果与主回归高度一致。

表3-14 Heckman二阶段稳健性估计结果

| 变量 | (1) | (2) | (3) | (4) |
|---|---|---|---|---|
| | Overpay_dum | R_Tone | Plus_deviation | Neg_deviation |
| Overpay | | 0.007*** | 0.005*** | 0.001 |
| | | (3.282) | (6.711) | (0.952) |
| Roe | 0.460*** | 0.003 | −0.011* | −0.049*** |
| | (3.595) | (0.152) | (−1.659) | (−2.683) |
| Size | 0.136*** | −0.013** | −0.001 | −0.007 |
| | (6.704) | (−2.133) | (−0.625) | (−1.319) |
| Lev | −0.174 | −0.009 | 0.004 | 0.025** |
| | (−1.389) | (−0.703) | (1.056) | (2.396) |
| Growth | −0.087*** | 0.020*** | 0.005*** | 0.004 |
| | (−3.827) | (4.673) | (3.959) | (1.146) |
| Liquidratio | 0.020 | −0.004*** | 0.000 | −0.001 |
| | (1.584) | (−2.866) | (−0.504) | (−1.250) |
| Loss | 0.060 | 0.022*** | −0.004*** | −0.001 |
| | (1.416) | (5.129) | (−2.697) | (−0.173) |
| Dturn | −0.022 | 0.003 | 0.004*** | 0.000 |
| | (−0.944) | (1.017) | (4.120) | (0.237) |
| Tobinq | 0.067*** | −0.011*** | −0.001 | −0.006** |
| | (4.967) | (−3.747) | (−1.685) | (−2.472) |

续表

| 变量 | (1) Overpay_dum | (2) R_Tone | (3) Plus_deviation | (4) Neg_deviation |
|---|---|---|---|---|
| Big4 | 0.266*** (3.429) | −0.021* (−1.771) | −0.006* (−1.694) | −0.027*** (−2.582) |
| Balance | 0.343*** (5.764) | −0.025 (−1.627) | −0.009* (−1.949) | −0.028** (−2.181) |
| Mfee | 2.849*** (10.243) | −0.125 (−1.084) | −0.077** (−2.420) | −0.210** (−2.119) |
| Soe | −0.193*** (−4.466) | 0.012 (1.381) | 0.000 (−0.022) | 0.015** (2.027) |
| Indep | −0.507* (−1.798) | 0.056* (1.853) | 0.018** (2.041) | 0.017 (0.750) |
| Listage | 0.028 (0.745) | 0.002 (0.829) | −0.008*** (−9.294) | −0.014*** (−7.318) |
| IMR | | −0.097 (−1.412) | −0.041** (−2.130) | −0.112* (−1.955) |
| _cons | −2.959*** (−6.430) | 0.380** (2.071) | 0.943*** (18.360) | 0.828*** (5.346) |
| 行业 | 固定 | 固定 | 固定 | 固定 |
| 年份 | 固定 | 固定 | 固定 | 固定 |
| Observation | 26397 | 26397 | 26397 | 26397 |
| $R^2$ | 0.0394 | 0.092 | 0.922 | 0.717 |

注:括号内为企业聚类稳健标准误对应 $t$ 值。

***、**、*分别代表1%、5%、10%显著性水平。

2. 稳健性估计

(1)替代解释变量的稳健性估计

本研究参考罗宏的做法,采取前三名薪酬最高的董事、监事、高管的薪酬总和对数替代原绝对薪酬指标,并构建新的超额薪酬指标Overpay2。[1]表3-15是替代解释变量的回归结果,超额薪酬Overpay2均在1%显著水平上与文本语调膨胀披露策略Rtone及文本正面语调离差披露策略Pos_deviation正相关,而与文本负面语调离差披露策略Neg_deviation不存在显著相关关系,替代解释变量的回归结果与原回归高度一致。

表3-15　替代解释变量稳健性估计结果

| 变量 | (1) | (2) | (3) |
| --- | --- | --- | --- |
| | R_Tone | Pos_deviation | Neg_deviation |
| Overpay2 | 0.007*** | 0.005*** | 0.002 |
| | (3.208) | (7.045) | (1.080) |
| Roe | 0.031*** | 0.000 | −0.017** |
| | (2.971) | (0.076) | (−2.342) |
| Size | −0.005*** | 0.002*** | 0.003*** |
| | (−3.446) | (5.110) | (3.031) |
| Lev | −0.021** | −0.001 | 0.011 |
| | (−2.192) | (−0.288) | (1.622) |
| Growth | 0.015*** | 0.003*** | −0.002 |
| | (7.688) | (4.261) | (−1.191) |
| Liquidratio | −0.003** | 0.000 | 0.000 |
| | (−2.523) | (0.919) | (0.135) |
| Loss | 0.026*** | −0.003** | 0.003 |
| | (7.205) | (−2.067) | (1.262) |
| Dturn | 0.001 | 0.003*** | −0.001 |
| | (0.499) | (3.644) | (−0.654) |
| Tobinq | −0.007*** | 0.000 | −0.002** |
| | (−7.116) | (0.736) | (−2.472) |
| Big4 | −0.006 | 0.000 | −0.009** |
| | (−1.115) | (0.216) | (−2.342) |

[1] 罗宏,黄敏,周大伟,等.政府补助、超额薪酬与薪酬辩护[J].会计研究,2014(1):42-48,95.

| 变量 | (1) | (2) | (3) |
|---|---|---|---|
| | R_Tone | Pos_deviation | Neg_deviation |
| Balance | −0.004 | 0.000 | −0.004 |
| | (−0.920) | (0.127) | (−1.328) |
| Mfee | 0.034* | −0.010* | −0.026* |
| | (1.693) | (−1.744) | (−1.833) |
| Soe | 0.001 | −0.005*** | 0.002 |
| | (0.291) | (−5.043) | (0.789) |
| Indep | 0.026 | 0.005 | −0.019 |
| | (1.223) | (0.819) | (−1.484) |
| Listage | 0.004 | −0.008*** | −0.012*** |
| | (1.461) | (−9.238) | (−7.506) |
| _cons | 0.128*** | 0.837*** | 0.536*** |
| | (4.132) | (77.762) | (24.206) |
| 行业 | 固定 | 固定 | 固定 |
| 年份 | 固定 | 固定 | 固定 |
| Observation | 26397 | 26397 | 26397 |
| $R^2$ | 0.091 | 0.922 | 0.717 |

注:括号内为企业聚类稳健标准误对应 $t$ 值。

***、**、*分别代表1%、5%、10%显著性水平。

(2)替代被解释变量的稳健性估计

替代被解释变量稳健性估计中,本研究采用了以下三种方法。

①考虑到上市企业管理层分析与讨论文本篇幅存在差异,本研究借鉴林乐和谢德仁的方法,利用计算机检索或文本分析领域常用的逆文档频率权重方法来做稳健性检验(计算语调膨胀度指标Rtone2)。❶

---

❶ 林乐,谢德仁.分析师荐股更新利用管理层语调吗?——基于业绩说明会的文本分析[J].管理世界,2017(11):125−145,188.

②考虑到可能因为选取比对词典的差异而导致结果的不稳健,本研究将 L&M字典译为中文后作为比对词典,该词典虽然在研究中确实被国内部分学者所采用,但是中英文语言表达上的差异,致使其适用性受到影响。❶因此,本研究重新计算了文本语调膨胀披露策略Rtone3和文本正面语调离差披露策略 Pos_deviation2。

③为衡量文本信息语气的操纵程度,在借鉴黄等模型的基础上,本研究基于模型计算文本信息可操纵语气,并对模型控制了公司未来业绩F_Roa后,重新计算残差衡量语调膨胀度Rtone4。❷表3-16是替代被解释变量的稳健性估计结果,以上三种方法的估计结果与主回归的结果均基本一致。

表3-16 替代被解释变量稳健性估计结果

| 变量 | | (1) | (2) | (3) |
| --- | --- | --- | --- | --- |
| | | R_Tone2 | Pos_deviation | Neg_deviation |
| Panel A: TF-IDF 处理情感 语调变量 | Overpay | 0.009** (2.502) | 0.005*** (6.803) | 0.002 (1.101) |
| | Roe | 0.074*** (4.461) | 0.000 (0.108) | -0.017** (-2.339) |
| | Size | -0.010*** (-4.467) | 0.002*** (5.199) | 0.003*** (3.051) |
| | Lev | -0.022 (-1.471) | -0.001 (-0.337) | 0.011 (1.619) |
| | Growth | 0.015*** (4.575) | 0.003*** (4.249) | -0.002 (-1.190) |
| | Liquidratio | -0.005*** (-2.983) | 0.000 (0.883) | 0.000 (0.130) |

❶ LOUGHRAN T, MCDONALD B. Textual analysis in accounting and finance: A survey[J]. Journal of accounting research, 2016, 54(4): 1187-1230.

❷ HUANG X, TEOH S H, ZHANG Y. Tone management[J]. The accounting review, 2014, 89(3): 1083-1113.

续表

| 变量 | | (1) | (2) | (3) |
|---|---|---|---|---|
| | | R_Tone2 | Pos_deviation | Neg_deviation |
| Panel A：<br>TF-IDF<br>处理情感<br>语调变量 | Loss | 0.035***<br>(6.192) | −0.003**<br>(−2.037) | 0.003<br>(1.266) |
| | Dturn | 0.008**<br>(2.006) | 0.003***<br>(3.660) | −0.001<br>(−0.651) |
| | Tobinq | −0.009***<br>(−5.798) | 0.000<br>(0.701) | −0.002**<br>(−2.482) |
| | Big4 | −0.005<br>(−0.644) | 0.000<br>(0.210) | −0.009**<br>(−2.348) |
| | Balance | −0.001<br>(−0.208) | 0.000<br>(0.135) | −0.004<br>(−1.332) |
| | Mfee | 0.039<br>(1.241) | −0.010*<br>(−1.670) | −0.026*<br>(−1.830) |
| | Soe | −0.001<br>(−0.240) | −0.005***<br>(−5.393) | 0.002<br>(0.750) |
| | Indep | 0.037<br>(1.090) | 0.005<br>(0.759) | −0.019<br>(−1.492) |
| | Listage | 0.000<br>(0.077) | −0.008***<br>(−9.189) | −0.012***<br>(−7.509) |
| | _cons | 0.191***<br>(3.841) | 0.836***<br>(77.493) | 0.536***<br>(24.278) |
| | 行业 | 固定 | 固定 | 固定 |
| | 年份 | 固定 | 固定 | 固定 |
| | Observation | 26397 | 26397 | 26397 |
| | $R^2$ | 0.053 | 0.922 | 0.717 |

续表

| 变量 | | （1） | （2） | （3） |
|---|---|---|---|---|
| | | R_Tone3 | Pos_deviation2 | Neg_deviation2 |
| Panel B：L&M字典情感语调变量 | Overpay | 0.018*** | 0.004*** | −0.004** |
| | | （5.068） | （2.867） | （−2.025） |
| | Roe | 0.080*** | −0.006 | −0.051*** |
| | | （4.901） | （−0.906） | （−4.762） |
| | Size | 0.000 | −0.004*** | −0.004*** |
| | | （−0.067） | （−4.640） | （−3.065） |
| | Lev | 0.000 | 0.016*** | 0.023*** |
| | | （−0.024） | （2.799） | （2.578） |
| | Growth | 0.059*** | 0.008*** | −0.013*** |
| | | （17.802） | （6.660） | （−5.366） |
| | Liquidratio | −0.001 | 0.001** | 0.001 |
| | | （−0.478） | （2.472） | （0.660） |
| | Loss | 0.045*** | −0.007*** | 0.007* |
| | | （8.099） | （−3.326） | （1.861） |
| | Dturn | 0.002 | 0.001 | 0.001 |
| | | （0.718） | （0.496） | （0.399） |
| | Tobinq | −0.011*** | 0.000 | −0.001 |
| | | （−7.213） | （0.393） | （−0.899） |
| | Big4 | −0.027*** | 0.007** | 0.015*** |
| | | （−2.801） | （1.998） | （2.870） |
| | Balance | −0.018** | −0.002 | 0.000 |
| | | （−2.547） | （−0.893） | （0.017） |
| | Mfee | 0.074** | −0.045*** | −0.046** |
| | | （2.169） | （−3.976） | （−2.481） |
| | Soe | 0.007 | −0.004** | 0.001 |
| | | （1.336） | （−2.064） | （0.396） |
| | Indep | 0.050 | 0.005 | −0.031 |
| | | （1.409） | （0.392） | （−1.459） |

续表

| 变量 | | (1) | (2) | (3) |
|---|---|---|---|---|
| | | R_Tone3 | Pos_deviation2 | Neg_deviation2 |
| Panel B：L&M字典情感语调变量 | Listage | 0.013***<br>(2.911) | 0.002<br>(1.034) | 0.009***<br>(3.308) |
| | _cons | −0.023<br>(−0.414) | 0.685***<br>(34.929) | 0.431***<br>(13.084) |
| | 行业 | 固定 | 固定 | 固定 |
| | 年份 | 固定 | 固定 | 固定 |
| | Observation | 26402 | 26402 | 26402 |
| | $R^2$ | 0.135 | 0.424 | 0.141 |

| 变量 | | (1) | (2) | (3) |
|---|---|---|---|---|
| | | R_Tone4 | Pos_deviation | Neg_deviation |
| Panel C：变更拟合模型的情感语调变量 | Overpay | 0.007***<br>(3.012) | 0.005***<br>(6.803) | 0.002<br>(1.101) |
| | Roe | 0.015<br>(1.388) | 0.000<br>(0.108) | −0.017**<br>(−2.339) |
| | Size | −0.006***<br>(−4.106) | 0.002***<br>(5.199) | 0.003***<br>(3.051) |
| | Lev | −0.017*<br>(−1.772) | −0.001<br>(−0.337) | 0.011<br>(1.619) |
| | Growth | 0.014***<br>(7.339) | 0.003***<br>(4.249) | −0.002<br>(−1.190) |
| | Liquidratio | −0.003***<br>(−2.617) | 0.000<br>(0.883) | 0.000<br>(0.130) |
| | Loss | 0.024***<br>(6.719) | −0.003**<br>(−2.037) | 0.003<br>(1.266) |
| | Dturn | 0.001<br>(0.533) | 0.003***<br>(3.660) | −0.001<br>(−0.651) |
| | Tobinq | −0.008***<br>(−8.502) | 0.000<br>(0.701) | −0.002**<br>(−2.482) |

续表

| 变量 | | （1） | （2） | （3） |
|---|---|---|---|---|
| | | R_Tone4 | Pos_deviation | Neg_deviation |
| Panel C：变更拟合模型的情感语调变量 | Big4 | −0.006 (−1.242) | 0.000 (0.210) | −0.009** (−2.348) |
| | Balance | −0.003 (−0.788) | 0.000 (0.135) | −0.004 (−1.332) |
| | Mfee | 0.039* (1.947) | −0.010* (−1.670) | −0.026* (−1.830) |
| | Soe | 0.000 (0.145) | −0.005*** (−5.393) | 0.002 (0.750) |
| | Indep | 0.027 (1.298) | 0.005 (0.759) | −0.019 (−1.492) |
| | Listage | 0.002 (0.722) | −0.008*** (−9.189) | −0.012*** (−7.509) |
| | _cons | 0.149*** (4.814) | 0.836*** (77.493) | 0.536*** (24.278) |
| | 行业 | 固定 | 固定 | 固定 |
| | 年份 | 固定 | 固定 | 固定 |
| | Observation | 26397 | 26397 | 26397 |
| | $R^2$ | 0.093 | 0.922 | 0.717 |

注：括号内为企业聚类稳健标准误对应 $t$ 值。

***、**、*分别代表1%、5%、10%显著性水平。

## 3.4　本章小结

本研究通过对2005—2021年的A股企业进行研究后发现：首先，超额薪酬可能显著增加高管采取文本语调膨胀披露策略和文本正面语调离差披露策略，即文本语调披露策略是高管可能采取的狭义机会主义行为之后的综合性信息披露策略方式。其次，这种影响可能是通过个体投资者和机构投资者关注增加传导所致,即文本语调膨胀披露策略和文本正面语调离差披露策略是一种操纵性文本信息披露策略,目的是实现积极情绪渲染,抑制消极情绪蔓延。最后,本研究通过进一步检验可知,高管超额薪酬对文本语调披露策略的影响既不会因为高管过度乐观而加剧,也不会受高管能力辩护和信息操纵动机驱使而增加。当且仅当,在高管超额薪酬实现后,企业面临更高舆论质疑和负面评价压力时,其印象管理动机更高,倾向于增加更多积极文本语调披露策略,实现印象管理,以期引导和扭转媒体和公众对企业声誉的负面预期。

虽然本研究的结论是基于 2005—2021 年的 A 股企业的样本数据,但结合近年来的研究动态,我们可以合理推断这些结论在当前依然具有相关性和适用性。例如,沈红波等的研究指出管理层可能通过操纵语调来掩盖企业的真实业绩,这与本研究中提到的高管可能采取文本语调披露策略以实现机会主义目的的观点相呼应。[1]此外,刘颖斐等的研究也支持了管理层在不同信息环境和公司治理环境下可能存在差异性语调操控行为的结论。[2]黄萍萍和温素彬的研究进一步证实了管理层可能通过文本语调披露策略来实现其机会主义目的,并且这种操纵行为在短期内难以被投资者识别。[3]

本研究为在智能会计视域下理解高管文本语调操纵策略提供了新的分析工具和方法。随着人工智能和大数据分析技术的发展,智能会计能够更深入地分析管理层披露的文本信息,识别潜在的操纵行为。这些技术的应用不仅提高了投资者和监管机构对企业披露信息质量的监督效率,也提供了更精准的风险评估和决策支持。因此,智能会计在识别和防范高管机会主义行为方面发挥着越来越重要的作用,是提高企业信息披露质量和市场透明度的关键因素之一。

---

[1] 沈红波,石若瑜,陈鹏翔.机构投资者能有效识别管理层语调信息吗?——基于管理层讨论与分析的文本语调[J].东南大学学报(哲学社会科学版),2024,26(4):35-46,150-151,153.

[2] 刘颖斐,刘学财,林晚发.管理层语调操控及投资者识别:基于问询监管视角[J].管理科学,2023,36(6):123-137.

[3] 黄萍萍,温素彬.社会责任文本信息策略性披露的识别研究——基于社会责任负面事件的情境[J].会计研究,2023(10):33-47.

# 第4章　文本可读性披露策略选择下企业高管机会主义行为研究

本章节聚焦于文本可读性披露策略视角,分析高管是否可能利用文本可读性披露策略实现其机会主义目的。

## 4.1　文本可读性披露策略的内涵及测算方法

### 4.1.1　文本可读性披露策略的内涵

文本可读性具有一种非内容相关的文本信息特征,反映了文本信息的复杂程度及文本信息的可理解性。而文本可读性披露策略则是企业高管调节语句结构和逻辑关系的复杂程度,影响投资者对企业财务结果理解的策略手段。李峰和徐巍等均指出,高管采取文本可读性披露策略,动机可能是为掩饰年报当中的坏消息,使投资者无法准确识别坏消息。❶❷基于委托代理理论,文本可读性披露策略可能是高管通过增加语句中虚词等特殊词汇,以及增加文本逻辑关系复杂程度,或是通过增加语句长度和字数、增加语句结构复杂程度等,达到增加文本理解性和阅读性的掩饰性文本信息披露策略。

### 4.1.2　文本可读性披露策略的测算方法

1. 技术方法

本研究发现,构建文本可读性的方法主要是词典法。

2. 具体测算过程

相较于文本语调的指标测算而言,文本可读性的指标构建暂时没有一个较

---

❶ LI F. Annual report readability, current earnings, and earnings persistence[J]. Journal of accounting and economics,2008,45(2-3):221-247.

❷ 徐巍,姚振晔,陈冬华. 中文年报可读性:衡量与检验[J]. 会计研究,2021(3):28-44.

权威和统一的测算方式。

首先,李峰提出,通过测算迷雾指数来衡量文本可读性,开创性地使用了计算机自然语言处理技术对美国上市公司年报文本进行分析,其原理是通过测算文本中句子的平均长度和文本中长单词在句子中的占比,从文本复杂性和难理解性两个维度衡量文本的可读程度。具体的测算公式见(4-1)。然而,迷雾指数较适用于英文文本可读性的测算,在中文语境中使用可能导致测算偏误问题。

$$\text{Fox} = 0.4 \times \left[ \left( \frac{\text{文本单词总数}}{\text{文本句子总数}} \right) + 100 \times \left( \frac{\text{文本中长单词数量}}{\text{文本总单词总数}} \right) \right] \quad (4\text{-}1)$$

其次,后续逐渐有一些中国学者尝试利用计算机自然语言处理技术,开拓适应于中文语境的文本可读性测算方法。丘心颖等用笔画数反映汉字的难度(年报汉字平均笔画数越大,可读性越差),以此衡量文本的可读程度。[1]而任宏达和王琨则采用文本字符长度、文本PDF页数和PDF文件大小来衡量其可读性。[2]此种测算文本可读性的方式存在两个问题:一是文本容量大小可能受到其他因素的干扰,测算可能存在偏误;二是此种测算方式忽略了文本逻辑复杂性的特征。

再次,从文本逻辑复杂度测算文本可读性指标。一方面,周佰成和周阔利用文本语句中专业术语占比衡量招股说明书可读性[3];另一方面,李春涛等则通过计算语句中常用词汇占比来衡量年报可读性程度[4],但是这样的测算方法仅反映了文本逻辑复杂性,而忽略了文本结构复杂性。

最后,徐巍等则基于前期学者的研究成果,综合性地构建了三个文本可读性指标。[5]其一,计算语句中的平均词数减去行业平均值的算数平均数,衡量文本结构复杂性。其二,基于王自强编撰的《现代汉语虚词词典》整理的副词和连词词典,测算语句中副词和连词占比减去行业均值的算数平均数,衡量文本逻辑复

---

[1] 丘心颖,郑小翠,邓可斌.分析师能有效发挥专业解读信息的作用吗?——基于汉字年报复杂性指标的研究[J].经济学(季刊),2016,15(4):1483-1506.

[2] 任宏达,王琨.产品市场竞争与信息披露质量——基于上市公司年报文本分析的新证据[J].会计研究,2019(3):32-39.

[3] 周佰成,周阔.招股说明书可读性影响IPO抑价了吗?[J].外国经济与管理,2020,42(3):104-117,135.

[4] 李春涛,张计宝,张璇.年报可读性与企业创新[J].经济管理,2020,42(10):156-173.

[5] 徐巍,姚振晔,陈冬华.中文年报可读性:衡量与检验[J].会计研究,2021(3):28-44.

杂性。其三,综合测算前两个指标的算数平均数,衡量综合性的文本可读性程度。该方法综合考虑了文本结构和逻辑的复杂程度,并参考Fox指数,构建了符合中国语境的文本可读性指标。因此,本研究主要参考徐巍等的做法,进行文本可读性披露策略指标的构建❶,并构建文本可读性的最优拟合模型,以测算异常性文本可读性披露策略指标❷。

## 4.2　文本可读性披露策略选择下企业高管机会主义行为的理论机制分析

### 4.2.1　具体背景

#### 1. 研究背景

法玛(Fama)提出有效市场假说,认为资产价格反映了所有市场的信息,投资者不可能因所获得的额外信息而获取超额收益。❸然而,后续诸多学者陆续提出了诸如"股权溢价之谜"❹、羊群效应❺和噪声交易❻等金融市场异象,以质疑有效市场假说的真实性和有效性。之所以有效市场假说在实践中难以得到验证,主要有两个方面的原因。一方面,资本市场的信息壁垒始终存在,利益相关者很难完全获取所有市场的信息;另一方面,因理性人先验条件的难以满足特征,投资者并非总是完全理性的。

传统财务理论认为资本市场投资者是富有理性的,投资者能依据资本市场的完全信息调整预期和行为,最终将上市公司的内在价值真实反映在股价之中。然而,投资者并非完全理性的,大多数投资者基于历史数据或企业信息进行价值

---

❶ 徐巍,姚振晔,陈冬华.中文年报可读性:衡量与检验[J].会计研究,2021(3):28-44.

❷ HUANG X,TEOH S H,ZHANG Y. Tone management[J]. The accounting review,2014,89(3):1083-1113.

❸ FAMA E F. The behavior of stock-market prices[J]. The journal of business,1965,38(1):34-105.

❹ DE BONDT W F M,THALER R. Does the stock market overreact?[J]. The journal of finance,1985,40(3):793-805.

❺ FRIEND I,BLUME M.,CROCKETT J. Mutual funds and other institutional investors:A new perspective[M]. New York:McGraw-Hill Companies,1970.

❻ KYLE A S. Continuous auctions and insider trading[J]. Econometrica,1985:1315-1335.

判断,但在决策过程中常因个体偏误导致股价与内在价值的严重偏离。[1][2]行为金融学理论认为投资者心理作用导致偏离符合经济理性的最优状态,而投资者情绪则是资本市场估值预期脱离基本面因素出现系统性偏差的主要原因。[3][4]上市企业的高管可能采取信息披露策略,实现对投资者非理性情绪的操纵或引导,从而在短期内实现对股价的操控,实现自身特定的目的。

在资本市场中,高管减持频繁发生,对资本市场的运营和发展造成了十分消极的影响。学者们也纷纷证实了信息操纵在高管机会减持中的作用。程和罗发现高管可能利用财务数字信息操纵实现减持获利[5];而曾庆生等则发现文本信息也可作为减持获利前的操纵手段[6]。具体的信息操纵手段包括:操纵自愿信息披露、操纵媒体信息披露[7]和利用分红策略实现市值管理等。中国是高语境传播社会,深度语境情境化影响大众的行为,而情感基调作为语言环境的重要组成部分影响外部利益相关者,特别是投资者的心理感知与判断。[8]有学者证实,高管可能利用对年报语调的管理实现机会主义减持而获利。在实际中,文本信息的涵盖较为广泛,高管可利用的并非仅是语调的管理,同样也可以采取其他文本信息

❶ KAHNEMAN D. Attention and effort[M]. Englewood Cliffs: Prentice-Hall, 1973.

❷ RUAN Q, WANG Z, ZHOU Y, et al. A new investor sentiment indicator (ISI) based on artificial intelligence: A powerful return predictor in China[J]. Economic modelling, 2020(88): 47-58.

❸ BAKER M, WURGLER J. Investor sentiment and the cross-section of stock returns[J]. The journal of finance, 2006, 61(4): 1645-1680.

❹ RUAN Q, WANG Z, ZHOU Y, et al. A new investor sentiment indicator (ISI) based on artificial intelligence: A powerful return predictor in China[J]. Economic modelling, 2020(88): 47-58.

❺ CHENG Q, LO K. Insider trading and voluntary disclosures[J]. Journal of accounting research, 2006, 44(5): 815-848.

❻ 曾庆生, 周波, 张程, 等. 年报语调与内部人交易:"表里如一"还是"口是心非"?[J]. 管理世界, 2018, 34(9): 143-160.

❼ 易志高, 潘子成, 茅宁, 等. 策略性媒体披露与财富转移——来自公司高管减持期间的证据[J]. 经济研究, 2017, 52(4): 166-180.

❽ 张继勋, 蔡闫东, 倪古强. 社会责任披露语调、财务信息诚信与投资者感知——一项实验研究[J]. 南开管理评论, 2019, 22(1): 206-212, 224.

披露策略。[●]

2020年,新《中华人民共和国证券法》正式实施,并指出信息披露义务人披露的信息,应当真实、准确、完整,简明清晰,通俗易懂,不得有虚假记载、误导性陈述或者重大遗漏。然而,上市企业的高管并非总是尽职和无私的,若其为实现特定动机和目的,是可能主观增加年报中使用词汇的晦涩程度,表达出似是而非的意思,以达到误导投资者,隐瞒企业消极信息的目的,即降低年报文本的可读性。财务报告可读性能够在一定程度上反映公司的信息披露质量,可读性差的财务报告代表了糟糕的信息环境。[❷]前期学者发现,企业高管可能为获取资源[❸]、实现超额私利和缓解监管压力[❹]等目的,操纵文本信息和降低文本的可读性。那么,高管是否会在实现机会主义减持之前,通过降低文本可读性掩饰企业坏消息来达到操纵股价获利的目的? 这种机会主义操纵是否是通过误导投资者实现的? 又可能为企业带来何种经济后果和不利影响?

2. 问题提出

上市企业披露文本信息主要通过定期公布财务报告实现,而年报则是投资者及利益相关者获悉企业文本信息的主要来源。年报中的管理层分析与讨论既包含反映企业经营状况的历史信息,也涵盖高管对企业发展预期的前瞻性信息。而从信息披露的性质和本质而言,上市企业披露信息主要涵盖两个方面。其一是内容信息,即具体体现了与企业及资本市场相关的实质内容[❺];其二是文本信息的非内容信息,主要反映的是文本信息的语义特征[❻]。而文本可读性则是一种

---

❶ 本章节所关注的高管机会主义减持是高管为获取超额私有收益的狭义机会主义行为的一种具体表现和典型方式,而在实际中高管采取文本可读性披露策略所进行的狭义机会主义行为可能并不仅限于机会主义减持这一种形式。

❷ 逯东,余渡,杨丹. 财务报告可读性、投资者实地调研与对冲策略[J]. 会计研究,2019(10):34-41.

❸ 任宏达,王琨. 产品市场竞争与信息披露质量——基于上市公司年报文本分析的新证据[J]. 会计研究,2019(3):32-39.

❹ LANG M, STICE-LAWRENCE L. Textual analysis and international financial reporting: Large sample evidence[J]. Journal of accounting and economics,2015,60(2-3):110-135.

❺ 王艳艳,于李胜,安然. 非财务信息披露是否能够改善资本市场信息环境?——基于社会责任报告披露的研究[J]. 金融研究,2014(8):178-191.

❻ 徐巍,姚振晔,陈冬华. 中文年报可读性:衡量与检验[J]. 会计研究,2021(3):28-44.

非内容相关的文本信息。

文本可读性指的是文本的易理解和阅读性,是文本发布者披露的信息是否能够被接收者理解的主要原因。[1]上市企业披露信息,特别是管理层分析与讨论文本的可读性直接影响投资者和利益相关者通过文本信息获悉企业增量信息的多少,继而影响投资者和利益相关者的决策和预期。[2]现阶段基于文本可读性的研究主要从三个维度展开。其一,文本可读性的度量方式。首先,李峰采取迷雾指数和文本长度来衡量上市企业的文本可读性,迷雾指数越大文本信息的阅读性越差。[3]其次,拉夫兰和麦克唐纳则利用上市企业公布报告的文件存储大小衡量可读性,阅读者的关注度是有限的,过于冗长的报告可能导致阅读者理解度的下降。[4]最后,徐巍等则基于学者们的研究,完善了文本可读性的衡量方式,认为文本可读性差的根源主要包括语句结构和逻辑过于复杂。[5]因此,其测算了文本句子的平均字数和句子中副词和连词所占比例来衡量文本的可读性。其二,文本可读性的影响因素。首先,企业内部因素。诸多学者认为文本可读性是高管信息优势前提下的信息披露策略(文本可读性披露策略),上市企业高管可能为获取超额自利收益[6]和实现优势竞争及资源获取[7][8],而增加披露信息的复杂度和

❶ 翟淑萍,王敏,白梦诗.财务问询函能够提高年报可读性吗?——来自董事联结上市公司的经验证据[J].外国经济与管理,2020,42(9):136-152.

❷ LI F. Annual report readability, current earnings, and earnings persistence[J]. Journal of accounting and economics,2008,45(2-3):221-247.

❸ LI F. Annual report readability, current earnings, and earnings persistence[J]. Journal of accounting and economics,2008,45(2-3):221-247.

❹ LOUGHRAN T, MCDONALD B. Measuring readability in financial disclosures[J]. The journal of finance, 2014,69(4):1643-1671.

❺ 徐巍,姚振晔,陈冬华.中文年报可读性:衡量与检验[J].会计研究,2021(3):28-44.

❻ LO A W, REMOROV A. Stop-loss strategies with serial correlation, regime switching, and transaction costs[J]. Journal of financial markets,2017,34:1-15.

❼ LANG M, STICE-LAWRENCE L. Textual analysis and international financial reporting:Large sample evidence[J]. Journal of accounting and economics,2015,60(2-3):110-135.

❽ 任宏达,王琨.产品市场竞争与信息披露质量——基于上市公司年报文本分析的新证据[J].会计研究,2019(3):32-39.

难理解性,即降低文本信息的可读性。其次,企业外部因素。另一些学者则从企业外部市场和监管层面分析了文本可读性的影响因素,如监管环境和诉讼风险[1]均可能导致企业及高管采取文本可读性披露策略来降低文本的理解性,降低监管压力。其三,文本可读性的经济后果。首先,文本可读性会影响企业自身和股价造成影响。黄(Hwang)和金(Kim)等发现,文本可读性降低会减少市场可获取上市企业增量信息的多少,继而增加企业的风险成本和溢价。[2]而王运陈等则发现,可读性较低会抑制企业股票的流动性。其次,文本可读性会影响资本市场利益相关者的预期和决策。[3]丘心颖等发现,文本可读性的增加可能引致分析师预测精准度的下降。[4]而葛家澍和王亚男则证实,通过降低文本的可读性误导资本市场投资者,最终降低市场的定价效率。[5]

　　高管机会主义减持是一种备受资本市场关注的上市企业内部人交易行为。从本质来看,高管可以利用机会主义减持实现超额收益,其根源在于高管交易较为隐蔽,且高管存在信息优势和控制权优势。现阶段,学者基于高管减持的影响因素展开了大量研究。其一,上市企业高管因控制权优势,具备择时交易的操纵可能,继而获取超额收益。朱茶芬等发现,高管可选择在股价高位时,进行减持交易,获取更高的个人收益。[6]其二,上市企业高管可能采取信息操纵手段,误导和引导资本市场投资者,达到操纵股价和减持获利的目的。具体的信息操纵手

❶ LANG M H, LINS K V, MILLER D P. Concentrated control, analyst following, and valuation: do analysts matter most when investors are protected least?[J]. Journal of accounting research, 2004, 42(3): 589-623.

❷ HWANG B H, KIM H H. It pays to write well[J]. Journal of financial economics, 2017, 124(2): 373-394.

❸ 王运陈,贺康,万丽梅,等. 年报可读性与股票流动性研究——基于文本挖掘的视角[J]. 证券市场导报, 2020(7): 61-71.

❹ 丘心颖,郑小翠,邓可斌. 分析师能有效发挥专业解读信息的作用吗? ——基于汉字年报复杂性指标的研究[J]. 经济学(季刊), 2016, 15(4): 1483-1506.

❺ 葛家澍,王亚男. 论会计信息的可理解性——国际比较、影响因素与对策[J]. 厦门大学学报(哲学社会科学版), 2011(5): 26-33.

❻ 朱茶芬,陈俊,郑柳. 大股东减持计划新规的经济影响与新交易模式研究[J]. 会计研究, 2021(6): 104-118.

段包括操纵自愿信息披露❶、操纵媒体信息披露❷和利用分红策略实现市值管理等。而曾庆生则证实,高管甚至可能通过操纵上市企业披露文本信息中的语调,达到减持获利目的。❸

### 4.2.2  假设提出

基于信息不对称理论,关联方拥有的信息在数量上和质量上并不完全对等。上市企业高管所掌握的企业专有信息,无论从数量上或者是质量上都优于企业外部利益相关者。❹这种信息优势赋予内部人士借由信息优势,寻机获利的可能。❺而基于委托代理理论,若委托人和代理人目标函数不一致时,代理人可能违背委托人最优利益行事。❻而委托代理关系可能存在着信息不对称的情况。委托人并不能完全洞察代理人所采取的行动,而只能观测到行动的结果。❼这为高管利用信息优势和控制权优势采取机会主义行为或信息操纵策略,以及实现特定的目的,如机会主义减持,创造了条件。有学者证实,高管的确存在减持交易前,利用"硬"信息(会计信息)和"软"信息(文本信息等)进行印象管理,实现减持交易。其一,高管可能利用"硬"信息的披露操纵,为其减持交易获利创造条

❶ CHENG Q, LO K. Insider trading and voluntary disclosures[J]. Journal of accounting research, 2006, 44 (5):815-848.

❷ 易志高,潘子成,茅宁,等.策略性媒体披露与财富转移——来自公司高管减持期间的证据[J].经济研究,2017,52(4):166-180.

❸ SPENCE A M. Time and communication in economic and social interaction[J]. The quarterly journal of economics,1973,87(4):651-660.

❹ 曾庆生,周波,张程,等.年报语调与内部人交易:"表里如一"还是"口是心非"?[J].管理世界,2018,34(9):143-160.

❺ 曾庆生.公司内部人具有交易时机的选择能力吗?——来自中国上市公司内部人卖出股票的证据[J].金融研究,2008(10):117-135.

❻ JENSEN M C, MECKLING W H. Agency costs and the Theory of the Firm[J]. Journal of financial economics,1976,3(4):305-360.

❼ ARROW K J. Informational structure of the firm[J]. The american economic review, 1985, 75(2): 303-307.

件。罗杰斯(Rogers)[1]和贾戈林泽(Jagolinzer)[2]均证实,高管可能在减持交易之间利用对强制披露的会计信息的操纵进行市值管理和股价操纵,继而为高管在减持交易中套现提供可能。其二,高管也可能利用"软"信息的披露策略,实现减持交易而获利。易志高等、曾庆生等则发现,高管可能利用策略性的媒体披露和年报语调信息管理,为减持交易获利创造可能。[3][4]那么,高管是否可能采取文本可读性披露策略为机会主义减持交易创造条件?

企业高管可能采取文本可读性披露策略达到及时披露企业的好消息和掩饰坏消息的信息操纵目的。其一,高管的信息优势和经验判断,使其相较于外部利益相关者掌握更多的企业特质信息,其能够轻易判断信息的好坏,并能够相应地调整信息披露策略,达到披露企业的好消息、掩盖企业坏消息的目的。其二,采取文本可读性披露策略,意味着企业披露的文本语言更为复杂难懂,使用的词汇晦涩且冗余,最终增加了阅读者的理解难度。[5]其三,相较于数字信息,高管针对文本信息的自由裁量权更大,更容易蓄意增加负面信息和消极信息的模糊性和复杂度,使文本表达出模棱两可的意思,即采取文本可读性披露策略,继而达到掩盖坏消息和机会主义利己的目的。[6]而从文本可读性视角来看,通常企业高管可以通过两种方式达到降低文本可读性目的。一种方式是增加文本结果的复杂程度,通过对长句不做断句处理,加剧语句的难理解性,即文本结构复杂性披露策略;另一种方式是增加文本语句逻辑复杂程度,通过增加句子中虚词和副词的

❶ ROGERS J L. Disclosure quality and management trading incentives[J]. Journal of accounting research, 2008,46(5):1265-1296.

❷ JAGOLINZER A D. SEC rule 10b5-1 and insiders' strategic trade[J]. Manage-ment science, 2009, 55 (2):224-239.

❸ 易志高,潘子成,茅宁,等. 策略性媒体披露与财富转移——来自公司高管减持期间的证据[J]. 经济研究,2017,52(4):166-180.

❹ 曾庆生,周波,张程,等. 年报语调与内部人交易:"表里如一"还是"口是心非"?[J]. 管理世界,2018,34(9):143-160.

❺ 翟淑萍,王敏,白梦诗. 财务问询函能够提高年报可读性吗?——来自董事联结上市公司的经验证据[J]. 外国经济与管理,2020,42(9):136-152.

❻ 孙文章. 董事会秘书声誉与信息披露可读性——基于沪深A股公司年报文本挖掘的证据[J]. 经济管理,2019,41(7):136-153.

使用,加剧语句的难理解性,即文本逻辑复杂性披露策略。

　　基于投资者有限理性理论,投资者认知的生成主要是基于投资者信息搜集、加工、处理和反馈流程中,不断形成和优化对某一现象和对象认知和熟悉的过程。[1]受注意力分配不均的影响,投资者在有限的信息搜集和信息处理的认知差异基础上,可能产生非理性的认知偏误。[2]特别是当投资者获取的信息是高管蓄意发布的有偏信息时,这种认知偏误可能进一步增大。本研究推断,高管可能采取文本可读性披露策略提升投资者非理性的情绪预期,继而为其机会主义减持创造条件。

　　首先,采取文本可读性披露策略能有效引导,甚至误导投资者的判断,特别是显著影响非理性投资者的情绪。一方面,采取文本可读性披露策略影响的是非理性投资者的情绪。其一,理性投资者的预期判断更倾向于对"硬"信息的判断,而非理性投资者受专业能力的限制,更倾向于理解较易解读的文本信息。其二,非理性投资者的预期和决策更容易受权威言论的影响,高管作为企业内部的专业和权威人士,其认证公布的文本信息更可能被非理性投资者作为预期和决策的依据。[3]另一方面,采取文本可读性披露策略会显著影响非理性投资者的情绪。其一,高管若采取文本可读性披露策略,其可能倾向于及时披露积极信息、掩盖或推迟披露消极信息,继而导致投资者接受好或坏消息的及时性的差异。非理性投资者更易关注到好消息,忽略坏消息,导致其预期和估值判断更偏乐观。[4]其二,噪声交易者预期和判断更可能是情绪感知的反映,而非理性决策和分析的结果,高管可能采取文本可读性披露策略,降低非理性投资者对风险和坏消息的感知,继而引致其预期和判断偏乐观。其三,情绪传染效应会导致噪声交

　　[1] TSENG K C. Behavioral finance, bounded rationality, neuro-finance, and traditional finance[J]. Investment management and financial innovations, 2006(3, Iss. 4):7-18.

　　[2] STAMBAUGH R F, YU J, YUAN Y. The short of it: Investor sentiment and anomalies[J]. Journal of financial economics, 2012, 104(2):288-302.

　　[3] 李燕媛."管理层讨论与分析"信息披露——基于供应链构建与解构的多维审视[J].中南财经政法大学学报,2012(4):101-106.

　　[4] 靳光辉,刘志远,花贵如.政策不确定性与企业投资——基于战略性新兴产业的实证研究[J].管理评论,2016,28(9):3-16.

易者群体的预期和决策在从众效应驱使下其预期和判断更偏乐观。[1]因此,高管可能采取文本可读性披露策略(文本结构复杂性披露策略和文本逻辑复杂性披露策略),达到影响非理性投资者情绪的目的。

其次,高管可能采取文本可读性披露策略影响非理性投资者情绪,达到操纵和引导股价的目的,继而增加其实施机会主义减持的可能性。其一,股价估值是由基本面因素和非理性投资者情绪共同决定的结果。[2]我国资本市场以散户投资者居多,噪声交易者的非理性情绪和估值更可能是导致股价过高的原因。若高管采取文本可读性披露策略,达到掩盖企业坏消息的目的,则可能通过提升投资者非理性情绪,引致股价估值偏高于实际,高管则更可能选择在股价高位减持股票,获取超额收益。其二,我国资本市场受异质信念和卖空交易限制[3],导致股价更可能反映的是乐观交易者的预期。若高管采取文本可读性披露策略,达到了掩盖坏消息,误导投资者的目的,则非理性投资者对偏乐观的股价预期可能引致实际股价偏高于实际,且短期内这种估值偏误难以被修正。而高管能通过信息优势和经验判断察觉股价处于高位,则倾向于采取机会主义减持,实现超额收益的套利目的。

基于此,本研究提出以下假设。

H1:高管采取文本可读性披露策略会显著增加其机会主义减持交易。

H1a:高管采取文本结构复杂性披露策略会显著增加其机会主义减持交易。

H1b:高管采取文本逻辑复杂性披露策略会显著增加其机会主义减持交易。

本章的理论推导路径,如图4-1所示。

---

❶ 孙鲲鹏,肖星.互联网社交媒体对投资者情绪传染与股价崩盘风险的影响机制[J].技术经济,2018,37(6):93-102.

❷ 靳光辉,刘志远,花贵如.政策不确定性与企业投资——基于战略性新兴产业的实证研究[J].管理评论,2016,28(9):3-16.

❸ 褚剑,方军雄.中国式融资融券制度安排与股价崩盘风险的恶化[J].经济研究,2016,51(5):143-158.

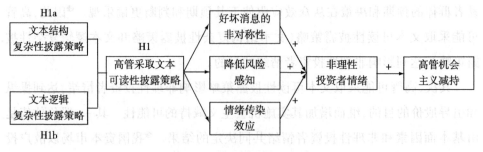

图 4-1　本章的理论推导路径

## 4.3　文本可读性披露策略选择下企业高管机会主义行为的实证分析

### 4.3.1　研究设计

#### 1. 数据样本

2007 年,中国证监会颁布了《上市公司董事、监事和高级管理人员所持本公司股份及其变动管理规则》相关规定,对内部人交易和减持交易造成了一定的影响。因此,本研究借鉴罗宏和黄婉的做法,将 2007 年作为样本选取的起始年[1];以 2007—2021 年中国 A 股市场上市公司为研究对象,剔除金融保险类公司、ST和 PT 企业、资不抵债及数据缺失的公司,最终得到样本观察值为 29678 个。上市公司的基础财务数据来自 CSMAR 数据库。本研究使用网络爬虫程序自动获取巨潮资讯网中披露的上市公司年报,将 PDF 文件转换为 TXT 文档,并采用计算机和手工整理的方式,提取公司年报中"管理层分析与讨论"的文本内容。分析软件采取 Stata15,并通过 Python 软件提取文本指标。为避免极端值的影响,本研究对所有连续变量均在 1% 水平上进行缩尾处理。

研究样本虽然仅实证检验了 2007—2021 年的数据样本,但近年来的研究再次验证了文本可读性披露策略可能成为高管机会主义行为的手段。例如,许汝俊发现管理层可能利用可掩盖的盈余管理行为证实可读性是一种机会主义文本

---

[1] 罗宏,黄婉. 多个大股东并存对高管机会主义减持的影响研究[J]. 管理世界,2020,36(8):163–178.

操纵策略。❶而耿歆雨和赵栓文则发现高管薪酬能够强化盈余管理程度与企业社会责任报告可读性之间的负向关系,说明高管可能利用文本可读性披露策略掩盖其狭义机会主义行为。❷张健等发现,企业家控制会降低企业文本的可读性,需要内外部合力治理和监督。❸因此,可以推断,本研究的结论仍然适用于近年的情况,高管文本可读性操纵策略仍然是其进行机会主义利己的重要手段,也是治理和监督关键性信息披露风险需要关注的问题。

2. 变量定义

(1)被解释变量

①高管机会主义减持 Sell。参考罗宏和黄婉的做法,将减持交易日前的150个工作日和减持交易日之后的一个月作为样本观测周期,利用实践研究方法,采取标准市场模型,计算样本期内的异常回报率。❹若高管的减持交易会导致未来一个月的股票异常回报率为负,则说明高管通过减持交易获取了超额收益,该笔减持交易为机会主义减持,反之则是正常的减持交易。在判断每笔高管减持交易性质的基础上,计算当年度该企业对应的机会主义减持交易涉及金额总和的对数,衡量高管机会主义减持的水平 Sell。

②股价崩盘风险指标 Ncskew 和 Duvol。本研究参考许年行等的做法,测算负收益偏态系数 Ncskew 和收益率上下波动比率 Duvol,衡量企业的股价崩盘风险。❺这两个指标越大,反映短期内出现极大负收益率的可能性(概率)越大,即股价崩盘风险越大。

构建模型、计算残差,衡量企业特有信息带来的特质收益率:

❶ 许汝俊. 年报文本信息可读性与财务重述[J]. 财贸研究,2024,35(7):98-110.

❷ 耿歆雨,赵栓文. 企业盈余管理程度对社会责任报告可读性的影响研究[J/OL]. (2024-07-19)[2024-09-10]. http://kns.cnki.net/kcms/detail/61.1421.C.20240719.1827.012.html.

❸ 张健,史册,张垠戈,等. 公众关注度与年报可读性——基于"胡润百富榜"的准自然实验[J]. 当代财经,2023(9):147-156.

❹ 罗宏,黄婉. 多个大股东并存对高管机会主义减持的影响研究[J]. 管理世界,2020,36(8):163-178.

❺ 许年行,江轩宇,伊志宏,等. 分析师利益冲突、乐观偏差与股价崩盘风险[J]. 经济研究,2012,47(7):127-140.

$$r_{i,t} = \alpha_j + \beta_{1,i} r_{m,t-1} + \beta_{2,i} r_{j,t-1} + \beta_{3,i} r_{m,t} + \beta_{4,i} r_{j,t} + \beta_{5,i} r_{m,t+1} + \beta_{6,i} r_{j,t+1} + \varepsilon_{i,t} \quad (4\text{-}2)$$

式中,$j$ 为行业,$m$ 为市场,$r_{i,t}$、$r_{m,t}$ 和 $r_{j,t}$ 分别为现金红利再投资的股票周收益率、流通市值加权的市场周收益率和除本公司外行业流动市值加权的行业周收益率。同时,为缓解残差分布的有偏影响,本研究对回归残差求对数,测算周特定收益率 $W$。

$$W_{i,t} = \ln(1 + \varepsilon_{i,t}) \quad (4\text{-}3)$$

在此基础上计算 Ncskew 和 Duvol 指标。

$$\text{Ncskew}_{i,t} = -\frac{n(n-1)^{\frac{3}{2}} \sum W_{i,t}^3}{(n-1)(n-2)\left(\sum W_{i,t}^2\right)^{\frac{3}{2}}} \quad (4\text{-}4)$$

式中,$n$ 为年度内交易周数。

首先,按公司和年度计算周特质收益率均值,高于(低于)均值为上涨周(下降周)。其次,计算上涨周(下降周)周特质收益率标准差,衡量对应的波动率。最后,计算收益率上下波动比率 Duvol。

$$\text{Duvol}_{i,t} = \log \frac{(n_u - 1) \sum_d W_{i,t}^2}{(n_d - 1) \sum_u W_{i,t}^2} \quad (4\text{-}5)$$

式中,$u$ 为上涨,$d$ 为下降,$n_u$ 和 $n_d$ 分别为股票上涨周数和下跌周数。

(2)解释变量:文本可读性披露策略指标 Readability1、Readability2 和 Readability

考虑到中文文本可读性主要反映结构和逻辑的复杂性,本研究参考徐巍等的做法,构建了反映文本可读性的三个指标。[1]一是每个分句的平均字数减去行业平均值,作为文本结构复杂性披露策略衡量 Readability1;二是每个句子包含的连词和副词比例减去行业平均值,作为文本逻辑复杂性披露策略衡量 Readability2,其中副词和连词的词表来自王自强主编的《现代汉语虚词辞典》。三是参考 Fog Index 的做法将前两个指标进行合并,具体的指标计算为 Readability=(Readability1+Readability2)×0.5。

---

[1] 徐巍,姚振晔,陈冬华. 中文年报可读性:衡量与检验[J]. 会计研究,2021(3):28-44.

（3）中介变量：非理性投资者情绪Sentiment

本研究参考孙鲲鹏和肖星的做法，采取股吧发帖情感分析来测算非理性投资者情绪。[1]首先，在CNRDS数据库获取股吧情感分析数据；其次，采取公式（4-6），构建情感倾向指标衡量非理性投资者情绪Sentiment；最后，将测算所得的非理性投资者情绪指标作为中介回归带入主回归中。

$$Sentiment_{i,t} = \frac{Positive\_news_{i,t} - Negtive\_news_{i,t}}{Total\_news_{i,t}} \tag{4-6}$$

式中，$Negtive\_news_{i,t}$、$Positive\_news_{i,t}$和$Total\_news_{i,t}$分别为股吧发布的消极情感帖子数量、积极情感帖子数量和总帖子数量。

（4）分组变量

①市场化程度哑变量Market。考虑到市场和中介机构能发挥监管效能，约束企业经营管理、提升治理水平。本研究采用樊纲的市场化指数对样本进行分组检验。首先，本研究在樊纲测算的中国各省份市场化指数基础上，匹配了上市企业注册地，得到公司所在地区市场化指数。按年度计算所有地区市场化指数的中位数，若公司所在地区的市场化指数高于中位数，则企业属于市场化程度较高分组，Market取值为1，反之为市场化程度较低分组，Market取值为0。需要注意的是樊纲统计的市场化指数只更新至2016年，本研究在此基础上测算了平均增长率，数据外推至2020年。

②行业竞争哑变量Competition。考虑到行业竞争越激烈，企业面临的竞争压力和发展威慑更为严峻，将有效约束企业经营管理、提升企业治理水平。采取模型（4-7）测算企业的勒纳指数Pcm，来衡量企业产品市场竞争情况，考虑到该指数越低，意味着企业产品市场竞争地位越小，竞争越激烈。本研究将勒纳指数按年度和行业等分10组后进行排序，若排序为前5名，则企业属于竞争压力较大组，Competition取值为1，反之为竞争压力较小组，Competition取值为0。

$$Pcm_{i,t} = \frac{营业收入 - 营业成本 - 销售费用 - 管理费用}{营业收入} \tag{4-7}$$

---

[1] 孙鲲鹏,肖星.互联网社交媒体对投资者情绪传染与股价崩盘风险的影响机制[J].技术经济,2018,37(6):93-102.

③审计质量哑变量 Big4。考虑到企业聘请的审计师事务所会对企业的年报等公布信息的准确性和审慎性进行审核，则声誉较高的审计师事务所，其经验和专业技能更优，能够有效提升企业信息披露质量、抑制内部人士的信息操纵行为。本研究按照上市企业聘请的审计师事务所对企业的信息治理水平进行分组。若企业当年聘请了国际四大会计师事务所的会计师进行审计，则该企业属于信息治理较优分组，Big4 取值为1，反之为信息治理较差分组，Big4 取值为0。

④内部控制质量哑变量 Cg。考虑到企业的产权属性、激励举措及控制结构都可能影响企业的内部控制水平。本研究参考李建军和唐松莲的做法，选取产权性质的字母标识、独立董事比例和高管持股三个变量构建企业的内部控制指标。❶若企业属于国有企业，独立董事占比低于同行业同年的中位数及高挂持股低于同行业同年中位数，则属于内部控制较差企业，Cg 取值为1，反之属于内部控制较优企业，Cg 取值为0。

（5）控制变量

本研究选取如下控制变量：销售利润率 Ros 是销售收入与净利润之比；公司规模 Size 为企业员工数量的对数；资产负债率 Lev，使用年末负债比年末总资产来衡量资产负债率；成长性 Growth，使用年末总资产增长率来衡量企业的成长性；控股股东持股比例 Top1 是第一大股东持股数量与总股数之比；股权制衡度 Balance 为第二~第五大股东持股数与控股股东持股数之比；独立董事比例 Indep 为董事中独立董事占比；企业年限 Firmage 是企业成立年限对数；月均超额换手率 Dturn 为当年股票月均换手率与去年股票月均换手率之差。账面市值比 Bm 是账面价值与总市值之比；是否是四大会计师事务所审计 Big4，是公司由国际四大会计师事务所审计的哑变量；市场法治化哑变量 Market，若上市企业所在省份在当年市场化指数高于同年中位数，则取值为1；行业竞争哑变量 Competition 计算上市企业勒纳指数，并按照年度行业勒纳指数等分10组后进行排序，若排序为前5名，则行业竞争哑变量取值为1；公司治理水平哑变量 Cg，若企业是国有企业，独立董事占比和高管持股都低于同行业同年度中位数，则取值为1。本章使

---

❶ 李建军，唐松莲. 保荐机构、风险资本声誉与公司 IPO 前后盈余信息质量[J]. 华东理工大学学报（社会科学版），2019，34（3）：51-62.

用的变量,见表4-1所示。

表4-1　主要变量定义

| 变量属性 | 变量名称 | 变量计算方式 |
|---|---|---|
| 被解释变量 | Sell | 计算该企业当年年度的机会主义交易总减持金额的对数 |
| | Ncskew | 具体计算公式见模型(4-4) |
| | Duvol | 具体计算公式见模型(4-5) |
| 解释变量 | Readibility1 | 计算每个文本中句子的平均词数减去行业平均值的算数平均数,衡量文本结构复杂性披露策略程度 |
| | Readibility2 | 计算每个文本中句子中副词和连词占比减去行业平均值的算数平均数,衡量文本逻辑复杂性披露策略程度 |
| | Readibility | 测算指标Readibility2和Readibility的算数平均数,衡量文本可读性披露策略程度 |
| 中介变量 | Sentiment | 具体计算公式详见模型(4-6) |
| 分组变量 | Market | 并按年度计算所有地区市场化指数中位数,若公司所在地区市场化指数高于中位数,则企业属于市场化程度较高分组,Market取值为1,反之为市场化程度较低分组,Market取值为0 |
| | Competition | 采取模型(4-7)得到勒纳指数,并按年度和行业等分10组排序,若排序为前5名,则企业属于竞争压力较大组,Competition取值为1,反之为竞争压力较小组,Competition取值为0 |
| | Big4 | 若企业当年聘请了国际四大会计师事务所进行审计,则该企业属于信息治理较优分组,Big4取值为1,反之为信息治理较差分组,Big4取值为0 |
| | Cg | 若企业属于国有企业,独立董事占比低于同行业同年中位数及高管拟持股数低于同行业同年中位数,则企业属于内部控制较差企业,Cg取值为1,反之企业属于内部控制较优企业,Cg取值为0 |
| 控制变量 | Ros | 销售收入与净利润之比 |
| | Size | 企业员工数量的对数 |
| | Lev | 总负债与总资产之比 |

| 变量属性 | 变量名称 | 变量计算方式 |
|---|---|---|
| 控制变量 | Growth | 销售收入增长率 |
| | Top1 | 第一大股东持股数量与总股数之比 |
| | Balance | 第二~第五大股东与控股股东持股之比 |
| | Indep | 董事中独立董事占比 |
| | Firmage | 企业成立年限对数 |
| | Dturn | 当年股票月均换手率与去年股票月均换手率之差 |
| | Bm | 账面价值与总市值之比 |
| | Market | 按年度计算所有地区市场化指数中位数,若公司所在地区市场化指数高于中位数,则企业属于市场化程度较高分组,Market取值为1,反之为市场化程度较低分组,Market取值为0 |
| | Competition | 采取模型(5-3)得到勒纳指数,并按年度和行业等分10组排序,若排序为前5名,则企业属于竞争压力较大组,Competition取值为1,反之为竞争压力较小组,Competition取值为0 |
| | Big4 | 若企业当年聘请了国际四大会计师事务所进行审计,则该企业属于信息治理较优分组,Big4取值为1,反之为信息治理较差分组,Big4取值为0 |
| | Cg | 若企业属于国有企业,独立董事占比低于同行业同年中位数及高挂你持股低于同行业同年中位数,则企业属于内部控制较差企业,Cg取值为1,反之企业属于内部控制较优企业,Cg取值为0 |

### 3. 模型构建

参考罗红和黄婉做法,本研究构建以下模型来验证所提出的假设,回归采取行业和年份固定效应。[1]同时,考虑到年报一般滞后到次年公布,故解释变量采取滞后一期处理。本研究所用的 OLS 回归分析,均对 $t$ 值做了公司层面聚类调整,详见模型(4-8)。

---

[1] 罗宏,黄婉. 多个大股东并存对高管机会主义减持的影响研究[J]. 管理世界,2020,36(8):163-178.

$$\text{Sell}_{i,t} = \alpha_0 + \alpha_1 \text{Readibility}_{i,t-1} + \sum \text{Control} + \sum \text{Industry} + \sum \text{Year} + \varepsilon \quad (4\text{-}8)$$

式中，Readibility对应三个计算出来的文本可读性指标分别为Readibility1、Readibility2和Readibility。

## 4.3.2　实证分析

1. 描述性分析

表4-2是描述性分析结果。结果显示，文本可读性披露策略指标Readibility1、Readibility2和Readibility的平均值分别为0.082、0和0.041，而标准差分别为1.604、0.003和0.0802，说明文本可读性披露策略程度因企业不同存在较大的差异。而高管机会主义减持变量Sell最小值和最大值分别是0和18.586，说明高管可能利用机会主义减持获取超额收益，且因企业不同这种交易行为存在异质性差异。

表4-2　描述性分析结果

| 变量 | | 均值 | 标准差 | 最小值 | 最大值 |
|---|---|---|---|---|---|
| 被解释变量 | Sell | 3.718 | 6.417 | 0.000 | 18.586 |
| | Ncskew | −0.284 | 0.713 | −2.441 | 1.683 |
| | Duvol | −0.183 | 0.476 | −1.354 | 1.039 |
| 解释变量 | Readibility1 | 0.082 | 1.604 | −4.398 | 4.480 |
| | Readibility2 | 0.000 | 0.003 | −0.005 | 0.009 |
| | Readibility | 0.041 | 0.802 | −2.196 | 2.241 |
| 中介变量 | Sentiment | 0.062 | 0.067 | −0.095 | 0.254 |
| 分组变量 | Big4 | 0.055 | 0.227 | 0.000 | 1.000 |
| | Market | 0.587 | 0.492 | 0.000 | 1.000 |
| | Competition | 0.504 | 0.500 | 0.000 | 1.000 |
| | Cg | 0.310 | 0.463 | 0.000 | 1.000 |
| 控制变量 | Ros | 0.063 | 0.186 | −1.028 | 0.498 |
| | Size | 22.138 | 1.251 | 19.913 | 25.863 |
| | Lev | 0.431 | 0.204 | 0.060 | 0.879 |

续表

| 变量 | | 均值 | 标准差 | 最小值 | 最大值 |
|---|---|---|---|---|---|
| 控制变量 | Growth | 0.171 | 0.366 | −0.520 | 1.951 |
| | Top1 | 0.525 | 0.153 | 0.175 | 0.892 |
| | Balance | 0.360 | 0.288 | 0.011 | 0.993 |
| | Indep | 0.375 | 0.053 | 0.333 | 0.571 |
| | Firmage | 2.866 | 0.343 | 1.792 | 3.497 |
| | Dturn | −0.135 | 0.496 | −2.146 | 0.946 |
| | Bm | 1.050 | 1.101 | 0.102 | 6.639 |

2. 相关性分析

表4-3是相关性分析结果。结果显示,文本结构复杂性披露策略指标 Readibility1 和文本可读性披露策略指标 Readibility 均在1%显著性水平上与高管机会主义减持变量 Sell 显著正相关,说明高管可能采取文本结构复杂性披露策略指标和文本可读性披露策略来为后期的机会主义掩饰负面信息创造条件,初步验证了本研究H1a假设。

表4-3 相关性分析结果

| 变量 | Readibility1 | Readibility2 | Readibility | Sentiment | Sell | Ncskew | Duvol |
|---|---|---|---|---|---|---|---|
| Readibility1 | 1.000 | | | | | | |
| Readibility2 | −0.067*** | 1.000 | | | | | |
| Readibility | 1.000*** | −0.065*** | 1.000 | | | | |
| Sentiment | 0.032*** | −0.006 | 0.032*** | 1.000 | | | |
| Sell | 0.092*** | −0.009 | 0.092*** | 0.032*** | 1.000 | | |
| Ncskew | 0.029*** | −0.003 | 0.029*** | 0.013** | 0.017*** | 1.000 | |
| Duvol | 0.034*** | −0.010* | 0.034*** | 0.005 | 0.014** | 0.876*** | 1.000 |

***、**、*分别代表1%、5%、10%显著性水平。

3．指标效度检验

学者王克敏等、徐巍等发现,企业及高管降低文本可读性是为其机会主义行为服务时,更倾向于是一种掩盖披露坏消息的信息披露策略。[1][2]同时,赫顿(Hutton)等认为,企业股价崩盘主要是由负面消息隐瞒因素和股价估值偏误因素引发的。[3]本研究推断,文本可读性披露策略是高管采取掩盖负面信息的策略手段,故基于经济后果视角,其可能加剧企业股价崩盘风险。因此,若本研究测算的文本可读性披露策略指标是有效的,我们实证分析应得到相似的结论。

本研究借鉴陈(Chen)等的方法[4],检验了三种文本可读性披露策略指标Readibility1、Readibility2和Readibility与股价崩盘变量Ncskew和Duvol之间的相关关系。本研究在控制与企业特质相关的变量基础上,进一步控制了非理性投资者情绪Sentiment因素,以此排除股价估值因素的干扰。效度检验模型具体见公式(4-9):

$$\text{Crash}_{i,t+n} = \alpha_0 + \alpha_1 \text{Readibility}_{i,t} + \alpha_2 \text{Sentiment}_{i,t}$$
$$+ \sum \text{Control} + \sum \text{Industry} + \sum \text{Year} + \varepsilon \qquad (4\text{-}9)$$

式中,$\text{Crash}_{i,t}$包括本研究测算的股价崩盘风险指标Ncskew和Duvol;$n$的取值为1和2。

表4-4是指标的效度检验结果。结果显示,文本可读性披露策略指标Readibility1和Readibility与未来一期和二期股价崩盘变量Ncskew和Duvol显著正相关,说明文本可读性越低,企业未来一期和二期股价崩盘风险越高。综上所述,高管在文本中采取可读性披露策略,可能显著增加企业未来股价崩盘风险,更倾向于是一种隐瞒负面信息的信息操纵行为,测算指标的结果是较符合指标特征的。

---

❶ 王克敏,王华杰,李栋栋,等. 年报文本信息复杂性与管理者自利——来自中国上市公司的证据[J]. 管理世界,2018,34(12):120-132,194.

❷ 徐巍,姚振晔,陈冬华. 中文年报可读性:衡量与检验[J]. 会计研究,2021(3):28-44.

❸ HUTTON A P, MARCUS A J, TEHRANIAN H. Opaque financial reports, R2, and crash risk[J]. Journal of financial economics, 2009, 94(1):67-86.

❹ CHEN S, MIAO B, SHEVLIN T. A new measure of disclosure quality: The level of disaggregation of accounting data in annual reports[J]. Journal of accounting research, 2015, 53(5):1017-1054.

表4-4　指标效度检验结果

| 变量 | Duvol(+1) | Duvol(+2) | Ncskew(+1) | Ncskew(+2) |
|---|---|---|---|---|
| Readibility1 | 0.005*** | 0.005** | 0.006** | 0.006** |
| | (2.659) | (2.347) | (2.125) | (2.072) |
| Readibility2 | 0.443 | −2.528** | 0.585 | −2.691 |
| | (0.378) | (−1.981) | (0.325) | (−1.388) |
| Readibility | 0.010*** | 0.009** | 0.012** | 0.013** |
| | (2.659) | (2.345) | (2.125) | (2.071) |

注:括号内为企业聚类稳健标准误对应 $t$ 值,省略了控制变量的回归结果。

\*\*\*、\*\*、\*分别代表1%、5%、10%显著性水平。

(4)实证检验

表4-5是主回归检验结果。结果显示,文本结构复杂性披露策略指标Readibility1和文本可读性披露策略指标Readibility均在1%显著性水平上显著为正。其中,文本结构复杂性披露策略指标Readibility1与高管机会主义减持变量Sell相关系数为0.153,说明文本结构复杂性披露策略每增加1个单位,则高管机会主义减持金额会显著增加0.153个单位;而文本可读性披露策略Readibility与高管机会主义减持变量Sell相关系数为0.305,说明文本可读性披露策略每增加1个单位,则高管机会主义减持金额会显著增加0.305个单位。然而,文本逻辑复杂性披露策略指标Readibility2与高管机会主义减持变量Sell并不存在显著的相关关系,说明企业高管在机会主义减持前,更倾向于采取增加语句结构复杂性方式去降低文本的可读性和理解性,目的是有效掩盖企业坏的消息、误导外部投资者,最终为获取私有收益的狭义性机会主义行为创造条件,验证了假设H1和H1a。

表4-5　主回归检验结果

| 变量 | (1) | (2) | (3) |
|---|---|---|---|
| | Sell | Sell | Sell |
| Readibility1 | 0.153***<br>(6.154) | | |
| Readibility2 | | −21.518<br>(−1.452) | |
| Readibility | | | 0.305***<br>(6.152) |
| Ros | 0.261<br>(1.025) | 0.251<br>(0.984) | 0.261<br>(1.025) |
| Size | 0.106<br>(1.634) | 0.092<br>(1.400) | 0.106<br>(1.634) |
| Lev | −0.169<br>(−0.533) | −0.205<br>(−0.645) | −0.169<br>(−0.533) |
| Growth | 0.415***<br>(4.022) | 0.443***<br>(4.289) | 0.415***<br>(4.022) |
| Top1 | −2.783***<br>(−7.780) | −2.743***<br>(−7.651) | −2.783***<br>(−7.780) |
| Balance | 0.856***<br>(4.813) | 0.889***<br>(4.981) | 0.856***<br>(4.813) |
| Indep | −5.620***<br>(−6.243) | −5.653***<br>(−6.245) | −5.620***<br>(−6.243) |
| Firmage | −1.992***<br>(−9.968) | −2.054***<br>(−10.242) | −1.992***<br>(−9.968) |
| Dturn | 0.711***<br>(7.557) | 0.718***<br>(7.630) | 0.711***<br>(7.557) |
| Bm | −0.508***<br>(−9.080) | −0.516***<br>(−9.199) | −0.508***<br>(−9.081) |

| 变量 | (1) | (2) | (3) |
|---|---|---|---|
| | Sell | Sell | Sell |
| Big4 | −0.313 | −0.332 | −0.313 |
| | (−1.430) | (−1.515) | (−1.431) |
| Market | 0.537*** | 0.547*** | 0.537*** |
| | (4.779) | (4.855) | (4.779) |
| Competition | 0.614*** | 0.623*** | 0.614*** |
| | (6.300) | (6.382) | (6.300) |
| Cg | 2.599*** | 2.642*** | 2.599*** |
| | (20.551) | (20.959) | (20.551) |
| _cons | 8.119*** | 8.590*** | 8.120*** |
| | (5.302) | (5.558) | (5.302) |
| 行业 | 固定 | 固定 | 固定 |
| 年份 | 固定 | 固定 | 固定 |
| Observation | 29678 | 29678 | 29678 |
| $R^2$ | 0.140 | 0.139 | 0.140 |

注：括号内为企业聚类稳健标准误对应 $t$ 值。

***、**、*分别代表1%、5%、10%显著性水平。

### 4.3.3 进一步研究

1. 中介效应检验

为进一步检验高管是否可能通过采取文本可读性披露策略引导和误导投资者，达到提升投资者非理性情绪、操纵股价的目的，最终实现机会主义减持获利的机制。我们采取了逐步中介效应检验，具体见模型（4-10）和模型（4-11）。

$$\text{Sentiment}_{i,t} = \alpha_0 + \alpha_1 \text{Readability}_{i,t-1} + \sum \text{Control} + \sum \text{Industry} + \sum \text{Year} + \varepsilon$$

$$(4-10)$$

$$\text{Sell}_{i,t} = \alpha_0 + \alpha_1 \text{Readability}_{i,t-1} + \alpha_2 \text{Sentiment}_{i,t} \sum \text{Control} + \sum \text{Industry} + \sum \text{Year} + \varepsilon$$

$$(4-11)$$

表4-6是中介效应检验的回归结果。结果显示,文本结构复杂性披露策略指标 Readibility1 和文本可读性披露策略指标 Readibility 均在1%显著性水平上与非理性投资者情绪 Sentiment 正相关,说明高管可能采取文本可读性披露策略,实现投资者的误导作用,投资者受模糊信息影响产生偏乐观的投资者情绪。而在原回归中加入非理性投资者情绪指标后,文本结构复杂性披露策略和文本可读性披露策略指标 Readibility1 和 Readibility 系数均有所下降,证实非理性投资者情绪发挥了中介作用。为验证中介机制稳健性,本研究采取了 bootstrap 检验,检验结果也说明非理性投资者情绪 Sentiment 发挥了中介作用。回归结果表明,高管可能采取文本可读性披露策略、掩盖企业坏消息,继而提升投资者非理性情绪、实现股价操纵,最终为其机会主义减持交易创造机会。

表4-6　中介效应检验结果

| 变量 | (1) | (2) | (3) | (4) | (5) | (6) |
|---|---|---|---|---|---|---|
| | Sentiment | Sell | Sentiment | Sell | Sentiment | Sell |
| Readibility1 | 0.001**<br>(2.063) | 0.152***<br>(6.119) | | | | |
| Readibility2 | | | −0.144<br>(−0.783) | −21.327<br>(−1.439) | | |
| Readibility | | | | | 0.001**<br>(2.063) | 0.303***<br>(6.117) |
| Sentiment | | 1.270*<br>(1.745) | | 1.329*<br>(1.820) | | 1.270*<br>(1.745) |
| Ros | 0.025***<br>(9.818) | 0.229<br>(0.899) | 0.025***<br>(9.780) | 0.218<br>(0.853) | 0.025***<br>(9.818) | 0.229<br>(0.899) |
| Size | 0.005***<br>(6.066) | 0.100<br>(1.549) | 0.005***<br>(5.960) | 0.086<br>(1.311) | 0.005***<br>(6.065) | 0.100<br>(1.549) |
| Lev | −0.015***<br>(−3.715) | −0.151<br>(−0.474) | −0.015***<br>(−3.755) | −0.186<br>(−0.583) | −0.015***<br>(−3.715) | −0.151<br>(−0.474) |

续表

| 变量 | (1) Sentiment | (2) Sell | (3) Sentiment | (4) Sell | (5) Sentiment | (6) Sell |
|---|---|---|---|---|---|---|
| Growth | 0.009***<br>(8.873) | 0.403***<br>(3.908) | 0.009***<br>(8.971) | 0.431***<br>(4.168) | 0.009***<br>(8.873) | 0.403***<br>(3.908) |
| Top1 | 0.021***<br>(4.489) | −2.809***<br>(−7.856) | 0.021***<br>(4.530) | −2.771***<br>(−7.731) | 0.021***<br>(4.489) | −2.809***<br>(−7.856) |
| Balance | −0.002<br>(−1.065) | 0.859***<br>(4.832) | −0.002<br>(−0.999) | 0.892***<br>(5.000) | −0.002<br>(−1.065) | 0.859***<br>(4.831) |
| Indep | 0.021*<br>(1.750) | −5.646***<br>(−6.284) | 0.021*<br>(1.744) | −5.680***<br>(−6.288) | 0.021*<br>(1.750) | −5.646***<br>(−6.284) |
| Firmage | 0.006***<br>(2.672) | −2.001***<br>(−9.994) | 0.006**<br>(2.570) | −2.062***<br>(−10.268) | 0.006***<br>(2.672) | −2.001***<br>(−9.994) |
| Dturn | −0.006***<br>(−7.132) | 0.719***<br>(7.629) | −0.006***<br>(−7.085) | 0.726***<br>(7.706) | −0.006***<br>(−7.132) | 0.719***<br>(7.629) |
| Bm | −0.001*<br>(−1.895) | −0.506***<br>(−9.077) | −0.001*<br>(−1.938) | −0.514***<br>(−9.195) | −0.001*<br>(−1.895) | −0.506***<br>(−9.078) |
| Big4 | 0.004<br>(1.099) | −0.317<br>(−1.453) | 0.004<br>(1.087) | −0.337<br>(−1.539) | 0.004<br>(1.099) | −0.317<br>(−1.454) |
| Market | 0.004***<br>(2.701) | 0.532***<br>(4.739) | 0.004***<br>(2.729) | 0.542***<br>(4.813) | 0.004***<br>(2.701) | 0.532***<br>(4.739) |
| Competition | 0.009***<br>(7.693) | 0.602***<br>(6.188) | 0.009***<br>(7.728) | 0.611***<br>(6.264) | 0.009***<br>(7.693) | 0.602***<br>(6.188) |
| Cg | 0.001<br>(0.928) | 2.598***<br>(20.532) | 0.001<br>(1.058) | 2.640***<br>(20.937) | 0.001<br>(0.928) | 2.598***<br>(20.532) |
| _cons | −0.054***<br>(−2.949) | 8.187***<br>(5.359) | −0.052***<br>(−2.841) | 8.659***<br>(5.616) | −0.054***<br>(−2.949) | 8.188***<br>(5.359) |
| 行业 | 固定 | 固定 | 固定 | 固定 | 固定 | 固定 |
| 年份 | 固定 | 固定 | 固定 | 固定 | 固定 | 固定 |
| Bootstrap | | 0.000 | | 0.000 | | 0.000 |
| 上限下限 | | 0.002 | | 0.002 | | 0.002 |

续表

| 变量 | (1) | (2) | (3) | (4) | (5) | (6) |
|---|---|---|---|---|---|---|
| | Sentiment | Sell | Sentiment | Sell | Sentiment | Sell |
| Observation | 29678 | 29678 | 29678 | 29678 | 29678 | 29678 |
| $R^2$ | 0.200 | 0.140 | 0.200 | 0.139 | 0.200 | 0.140 |

注：括号内为企业聚类稳健标准误对应$t$值；Boostrap中介检验采取了随机1000次抽样。***、**、*分别代表1%、5%、10%显著性水平。

**2. 异质性检验**

为检验文本可读性对高管机会主义减持的作用是否会受企业内外治理因素的影响，本研究将从企业外部强制监管、企业外部非强制监管、企业内部信息治理和企业内部控制四个维度进行异质性检验。

（1）企业外部监管异质性检验

①强制监管：市场化程度。外部行政监管和法律干预，作为正式制度因素，能有效规范企业内部治理和维护资本市场利益相关者的共同利益。❶那么，高管采取文本可读性披露策略实现机会主义套利的行为是否会受到外部制度因素的影响呢？

表4-7是市场化分组检验结果。结果显示，文本结构复杂性披露策略指标Readibility1和文本可读性披露策略指标Readibility的系数在市场化程度较低分组中更大，费舍尔组间系数差异检验证实了市场化分组系数的显著差异，说明高管采取文本可读性披露策略（主要是文本结构复杂性披露策略），人为降低文本可理解性、增加信息模糊程度，继而进行机会主义减持套现的寻机行为在羸弱的企业外部强制监管下可能更为严重，即市场强制监管能够发挥正式制度作用，在一定程度下，有效缓解企业信息操纵，实现减持套利的风险和倾向。

---

❶ ALLEN F，QIAN J，QIAN M. Law，finance and economic growth in China[J]. Journal of financial economics，2005，77(1)，57-116.

表4-7　外部市场化分组检验结果

| 变量 | (1) Sell 低组 | (2) Sell 高组 | (3) Sell 低组 | (4) Sell 高组 | (5) Sell 低组 | (6) Sell 高组 |
|---|---|---|---|---|---|---|
| Readibility1 | 0.184*** (5.340) | 0.113*** (3.202) | | | | |
| Readibility2 | | | −1.156 (−0.056) | −37.927* (−1.838) | | |
| Readibility | | | | | 0.368*** (5.341) | 0.225*** (3.199) |
| Ros | 0.125 (0.345) | 0.307 (0.871) | 0.107 (0.293) | 0.297 (0.844) | 0.125 (0.345) | 0.307 (0.871) |
| Size | 0.186** (2.064) | 0.029 (0.322) | 0.171* (1.889) | 0.021 (0.225) | 0.186** (2.064) | 0.029 (0.321) |
| Lev | −0.436 (−0.985) | 0.114 (0.253) | −0.511 (−1.148) | 0.103 (0.228) | −0.436 (−0.985) | 0.114 (0.253) |
| Growth | 0.301** (2.109) | 0.499*** (3.390) | 0.338** (2.354) | 0.519*** (3.523) | 0.301** (2.109) | 0.499*** (3.390) |
| Top1 | −2.651*** (−5.292) | −3.090*** (−6.168) | −2.600*** (−5.171) | −3.062*** (−6.099) | −2.651*** (−5.292) | −3.090*** (−6.168) |
| Balance | 0.852*** (3.316) | 0.892*** (3.712) | 0.891*** (3.434) | 0.914*** (3.803) | 0.852*** (3.315) | 0.892*** (3.712) |
| Indep | −4.977*** (−4.028) | −5.822*** (−4.670) | −5.035*** (−4.031) | −5.814*** (−4.655) | −4.977*** (−4.029) | −5.822*** (−4.670) |
| Firmage | −2.520*** (−8.061) | −1.704*** (−6.584) | −2.602*** (−8.341) | −1.740*** (−6.696) | −2.520*** (−8.061) | −1.704*** (−6.584) |
| Dturn | 0.526*** (3.388) | 0.810*** (6.862) | 0.535*** (3.448) | 0.818*** (6.935) | 0.526*** (3.388) | 0.810*** (6.862) |
| Bm | −0.447*** (−5.760) | −0.564*** (−7.206) | −0.453*** (−5.798) | −0.571*** (−7.322) | −0.447*** (−5.761) | −0.564*** (−7.206) |

续表

| 变量 | (1)<br>Sell<br>低组 | (2)<br>Sell<br>高组 | (3)<br>Sell<br>低组 | (4)<br>Sell<br>高组 | (5)<br>Sell<br>低组 | (6)<br>Sell<br>高组 |
|---|---|---|---|---|---|---|
| Big4 | −0.501<br>(−1.565) | −0.096<br>(−0.332) | −0.536*<br>(−1.654) | −0.103<br>(−0.355) | −0.501<br>(−1.566) | −0.096<br>(−0.332) |
| Competition | 0.445***<br>(3.187) | 0.765***<br>(5.704) | 0.466***<br>(3.336) | 0.767***<br>(5.714) | 0.445***<br>(3.187) | 0.765***<br>(5.704) |
| Cg | 2.598***<br>(12.955) | 2.521***<br>(15.565) | 2.648***<br>(13.265) | 2.552***<br>(15.800) | 2.598***<br>(12.955) | 2.521***<br>(15.565) |
| _cons | 7.482***<br>(3.737) | 10.196***<br>(4.491) | 8.044***<br>(3.978) | 10.456***<br>(4.571) | 7.483***<br>(3.738) | 10.198***<br>(4.492) |
| 行业 | 固定 | 固定 | 固定 | 固定 | 固定 | 固定 |
| 年份 | 固定 | 固定 | 固定 | 固定 | 固定 | 固定 |
| 组间系数<br>差异<br>$P\_Value$ | 0.040 | | 0.093 | | 0.042 | |
| Observation | 12506 | 17762 | 12506 | 17762 | 12506 | 17762 |
| $R^2$ | 0.138 | 0.134 | 0.136 | 0.133 | 0.138 | 0.134 |

注:括号内为企业聚类稳健标准误对应 $t$ 值。

***、**、*分别代表1%、5%、10%显著性水平。

②非强制监管:行业竞争。上市企业作为市场的重要组成单元,其经营决策势必受到所处环境和行业的影响。特别是行业、竞争压力直接影响到企业资源获取和竞争优势和发展地位。[1]那么,高管利用文本可读性操纵实现机会主义套利的行为是否会受到行业竞争因素的影响呢?

表4-8是行业竞争分组检验结果。结果显示,文本结构复杂性披露策略指

---

[1] WAMBA S F, CHATFIELD A T. A contingency model for creating value from RFID supply chain network projects in logistics and manufacturing environments[J]. European journal of information systems, 2009, 18(6): 615-636.

标 Readibility1 和文本可读性披露策略指标 Readibility 的系数在行业竞争较低分组中更大,费舍尔组间系数差异检验证实了行业竞争分组系数的显著差异,说明高管采取文本可读性披露策略(主要是文本结构复杂性披露策略),隐瞒坏消息、误导投资者,实现机会主义减持交易的行为在较低的行业竞争威慑下更为严重,即行业竞争能够发挥非强制监管的作用,在一定程度上,有效缓解企业信息操纵实现减持套利的行为和倾向。

表4-8 行业竞争性分组检验结果

| 变量 | (1) | (2) | (3) | (4) | (5) | (6) |
|---|---|---|---|---|---|---|
| | Sell | Sell | Sell | Sell | Sell | Sell |
| | 低组 | 高组 | 低组 | 高组 | 低组 | 高组 |
| Readibility1 | 0.190*** | 0.104*** | | | | |
| | (5.959) | (2.892) | | | | |
| Readibility2 | | | −23.332 | −12.601 | | |
| | | | (−1.240) | (−0.571) | | |
| Readibility | | | | | 0.380*** | 0.207*** |
| | | | | | (5.956) | (2.891) |
| Ros | −0.096 | 1.127** | −0.118 | 1.139** | −0.096 | 1.127** |
| | (−0.337) | (2.173) | (−0.412) | (2.191) | (−0.336) | (2.173) |
| Size | 0.007 | 0.176* | −0.011 | 0.165* | 0.007 | 0.176* |
| | (0.091) | (1.887) | (−0.141) | (1.766) | (0.090) | (1.887) |
| Lev | 0.336 | −0.549 | 0.334 | −0.599 | 0.336 | −0.549 |
| | (0.882) | (−1.130) | (0.872) | (−1.233) | (0.882) | (−1.130) |
| Growth | 0.133 | 0.622*** | 0.170 | 0.640*** | 0.133 | 0.622*** |
| | (0.962) | (4.238) | (1.232) | (4.356) | (0.962) | (4.238) |
| Top1 | −1.530*** | −4.125*** | −1.464*** | −4.112*** | −1.530*** | −4.125*** |
| | (−3.610) | (−7.933) | (−3.439) | (−7.903) | (−3.610) | (−7.933) |
| Balance | 0.832*** | 0.806*** | 0.869*** | 0.828*** | 0.832*** | 0.806*** |
| | (3.756) | (3.259) | (3.903) | (3.342) | (3.755) | (3.259) |

续表

| 变量 | (1) | (2) | (3) | (4) | (5) | (6) |
|---|---|---|---|---|---|---|
| | Sell | Sell | Sell | Sell | Sell | Sell |
| | 低组 | 高组 | 低组 | 高组 | 低组 | 高组 |
| Indep | −4.244*** | −6.939*** | −4.327*** | −6.942*** | −4.245*** | −6.939*** |
| | (−3.884) | (−5.443) | (−3.938) | (−5.423) | (−3.885) | (−5.443) |
| Firmage | −2.214*** | −1.652*** | −2.291*** | −1.692*** | −2.214*** | −1.652*** |
| | (−8.630) | (−6.193) | (−8.859) | (−6.348) | (−8.630) | (−6.194) |
| Dturn | 0.589*** | 0.768*** | 0.595*** | 0.773*** | 0.589*** | 0.768*** |
| | (4.185) | (6.106) | (4.224) | (6.146) | (4.185) | (6.106) |
| Bm | −0.336*** | −0.684*** | −0.350*** | −0.687*** | −0.336*** | −0.684*** |
| | (−4.935) | (−8.411) | (−5.155) | (−8.425) | (−4.935) | (−8.412) |
| Big4 | −0.232 | −0.375 | −0.235 | −0.397 | −0.232 | −0.375 |
| | (−0.833) | (−1.281) | (−0.843) | (−1.358) | (−0.834) | (−1.281) |
| Market | 0.318** | 0.714*** | 0.338** | 0.717*** | 0.318** | 0.714*** |
| | (2.385) | (4.429) | (2.521) | (4.444) | (2.385) | (4.429) |
| Cg | 2.865*** | 2.315*** | 2.924*** | 2.339*** | 2.865*** | 2.315*** |
| | (17.021) | (13.828) | (17.483) | (13.979) | (17.021) | (13.828) |
| _cons | 8.857*** | 8.193*** | 9.421*** | 8.535*** | 8.859*** | 8.193*** |
| | (4.951) | (3.798) | (5.235) | (3.931) | (4.952) | (3.799) |
| 行业 | 固定 | 固定 | 固定 | 固定 | 固定 | 固定 |
| 年份 | 固定 | 固定 | 固定 | 固定 | 固定 | 固定 |
| 组间系数差异 $P\_Value$ | 0.017 | | 0.364 | | 0.013 | |
| Observation | 14766 | 14912 | 14766 | 14912 | 14766 | 14912 |
| $R^2$ | 0.139 | 0.140 | 0.137 | 0.139 | 0.139 | 0.140 |

注：括号内为企业聚类稳健标准误对应 $t$ 值。

***、**、*分别代表1%、5%、10%显著性水平。

（2）企业内部治理异质性检验

①信息治理：审计质量。企业的内部治理，特别是信息治理，能够有效抑制内部人士对信息的策略披露的操纵行为。[●]那么，高管采取文本可读性披露策略实现机会主义套利的行为是否会受到企业内部信息治理因素的影响呢？

表4-9是企业内部信息治理分组检验结果。结果显示，文本结构复杂性披露策略指标Readibility1和文本可读性披露策略指标Readibility的系数在企业内部信息治理较差分组中更大，费舍尔组间系数差异检验证实了信息治理分组系数的显著差异，说明高管采取文本可读性披露策略（主要是文本结构复杂性披露策略），降低文本可阅读性，实现投资者误导和机会主义减持套利的行为在较差的内部信息治理较差的企业中可能更为严重，即企业内部的信息治理和监管，在一定程度下，能有效缓解企业及内部人士信息操纵实现减持套利的风险和倾向。

表4-9　企业内部信息治理分组检验结果

| 变量 | (1) Sell 差组 | (2) Sell 优组 | (3) Sell 差组 | (4) Sell 优组 | (5) Sell 差组 | (6) Sell 优组 |
|---|---|---|---|---|---|---|
| Readibility1 | 0.161*** (6.215) | 0.013 (0.207) | | | | |
| Readibility2 | | | −24.752 (−1.586) | 3.740 (0.087) | | |
| Readibility | | | | | 0.322*** (6.213) | 0.026 (0.206) |
| Ros | 0.265 (1.023) | 0.788 (0.648) | 0.254 (0.978) | 0.777 (0.639) | 0.265 (1.023) | 0.788 (0.648) |
| Size | 0.093 (1.372) | 0.257 (1.075) | 0.078 (1.156) | 0.254 (1.064) | 0.092 (1.371) | 0.257 (1.075) |

● 王克敏,王华杰,李栋栋,等.年报文本信息复杂性与管理者自利——来自中国上市公司的证据[J].管理世界,2018,34(12):120-132,194.

续表

| 变量 | (1) Sell 差组 | (2) Sell 优组 | (3) Sell 差组 | (4) Sell 优组 | (5) Sell 差组 | (6) Sell 优组 |
|---|---|---|---|---|---|---|
| Lev | −0.207 (−0.641) | 1.781 (1.127) | −0.245 (−0.756) | 1.773 (1.123) | −0.207 (−0.641) | 1.781 (1.127) |
| Growth | 0.405*** (3.837) | 0.505 (1.175) | 0.435*** (4.116) | 0.508 (1.174) | 0.405*** (3.837) | 0.505 (1.175) |
| Top1 | −2.660*** (−7.167) | −5.628*** (−5.500) | −2.611*** (−7.018) | −5.642*** (−5.446) | −2.660*** (−7.167) | −5.628*** (−5.500) |
| Balance | 0.836*** (4.505) | 1.262** (2.399) | 0.874*** (4.694) | 1.259** (2.403) | 0.836*** (4.505) | 1.262** (2.399) |
| Indep | −6.129*** (−6.594) | 1.329 (0.361) | −6.147*** (−6.573) | 1.296 (0.351) | −6.129*** (−6.594) | 1.329 (0.361) |
| Firmage | −2.016*** (−9.661) | −1.677** (−2.552) | −2.087*** (−9.974) | −1.679** (−2.525) | −2.016*** (−9.661) | −1.677** (−2.552) |
| Dturn | 0.680*** (7.070) | 1.274*** (2.886) | 0.689*** (7.160) | 1.272*** (2.880) | 0.680*** (7.069) | 1.274*** (2.886) |
| Bm | −0.537*** (−8.782) | −0.460*** (−2.796) | −0.546*** (−8.912) | −0.460*** (−2.795) | −0.537*** (−8.783) | −0.460*** (−2.796) |
| Market | 0.514*** (4.418) | 1.005** (2.453) | 0.525*** (4.505) | 1.007** (2.460) | 0.514*** (4.418) | 1.005** (2.453) |
| Competition | 0.623*** (6.252) | 0.740** (1.972) | 0.634*** (6.346) | 0.740** (1.970) | 0.623*** (6.252) | 0.740** (1.972) |
| Cg | 2.596*** (20.269) | 2.302*** (3.145) | 2.640*** (20.685) | 2.304*** (3.145) | 2.596*** (20.269) | 2.302*** (3.145) |
| _cons | 8.588*** (5.478) | 5.859 (1.051) | 9.056*** (5.726) | 5.942 (1.060) | 8.589*** (5.479) | 5.859 (1.051) |
| 行业 | 固定 | 固定 | 固定 | 固定 | 固定 | 固定 |
| 年份 | 固定 | 固定 | 固定 | 固定 | 固定 | 固定 |

续表

| 变量 | （1） | （2） | （3） | （4） | （5） | （6） |
|---|---|---|---|---|---|---|
| | Sell | Sell | Sell | Sell | Sell | Sell |
| | 差组 | 优组 | 差组 | 优组 | 差组 | 优组 |
| 组间系数差异检验 P_Value | 0.032 | | 0.367 | | 0.031 | |
| Observation | 28075 | 1603 | 28075 | 1603 | 28075 | 1603 |
| $R^2$ | 0.137 | 0.172 | 0.136 | 0.172 | 0.137 | 0.172 |

注：括号内为企业聚类稳健标准误对应 $t$ 值。

\*\*\*、\*\*、\*分别代表1%、5%、10%显著性水平。

②内部控制：内部控制水平。企业的内部控制质量越优，意味着企业内部治理高效、分工合理及激励充分，能够从自律层面有效提升内部人士经营管理的尽职性，继而有效抑制企业的信息操纵和机会主义行为。[1]那么，高管采取文本可读性披露策略实现机会主义套利的行为是否会受到企业内部控制因素的影响呢？

表4-10是企业内部控制分组检验结果。结果显示，文本结构复杂性披露策略指标Readibility1和文本可读性披露策略指标Readibility的系数在企业内部控制较差分组中更大，费舍尔组间系数差异检验证实了内部控制分组系数的显著差异，说明高管采取文本可读性披露策略（主要是文本结构复杂性披露策略），降低文本易理解性和误导投资者，继而进行机会主义减持套利的行为，在较差的内部控制较差的企业中可能更为严重，即企业内部有效管理和经营治理，在一定程度上，能有效缓解企业及内部人士信息操纵，实现减持套利的风险和倾向。

---

[1] 周茜，陈收. 公众媒体参与金融科技创新监管的双刃剑效应[J]. 系统工程理论与实践，2022，42（7）：1782-1795.

表4-10  企业内部控制质量分组检验结果

| 变量 | (1) Sell 低组 | (2) Sell 高组 | (3) Sell 低组 | (4) Sell 高组 | (5) Sell 低组 | (6) Sell 高组 |
|---|---|---|---|---|---|---|
| Readibility1 | 0.196*** (7.787) | 0.029 (0.538) | | | | |
| Readibility2 | | | −24.882 (−1.619) | −21.192 (−0.613) | | |
| Readibility | | | | | 0.392*** (7.785) | 0.057 (0.536) |
| Ros | 0.461* (1.748) | −0.316 (−0.541) | 0.450* (1.700) | −0.319 (−0.547) | 0.461* (1.748) | −0.316 (−0.541) |
| Size | 0.159** (2.346) | −0.030 (−0.181) | 0.141** (2.067) | −0.028 (−0.169) | 0.159** (2.345) | −0.030 (−0.181) |
| Lev | −0.060 (−0.181) | 0.195 (0.276) | −0.096 (−0.288) | 0.196 (0.278) | −0.060 (−0.181) | 0.195 (0.276) |
| Growth | 0.364*** (3.462) | 0.508** (2.113) | 0.404*** (3.835) | 0.510** (2.117) | 0.364*** (3.462) | 0.508** (2.113) |
| Top1 | −2.403*** (−6.440) | −4.657*** (−6.028) | −2.383*** (−6.359) | −4.637*** (−6.011) | −2.403*** (−6.440) | −4.657*** (−6.028) |
| Balance | 1.170*** (6.306) | 0.100 (0.278) | 1.223*** (6.527) | 0.099 (0.277) | 1.170*** (6.305) | 0.100 (0.278) |
| Indep | −6.398*** (−6.847) | −2.375 (−1.208) | −6.364*** (−6.747) | −2.346 (−1.195) | −6.398*** (−6.847) | −2.375 (−1.208) |
| Firmage | −2.050*** (−9.289) | −1.661*** (−4.851) | −2.135*** (−9.619) | −1.672*** (−4.881) | −2.050*** (−9.290) | −1.661*** (−4.851) |
| Dturn | 0.478*** (4.074) | 0.940*** (6.069) | 0.482*** (4.102) | 0.945*** (6.108) | 0.478*** (4.074) | 0.940*** (6.069) |
| Bm | −0.466*** (−8.336) | −1.106*** (−5.773) | −0.478*** (−8.517) | −1.108*** (−5.794) | −0.466*** (−8.337) | −1.106*** (−5.773) |

| 变量 | （1） | （2） | （3） | （4） | （5） | （6） |
|---|---|---|---|---|---|---|
| | Sell | Sell | Sell | Sell | Sell | Sell |
| | 低组 | 高组 | 低组 | 高组 | 低组 | 高组 |
| Big4 | −0.432**<br>(−2.080) | 0.277<br>(0.351) | −0.455**<br>(−2.176) | 0.273<br>(0.345) | −0.432**<br>(−2.081) | 0.277<br>(0.351) |
| Market | 0.467***<br>(4.060) | 0.453*<br>(1.947) | 0.478***<br>(4.135) | 0.456*<br>(1.959) | 0.467***<br>(4.060) | 0.453*<br>(1.947) |
| Competition | 0.691***<br>(6.694) | 0.316<br>(1.567) | 0.705***<br>(6.804) | 0.317<br>(1.569) | 0.691***<br>(6.694) | 0.316<br>(1.567) |
| _cons | 7.512***<br>(4.718) | 11.594***<br>(3.092) | 8.070***<br>(4.984) | 11.570***<br>(3.082) | 7.513***<br>(4.719) | 11.594***<br>(3.092) |
| 行业 | 固定 | 固定 | 固定 | 固定 | 固定 | 固定 |
| 年份 | 固定 | 固定 | 固定 | 固定 | 固定 | 固定 |
| 组间系数<br>差异检验<br>P_Value | 0.000 | | 0.471 | | 0.000 | |
| Observation | 20537 | 9141 | 20537 | 9141 | 20537 | 9141 |
| $R^2$ | 0.108 | 0.078 | 0.105 | 0.078 | 0.108 | 0.078 |

注：括号内为企业聚类稳健标准误对应 $t$ 值。

\*\*\*、\*\*、\*分别代表1%、5%、10%显著性水平。

### 4.3.4　内生性检验和稳健性估计

1. 内生性检验

（1）IV工具变量法

考虑到可能由于互为因果关系而存在内生性问题，下文运用工具变量法进行两阶段最小二乘回归，选择除本公司外，同省份其他企业当年三个文本可读性披露策略指标均值IV_province1、IV_province2和IV_province3作为工具变量。表4-11是IV工具变量法结果，工具变量的回归结果与原回归完全一致。Kleibergen-Paap rk LM统计量和Kleibergen-Paap rk Wald F统计量，不存在识别不足和弱工具变量问题,回归结果较稳健。

表 4-11　IV 工具变量法

| 变量 | | (1)<br>Readibility1 | (2)<br>Sell |
|---|---|---|---|
| | IV_province1 | 0.472***<br>(7.921) | |
| | Readibility1 | | 0.481*<br>(1.760) |
| | Ros | 0.011<br>(0.179) | −0.368<br>(−1.245) |
| | Size | −0.137***<br>(−8.205) | 0.421***<br>(4.862) |
| | Lev | −0.213**<br>(−2.217) | −0.830**<br>(−2.333) |
| Panel A:<br>Readibility1<br>工具变量检验结果 | Growth | 0.174***<br>(6.142) | 0.236**<br>(2.528) |
| | Top1 | 0.172*<br>(1.655) | −3.528***<br>(−6.378) |
| | Balance | 0.179***<br>(3.488) | 1.072***<br>(4.591) |
| | Indep | −0.361<br>(−1.403) | −4.634***<br>(−4.495) |
| | Firmage | −0.397***<br>(−7.013) | −1.440***<br>(−6.710) |
| | Dturn | −0.036***<br>(−3.025) | 0.525***<br>(9.831) |
| | Bm | −0.063***<br>(−3.755) | −0.540***<br>(−7.099) |

续表

| 变量 | | （1） | （2） |
|---|---|---|---|
| | | Readibility1 | Sell |
| Panel A：<br>Readibility1<br>工具变量检验结果 | Big4 | −0.172**<br>（−2.571） | −0.702***<br>（−3.059） |
| | Market | 0.009<br>（0.271） | 0.779***<br>（4.438） |
| | Competition | 0.070**<br>（2.523） | 0.401***<br>（2.899） |
| | Cg | 0.256***<br>（7.929） | 2.693***<br>（15.676） |
| | _cons | 4.122***<br>（10.406） | 0.101<br>（0.047） |
| | 行业 | 固定 | 固定 |
| | 年份 | 固定 | 固定 |
| | Kleibergen−Paap rk<br>LM statistic | | 5.495<br>0.019 |
| | Kleibergen−Paap rk<br>Wald F statistic | | 6.684<br>20% |
| | Observation | 29678 | 29315 |
| | $R^2$ | 0.064 | 0.000 |
| 变量 | | （1） | （2） |
| | | Readibility2 | Sell |
| Panel B：<br>Readibility2<br>工具变量检验结果 | IV_province2 | 0.110*<br>（1.747） | |
| | Readibility2 | | −1231.230<br>（−1.172） |
| | Ros | 0.000***<br>（−3.512） | −0.832*<br>（−1.750） |

续表

| 变量 | | （1） | （2） |
|---|---|---|---|
| | | Readibility2 | Sell |
| | Size | 0.000***<br>（7.943） | 0.626***<br>（3.058） |
| | Lev | 0.000<br>（−0.534） | −1.007**<br>（−2.213） |
| | Growth | 0.000<br>（1.562） | 0.389***<br>（3.596） |
| | Top1 | 0.000*<br>（1.760） | −3.192***<br>（−5.113） |
| | Balance | 0.000*<br>（1.795） | 1.350***<br>（3.976） |
| | Indep | 0.001**<br>（2.559） | −3.647**<br>（−2.273） |
| Panel B：<br>Readibility2<br>工具变量检验结果 | Firmage | 0.000<br>（0.507） | −1.620***<br>（−7.384） |
| | Dturn | 0.000**<br>（2.137） | 0.588***<br>（7.711） |
| | Bm | 0.000<br>（0.401） | −0.586***<br>（−6.873） |
| | Big4 | 0.000***<br>（3.229） | −0.362<br>（−0.750） |
| | Market | 0.000<br>（−0.028） | 0.816***<br>（4.343） |
| | Competition | 0.000<br>（−0.852） | 0.369**<br>（2.138） |
| | Cg | 0.000<br>（1.080） | 2.920***<br>（15.763） |
| | _cons | −0.006***<br>（−8.441） | −4.680<br>（−0.941） |

续表

| 变量 | | (1) | (2) |
|---|---|---|---|
| | | Readibility2 | Sell |
| | 行业 | 固定 | 固定 |
| | 年份 | 固定 | 固定 |
| Panel B: Readibility2 工具变量检验结果 | Kleibergen−Paap rk LM statistic | | 13.257 |
| | | | 0.0013 |
| | | | 9.832 |
| | Kleibergen−Paap rk Wald F statistic | | 20% |
| | Observation | 29678 | 29315 |
| | $R^2$ | 0.028 | 0.082 |
| 变量 | | (1) | (2) |
| | | Readibility | Sell |
| Panel C: Readibility 工具变量检验结果 | IV_province3 | 0.472*** (7.922) | |
| | Readibility | | 0.960* (1.758) |
| | Ros | 0.005 (0.172) | −0.367 (−1.245) |
| | Size | −0.068*** (−8.192) | 0.421*** (4.862) |
| | Lev | −0.107** (−2.218) | −0.830** (−2.333) |
| | Growth | 0.087*** (6.145) | 0.236** (2.528) |
| | Top1 | 0.086* (1.660) | −3.528*** (−6.378) |
| | Balance | 0.089*** (3.492) | 1.072*** (4.591) |

续表

| 变量 | | （1） | （2） |
|---|---|---|---|
| | | Readibility | Sell |
| | Indep | −0.180 | −4.635*** |
| | | （−1.398） | （−4.495） |
| | Firmage | −0.198*** | −1.440*** |
| | | （−7.013） | （−6.709） |
| | Dturn | −0.018*** | 0.525*** |
| | | （−3.021） | （9.831） |
| | Bm | −0.032*** | −0.541*** |
| | | （−3.753） | （−7.101） |
| | Big4 | −0.086** | −0.703*** |
| | | （−2.565） | （−3.061） |
| | Market | 0.004 | 0.779*** |
| | | （0.271） | （4.438） |
| Panel C： Readibility 工具变量检验结果 | Competition | 0.035** | 0.401*** |
| | | （2.522） | （2.900） |
| | Cg | 0.128*** | 2.693*** |
| | | （7.931） | （15.675） |
| | _cons | 2.057*** | 0.104 |
| | | （10.393） | （0.049） |
| | 行业 | 固定 | 固定 |
| | 年份 | 固定 | 固定 |
| | Kleibergen−Paap rk LM statistic | | 18.041 0.0001 |
| | Kleibergen−Paap rk Wald F statistic | | 32.241 10% |
| | Observation | 29678 | 29678 |
| | $R^2$ | 0.064 | 0.071 |

注：括号内为企业聚类稳健标准误对应 $t$ 值。

***、**、*分别代表1%、5%、10%显著性水平。

（2）缓解遗漏变量风险的内生性检验

本研究分别采取了两种缓解遗漏变量风险的稳健性估计方法。其一，在原回归基础上，增加省份固定效应，以便控制地区因素的影响。其二，在原回归基础上，增加托宾 $Q$ 值Tobinq、是否国有企业哑变量Soe、董事会规模Board、机构投资者持股比例Inst、高管持股比例Mshare和大股东资金占用Occupy等控制变量，以便进一步缓解遗漏变量内生性风险。表4-12展示了缓解遗漏变量内生性风险的稳健性估计结果。结果显示，两种缓解遗漏变量的稳健性估计结果均与主回归结果高度一致，证实了回归结果的可靠性。

表4-12 缓解遗漏变量内生性风险的稳健性估计结果

| 变量 | | (1) | (2) | (3) |
|---|---|---|---|---|
| | | Sell | Sell | Sell |
| Panel A：增加省份固定效应稳健性估计结果 | Readability1 | 0.145*** (5.841) | | |
| | Readability2 | | −21.004 (−1.424) | |
| | Readability | | | 0.290*** (5.839) |
| | Ros | 0.278 (1.096) | 0.273 (1.073) | 0.279 (1.097) |
| | Size | 0.100 (1.552) | 0.086 (1.327) | 0.100 (1.552) |
| | Lev | −0.217 (−0.681) | −0.251 (−0.787) | −0.217 (−0.681) |
| | Growth | 0.411*** (3.981) | 0.437*** (4.229) | 0.411*** (3.981) |
| | Top1 | −2.835*** (−7.917) | −2.796*** (−7.793) | −2.835*** (−7.918) |

续表

| 变量 | | （1） | （2） | （3） |
|---|---|---|---|---|
| | | Sell | Sell | Sell |
| Panel A：<br>增加省份固定<br>效应稳健性<br>估计结果 | Balance | 0.812***<br>（4.575） | 0.841***<br>（4.728） | 0.812***<br>（4.575） |
| | Indep | −5.497***<br>（−6.171） | −5.541***<br>（−6.193） | −5.497***<br>（−6.171） |
| | Firmage | −1.965***<br>（−9.776） | −2.024***<br>（−10.033） | −1.965***<br>（−9.776） |
| | Dturn | 0.705***<br>（7.497） | 0.711***<br>（7.570） | 0.705***<br>（7.497） |
| | Bm | −0.504***<br>（−9.002） | −0.511***<br>（−9.122） | −0.504***<br>（−9.002） |
| | Big4 | −0.318<br>（−1.442） | −0.338<br>（−1.529） | −0.318<br>（−1.442） |
| | Market | 0.479<br>（1.488） | 0.496<br>（1.529） | 0.479<br>（1.488） |
| | Competition | 0.590***<br>（6.037） | 0.597***<br>（6.101） | 0.590***<br>（6.037） |
| | Cg | 2.558***<br>（20.212） | 2.598***<br>（20.607） | 2.558***<br>（20.212） |
| | _cons | 8.018***<br>（5.034） | 8.439***<br>（5.253） | 8.019***<br>（5.035） |
| | 省份 | 固定 | 固定 | 固定 |
| | 行业 | 固定 | 固定 | 固定 |
| | 年份 | 固定 | 固定 | 固定 |
| | Observation | 29678 | 29678 | 29678 |
| | $R^2$ | 0.142 | 0.141 | 0.142 |
| Panel B：<br>增加控制变量的<br>稳健性估计结果 | Readibility1 | 0.121***<br>（4.968） | | |

续表

| 变量 | | (1) | (2) | (3) |
|---|---|---|---|---|
| | | Sell | Sell | Sell |
| Panel B：增加控制变量的稳健性估计结果 | Readibility2 | | −26.056*<br>(−1.789) | |
| | Readibility | | | 0.243***<br>(4.965) |
| | Ros | 0.035<br>(0.138) | 0.027<br>(0.104) | 0.035<br>(0.138) |
| | Size | 0.403***<br>(5.678) | 0.397***<br>(5.552) | 0.403***<br>(5.677) |
| | Lev | 0.045<br>(0.142) | 0.018<br>(0.057) | 0.045<br>(0.142) |
| | Growth | 0.265***<br>(2.600) | 0.286***<br>(2.804) | 0.265***<br>(2.600) |
| | Top1 | −3.123***<br>(−8.124) | −3.087***<br>(−8.017) | −3.123***<br>(−8.124) |
| | Balance | 0.369**<br>(2.106) | 0.389**<br>(2.214) | 0.369**<br>(2.106) |
| | Indep | −2.462**<br>(−2.456) | −2.477**<br>(−2.462) | −2.462**<br>(−2.456) |
| | Firmage | −1.612***<br>(−8.159) | −1.653***<br>(−8.340) | −1.612***<br>(−8.159) |
| | Dturn | 0.792***<br>(8.426) | 0.802***<br>(8.529) | 0.792***<br>(8.426) |
| | Bm | −0.365***<br>(−6.750) | −0.371***<br>(−6.830) | −0.365***<br>(−6.750) |
| | Big4 | −0.389*<br>(−1.853) | −0.398*<br>(−1.891) | −0.389*<br>(−1.854) |
| | Market | 0.399***<br>(3.618) | 0.404***<br>(3.657) | 0.399***<br>(3.618) |

续表

| 变量 | | (1) | (2) | (3) |
|---|---|---|---|---|
| | | Sell | Sell | Sell |
| Panel B：增加控制变量的稳健性估计结果 | Competition | 0.353***<br>（3.670） | 0.358***<br>（3.716） | 0.353***<br>（3.670） |
| | Cg | 1.105***<br>（7.448） | 1.114***<br>（7.506） | 1.105***<br>（7.448） |
| | Tobinq | 0.466***<br>（8.907） | 0.463***<br>（8.867） | 0.466***<br>（8.907） |
| | Soe | −0.762***<br>（−6.098） | −0.798***<br>（−6.357） | −0.762***<br>（−6.098） |
| | Board | 1.095***<br>（3.634） | 1.081***<br>（3.589） | 1.095***<br>（3.634） |
| | Inst | −0.712***<br>（−2.622） | −0.718***<br>（−2.645） | −0.712***<br>（−2.622） |
| | Mshare | 6.010***<br>（14.002） | 6.056***<br>（14.086） | 6.010***<br>（14.002） |
| | Occupy | −2.830<br>（−1.555） | −2.830<br>（−1.556） | −2.830<br>（−1.555） |
| | _cons | −2.342<br>（−1.364） | −2.034<br>（−1.176） | −2.341<br>（−1.363） |
| | 行业 | 固定 | 固定 | 固定 |
| | 年份 | 固定 | 固定 | 固定 |
| | Observation | 29678 | 29678 | 29678 |
| | $R^2$ | 0.164 | 0.163 | 0.164 |

注：括号内为企业聚类稳健标准误对应 $t$ 值。

***、**、*分别代表1%、5%、10%显著性水平。

## 2. 稳健性估计

### (1)替代被解释变量的稳健性估计

本章节参考了朱茶芬等的做法,按年度和公司层面计算当年高管机会主义减持次数的总和,并取其对数作为替代的被解释变量及高管机会主义减持次数Selltime。[1]表4-13是替代被解释变量的稳健性估计结果。结果显示,企业管理层分析与讨论文本可读性指标Readibility1和Readibility均在1%显著性水平上与高管机会主义减持次数Selltime显著正相关,再次验证了H1a和H1假设,证实了主回归的稳健性。

表4-13 替代被解释变量的稳健性估计

| 变量 | (1) | (2) | (3) |
| --- | --- | --- | --- |
| | Selltime | Selltime | Selltime |
| Readibility1 | 0.014*** | | |
| | (4.983) | | |
| Readibility2 | | −2.870* | |
| | | (−1.730) | |
| Readibility | | | 0.028*** |
| | | | (4.981) |
| Ros | 0.025 | 0.023 | 0.025 |
| | (0.837) | (0.793) | (0.837) |
| Size | 0.001 | 0.000 | 0.001 |
| | (0.156) | (−0.005) | (0.156) |
| Lev | −0.015 | −0.018 | −0.015 |
| | (−0.403) | (−0.498) | (−0.403) |
| Growth | 0.048*** | 0.051*** | 0.048*** |
| | (4.141) | (4.362) | (4.141) |

[1] 朱茶芬,陈俊,郑柳.大股东减持计划新规的经济影响与新交易模式研究[J].会计研究,2021(6):104-118.

续表

| 变量 | （1） | （2） | （3） |
|---|---|---|---|
| | Selltime | Selltime | Selltime |
| Top1 | −0.254*** | −0.250*** | −0.254*** |
| | (−6.321) | (−6.210) | (−6.321) |
| Balance | 0.080*** | 0.083*** | 0.080*** |
| | (3.944) | (4.095) | (3.944) |
| Indep | −0.644*** | −0.646*** | −0.644*** |
| | (−6.234) | (−6.229) | (−6.235) |
| Firmage | −0.208*** | −0.213*** | −0.208*** |
| | (−9.000) | (−9.237) | (−9.000) |
| Dturn | 0.078*** | 0.079*** | 0.078*** |
| | (7.313) | (7.386) | (7.312) |
| Bm | −0.050*** | −0.051*** | −0.050*** |
| | (−8.202) | (−8.309) | (−8.202) |
| Big4 | −0.017 | −0.019 | −0.017 |
| | (−0.702) | (−0.757) | (−0.702) |
| Market | 0.049*** | 0.050*** | 0.049*** |
| | (3.834) | (3.903) | (3.834) |
| Competition | 0.066*** | 0.067*** | 0.066*** |
| | (5.967) | (6.029) | (5.967) |
| Cg | 0.282*** | 0.286*** | 0.282*** |
| | (19.203) | (19.535) | (19.203) |
| _cons | 1.042*** | 1.081*** | 1.042*** |
| | (6.128) | (6.316) | (6.129) |
| 行业 | 固定 | 固定 | 固定 |
| 年份 | 固定 | 固定 | 固定 |
| Observation | 29678 | 29678 | 29678 |
| $R^2$ | 0.123 | 0.122 | 0.123 |

注：括号内为企业聚类稳健标准误对应 $t$ 值。

\*\*\*、\*\*、\*分别代表1%、5%、10%显著性水平。

（2）替代解释变量的稳健性估计

在主回归部分,我们采用剔除行业均值的变量衡量文本可读性披露策略程度。在稳健性估计部分,我们借鉴赵璨等的做法,构建文本可读性的拟合模型,计算残差衡量操纵性文本可读性披露策略程度 Absread1、Absread2 和 Absread,具体模型见公式(4-12)。[1]其中,我们控制了行业文本可读性均值 Ind_read、企业规模 Size、总资产负债比 Lev、营业收入增长率 Growth、控股股东持股比 Top1、高管持股比 Mshare 和上市年限 Listage 等可能影响文本可读性披露策略的指标。

$$Readibility_{i,t} = \alpha_0 + \alpha_1 Ind\_read_{i,t} + \alpha_2 Size_{i,t} + \alpha_3 Lev_{i,t} + \alpha_4 Growth_{i,t} + \alpha_5 Top1_{i,t}$$
$$+\alpha_6 Mshare_{i,t} + \alpha_7 Listage_{i,t} + \sum Industry + \sum Year + \varepsilon$$

$$(4-12)$$

表4-14是替代解释变量的稳健性估计结果。结果显示,异常性文本可读性披露策略 Absread1 和 Absread3 均在10%显著性水平上,与高管机会主义减持金额指标 Sell 正相关,验证了本文的 H1a 和 H1 假设。替代被解释变量回归结果与原回归高度一致。

表4-14　替代解释变量的稳健性估计

| 变量 | (1) | (2) | (3) |
|---|---|---|---|
| | Sell | Sell | Sell |
| ABRead1 | 0.086*** | | |
| | (3.366) | | |
| ABRead2 | | −30.575* | |
| | | (−1.937) | |
| ABRead | | | 0.172*** |
| | | | (3.363) |
| Ros | 0.230 | 0.212 | 0.230 |
| | (0.868) | (0.801) | (0.868) |

---

[1] 赵璨,陈仕华,曹伟."互联网+"信息披露:实质性陈述还是策略性炒作——基于股价崩盘风险的证据[J].中国工业经济,2020(3):174-192.

| 变量 | （1） | （2） | （3） |
|---|---|---|---|
| | Sell | Sell | Sell |
| Size | 0.065 | 0.074 | 0.065 |
| | (0.973) | (1.102) | (0.973) |
| Lev | −0.090 | −0.092 | −0.090 |
| | (−0.272) | (−0.278) | (−0.272) |
| Growth | 0.499*** | 0.508*** | 0.499*** |
| | (4.599) | (4.683) | (4.599) |
| Top1 | −2.740*** | −2.717*** | −2.740*** |
| | (−7.477) | (−7.410) | (−7.477) |
| Balance | 0.915*** | 0.919*** | 0.915*** |
| | (5.036) | (5.055) | (5.036) |
| Indep | −5.610*** | −5.584*** | −5.610*** |
| | (−6.088) | (−6.049) | (−6.088) |
| Firmage | −2.041*** | −2.060*** | −2.042*** |
| | (−10.039) | (−10.110) | (−10.039) |
| Dturn | 0.720*** | 0.736*** | 0.720*** |
| | (7.526) | (7.704) | (7.526) |
| Bm | −0.536*** | −0.539*** | −0.536*** |
| | (−9.321) | (−9.373) | (−9.321) |
| Big4 | −0.318 | −0.321 | −0.318 |
| | (−1.414) | (−1.425) | (−1.415) |
| Market | 0.543*** | 0.546*** | 0.543*** |
| | (4.733) | (4.756) | (4.733) |
| Competition | 0.617*** | 0.617*** | 0.617*** |
| | (6.195) | (6.196) | (6.195) |
| Cg | 2.588*** | 2.594*** | 2.588*** |
| | (20.299) | (20.364) | (20.299) |
| _cons | 9.098*** | 8.945*** | 9.098*** |
| | (5.762) | (5.659) | (5.762) |

| 变量 | (1) | (2) | (3) |
|---|---|---|---|
| | Sell | Sell | Sell |
| 行业 | 固定 | 固定 | 固定 |
| 年份 | 固定 | 固定 | 固定 |
| Observation | 29678 | 29678 | 29678 |
| $R^2$ | 0.138 | 0.137 | 0.138 |

注:括号内为企业聚类稳健标准误对应 $t$ 值。

***、**、*分别代表1%、5%、10%显著性水平。

（3）筛选样本的稳健性估计

考虑到存在财务风险的企业,其经营决策与正常企业可能存在异质差异,因此在稳健性估计中,参考阿特曼(Altman)做法,计算企业破产风险指标 Zscore。破产风险指标取值小于 1.81 的企业为财务风险企业加以剔除。❶其中,删除了 2688 个存在财务风险的企业样本,表 4-15 是筛选样本的稳健性估计结果,文本可读性披露策略 Readibility1 和 Readibility 仍在 1% 显著性水平上与高管机会主义减持金额 Sell 正相关,验证了 H1 和 H1a 假设和主回归的稳健性。

表4-15　筛选财务风险样本企业的稳健性估计

| 变量 | (1) | (2) | (3) |
|---|---|---|---|
| | Sell | Sell | Sell |
| Readibility1 | 0.148***<br>(5.623) | | |
| Readibility2 | | −22.658<br>(−1.379) | |
| Readibility | | | 0.295***<br>(5.621) |

❶ ALTMAN E I. Predicting financial distress of companies: Revisiting the Z-score and ZETA models [M]. Cheltenham: Edward Elgar Publishing, 2013: 428–456.

续表

| 变量 | (1) | (2) | (3) |
|---|---|---|---|
| | Sell | Sell | Sell |
| Ros | 0.534 | 0.536 | 0.534 |
| | (1.543) | (1.547) | (1.544) |
| Size | 0.160** | 0.146** | 0.160** |
| | (2.190) | (1.987) | (2.190) |
| Lev | 0.253 | 0.219 | 0.253 |
| | (0.724) | (0.625) | (0.724) |
| Growth | 0.445*** | 0.476*** | 0.445*** |
| | (3.824) | (4.085) | (3.824) |
| Top1 | −3.019*** | −2.978*** | −3.020*** |
| | (−7.914) | (−7.789) | (−7.914) |
| Balance | 0.824*** | 0.856*** | 0.824*** |
| | (4.394) | (4.547) | (4.394) |
| Indep | −5.845*** | −5.870*** | −5.845*** |
| | (−6.049) | (−6.041) | (−6.049) |
| Firmage | −1.987*** | −2.047*** | −1.987*** |
| | (−9.577) | (−9.837) | (−9.577) |
| Dturn | 0.723*** | 0.730*** | 0.723*** |
| | (7.399) | (7.467) | (7.399) |
| Bm | −0.895*** | −0.905*** | −0.895*** |
| | (−9.593) | (−9.691) | (−9.593) |
| Big4 | −0.241 | −0.258 | −0.241 |
| | (−0.950) | (−1.014) | (−0.951) |
| Market | 0.559*** | 0.572*** | 0.559*** |
| | (4.725) | (4.823) | (4.725) |
| Competition | 0.598*** | 0.607*** | 0.598*** |
| | (5.701) | (5.773) | (5.701) |
| Cg | 2.639*** | 2.679*** | 2.639*** |
| | (20.053) | (20.424) | (20.053) |

续表

| 变量 | (1) | (2) | (3) |
|---|---|---|---|
| | Sell | Sell | Sell |
| _cons | 7.386***<br>(4.371) | 7.840***<br>(4.604) | 7.387***<br>(4.372) |
| 行业 | 固定 | 固定 | 固定 |
| 年份 | 固定 | 固定 | 固定 |
| Observation | 26990 | 26990 | 26990 |
| $R^2$ | 0.135 | 0.134 | 0.135 |

注:括号内为企业聚类稳健标准误对应 $t$ 值。

***、**、*分别代表1%、5%、10%显著性水平。

(4)缓解异方差问题的稳健性估计

在原回归基础上,采取企业和年份双聚类调整稳健标准误。表4-16是采取双聚类稳健标准误的稳健性估计结果。结果显示,文本可读性披露策略 Readibility1 和 Readibility 仍在1%显著性水平上与高管机会主义减持金额 Sell 正相关,回归结果与主回归完全一致。

表4-16  双聚类稳健标准误的稳健性估计

| 变量 | (1) | (2) | (3) |
|---|---|---|---|
| | Sell | Sell | Sell |
| Readibility1 | 0.153***<br>(3.570) | | |
| Readibility2 | | −21.518<br>(−1.404) | |
| Readibility | | | 0.305***<br>(3.568) |
| Ros | 0.261<br>(0.947) | 0.251<br>(0.900) | 0.261<br>(0.947) |

续表

| 变量 | (1) | (2) | (3) |
|---|---|---|---|
| | Sell | Sell | Sell |
| Size | 0.106 | 0.092 | 0.106 |
| | (1.137) | (1.043) | (1.136) |
| Lev | −0.169 | −0.205 | −0.169 |
| | (−0.438) | (−0.524) | (−0.438) |
| Growth | 0.415** | 0.443** | 0.415** |
| | (2.169) | (2.413) | (2.169) |
| Top1 | −2.783*** | −2.743*** | −2.783*** |
| | (−7.635) | (−7.628) | (−7.635) |
| Balance | 0.856*** | 0.889*** | 0.856*** |
| | (5.307) | (5.487) | (5.307) |
| Indep | −5.620*** | −5.653*** | −5.620*** |
| | (−5.268) | (−5.283) | (−5.268) |
| Firmage | −1.992*** | −2.054*** | −1.992*** |
| | (−8.501) | (−8.453) | (−8.500) |
| Dturn | 0.711*** | 0.718*** | 0.711*** |
| | (5.633) | (5.851) | (5.633) |
| Bm | −0.508*** | −0.516*** | −0.508*** |
| | (−6.421) | (−6.570) | (−6.421) |
| Big4 | −0.313 | −0.332 | −0.313 |
| | (−1.473) | (−1.550) | (−1.473) |
| Market | 0.537*** | 0.547*** | 0.537*** |
| | (4.543) | (4.574) | (4.543) |
| Competition | 0.614*** | 0.623*** | 0.614*** |
| | (5.217) | (5.402) | (5.216) |
| Cg | 2.599*** | 2.642*** | 2.599*** |
| | (12.387) | (12.450) | (12.387) |
| _cons | 8.119*** | 8.590*** | 8.120*** |
| | (4.081) | (4.529) | (4.082) |

续表

| 变量 | (1) | (2) | (3) |
|------|-----|-----|-----|
| | Sell | Sell | Sell |
| 行业 | 固定 | 固定 | 固定 |
| 年份 | 固定 | 固定 | 固定 |
| Observation | 29678 | 29678 | 29678 |
| $R^2$ | 0.140 | 0.139 | 0.140 |

注:括号内为企业聚类稳健标准误对应$t$值。

\*\*\*、\*\*、\*分别代表1%、5%、10%显著性水平。

## 4.4 本章小结

本研究基于2007—2021年上市企业样本,利用文本分析方法,检验高管文本可读性披露策略与机会主义减持的关系和影响机制。实证研究发现:①文本可读性披露策略可能显著提升高管机会主义减持倾向,其中主要是文本结构复杂性披露策略发挥作用,是单一型信息披露策略手段。②投资者非理性情绪在两者之间发挥中介作用,即文本可读性披露策略可能通过在狭义机会主义行为之前的掩饰性文本信息披露策略方式,提升投资者非理性情绪来实现高管机会主义减持的机会主义目的。③高管采取文本可读性披露策略实现机会主义减持交易的行为,在外部市场监管较不完善,行业竞争较小,企业信息治理较差和在内部控制不完备的上市企业中可能更为显著。由本研究结果显示,文本可读性披露策略是一种掩饰性的披露手段,而高管可能采取文本结构复杂性披露策略在实现超额自利目的前,进行事前型的信息操纵,以及实现对外部市场利益相关者的误导。

尽管本研究的结论是基于2005—2021年的数据,但鉴于近年来的学术进展,其相关性和适用性似乎延伸至当前时期。许汝俊的研究进一步证实了管理层可能通过操纵文本可读性来掩盖盈余管理行为,这与本研究中关于高管可能利用文本可读性披露策略进行机会主义行为的发现相呼应。[1]耿歆雨和赵栓文

---

[1] 许汝俊.年报文本信息可读性与财务重述[J].财贸研究,2024,35(7):98-110.

的研究补充了这一观点,他们发现高管薪酬与企业社会责任报告的可读性之间存在负相关关系,这表明高管可能利用文本可读性来隐藏其机会主义行为。[1]此外,张健等的研究指出,企业家控制会降低文本可读性,强调了内部和外部治理及监督的重要性。[2]这些研究结果表明,高管利用文本可读性操纵策略进行机会主义行为的趋势并未改变,且仍然是公司治理和监督中需要关注的关键信息披露风险。因此,本研究的结论不仅在历史上有所体现,而且在近年的研究中也得到了支持,显示出其在当前及未来研究中的持续性。

智能会计的发展极大地增强了对上市公司文本可读性披露策略的监督能力,这一点在高管机会主义行为的识别与防范中尤为关键。利用人工智能技术,智能会计能够深入分析管理层的披露文本,揭示其潜在的操纵意图和行为模式。这种技术的应用不仅提升了监督文本可读性披露策略的效率,还为投资者和监管机构提供了更为精确的风险评估工具和决策支持。

[1] 耿歆雨,赵栓文.企业盈余管理程度对社会责任报告可读性的影响研究[J/OL].(2024-07-19)[2024-09-10]. http://kns.cnki.net/kcms/detail/61.1421.C.20240719.1827.012.html.

[2] 张健,史册,张垠戈,等.公众关注度与年报可读性——基于"胡润百富榜"的准自然实验[J].当代财经,2023(9):147-156.

# 第5章　文本相似度披露策略选择下
# 企业高管机会主义行为研究

本章将聚焦于文本相似度披露策略视角,分析高管是否可能利用文本相似性披露策略实现其机会主义目的。

## 5.1　文本相似度披露策略的内涵及测算方法

### 5.1.1　文本相似度披露策略的内涵

文本相似度(重复度)是一种非内容相关的文本信息,反映了上市公司当年披露文本信息与其历史披露信息和同行业其他企业披露信息的重复程度,若文本相似度越高,则高管当年披露的企业增量信息越少。❶而文本相似度披露策略则是企业高管在披露企业当年信息时,重复性披露了与企业既往披露历史信息和同行业其他企业披露信息相似的信息,继而减少企业特质信息含量,影响投资者对企业财务结果理解的策略手段。❷一方面,基于信号传递理论视角,文本相似度披露策略是一种真实性的文本信息披露手段,高管出于缓解信息不对称,可能减少与历史信息和同业公司信息等重复信息的披露,以提升企业特质信息的披露;另一方面,基于信息操纵视角,文本相似度披露策略可能是高管主观决策采取的,为隐瞒企业负面信息,采取重复披露历史信息和同业公司信息的方式,披露对投资者决策不用的信息,以掩饰消极信息的文本信息披露策略。

---

❶ 葛锐,刘晓颖,孙筱蕚. 审计师更换影响管理层报告信息增量了吗?——来自纵向文本相似度的证据[J]. 审计研究,2020(4):113-122.

❷ 孟庆斌,杨俊华,鲁冰. 管理层讨论与分析披露的信息含量与股价崩盘风险——基于文本向量化方法的研究[J]. 中国工业经济,2017(12):132-150.

## 5.1.2 文本相似度披露策略的测算方法

**1. 技术方法**

既往文献和本研究均采取了无监督的机器学习方法,以测算文本余弦相似性衡量文本相似度披露策略的水平。无监督机器学习方法是指无须人工识别,通过提供训练样本,使计算机自行学习和分析文本特征的计算机分析方法。在基于文本相似度的测算中,具体采用的技术方法是软余弦相似比(soft cosine similarity),该方法用来度量两个文本之间的相似程度。[1]

**2. 具体测算**

现阶段,针对文本相似度策略的研究尚处于逐步探索阶段,较为普遍的文本相似性测算方式是计算两个文本经向量化处理后的余弦夹角大小,夹角越接近于1,说明文本相似度越高。[2]

首先,文本信息纵向余弦相似性是较为普遍的方法,用于计算文本增量信息的含量,用以比较企业前后年度的文本信息的相似度。[3]例如,钱爱民和朱大鹏采取余弦相似性测算方法,对文本进行Jieba分词,并去除停用词。[4]在此基础上,进行文本向量化并计算词频,最后通过计算文本前后年度纵向向量的余弦夹角来衡量文本之间的相似程度。

其次,部分研究学者考虑到,文本相似性披露策略不仅限于借鉴和参考过往企业文本信息,企业同样可以参考同行业其他企业的文本披露信息,以调整自身的信息披露方式。孟庆斌等基于横向相似信息(行业层面)视角,测算企业在去

---

[1] 卞世博,管之凡,奚欢,等. 管理层—投资者互动与股票流动性——来自上市公司年度业绩说明会的经验证据[J/OL]. (2024-06-11)[2024-09-10]. https://doi.org/10.16314/j.cnki.31-2074/f.20240611.001.

[2] BROWN S V, TUCKER J W. Large-sample evidence on firms' year-over-year MD&A modifications[J]. Journal of accounting research, 2011, 49(2):309-346.

[3] 葛锐,刘晓颖,孙筱蔚. 审计师更换影响管理层报告信息增量了吗?——来自纵向文本相似度的证据[J]. 审计研究, 2020(4):113-122.

[4] 钱爱民,朱大鹏. 财务报告文本相似度与违规处罚——基于文本分析的经验证据[J]. 会计研究, 2020(9):44-58.

除相似信息后的特质信息含量。❶

最后,卞世博和阎志鹏指出,中文语境存在近义词和相近表达,仅单纯采取余弦相似性衡量文本相似度是有偏的,他们在计算余弦相似性的过程中引入了word2Vec算法,力图将文本相近词汇的情况纳入指标计算当中。❷

## 5.2 文本相似度披露策略选择下企业高管机会主义行为的理论机制分析

### 5.2.1 具体背景

1. 研究背景

经济政策不确定性是指经济主体无法准确预知政府是否、何时,以及如何改变现行经济政策❸,其涵盖了经济主体对政府政策实施前的不确定性(是否实施和何时实施)及实施后的不确定性(实施效果和是否变化)。经济政策不确定性增强,通常伴随经济衰退和经济危机的应运而生。2020年,全球疫情暴发,引致全球经济下滑和动荡,我国政府积极出台相应的货币政策、财政政策和贸易政策,如下调存款准备金率、增加企业信贷额度和执行税收优惠政策等,旨在稳定和恢复经济。作为市场重要参与主体,上市企业在面临经济政策频繁变动的背景下,其经营行为和披露决策势必会依据外部经济环境做出相应调整。

本研究关注的文本相似度披露策略指的是上市企业在其年报表外信息,如管理层分析与讨论文本中,重复披露与企业自身历史信息和同行业企业信息相似的信息,继而减少企业特质信息量的文本信息披露策略。管理层分析与讨论文本相似度高,意味着公司当期或未来期间的经营状况与以往相比无重大进展,没有新增重大投资项目,没有资产兼并收购计划,也没有产品研发的最新进展

❶ 孟庆斌,杨俊华,鲁冰.管理层讨论与分析披露的信息含量与股价崩盘风险——基于文本向量化方法的研究[J].中国工业经济,2017(12):132-150.

❷ 卞世博,阎志鹏."答非所问"与IPO市场表现——来自网上路演期间的经验证据[J].财经研究,2020,46(1):49-63.

❸ 葛锐,刘晓颖,孙筱蔚.审计师更换影响管理层报告信息增量了吗?——来自纵向文本相似度的证据[J].审计研究,2020(4):113-122.

等,并且缺乏对公司经营现状充分有效的分析,导致公司透明度较低。[1]而孟庆斌等认为,在复杂的信息环境中,高管会通过多种途径进行策略性的信息披露[2],如采取文本相似度披露策略来降低管理层分析与讨论中负面信息的披露。从本质来看,企业披露特质信息和增量信息的决策是权衡成本收益后的理性选择。一方面,企业披露的增量信息能有效缓解企业内外部信息不对称、传递企业的积极信息,为利益相关者的预期和选择提供根据。[3]另一方面,过多地披露企业增量信息,可能让外部人士洞悉企业的专有信息,识别企业经营发展的不利因素。[4]在实践中,经济政策不确定性是否会影响高管披露增量信息的决策?是否会影响高管采取文本相似度披露策略选择?具体的影响机制和根本动机是什么?[5]

2. 问题的提出

前期有学者认为,经济政策不确定性是指经济主体无法准确预知政府是否、何时,以及如何改变现行经济政策。[6]正因如此,企业可能受政策不确定性影响,调整经营和决策。首先,政策不确定性可能影响企业投资和融资。部分学者证实,政策不确定性将会降低企业投资效率。[7]一方面,通过增加企业高管现金持

❶ 钱爱民,朱大鹏.财务报告文本相似度与违规处罚——基于文本分析的经验证据[J].会计研究,2020(9):44-58.

❷ 孟庆斌,杨俊华,鲁冰.管理层讨论与分析披露的信息含量与股价崩盘风险——基于文本向量化方法的研究[J].中国工业经济,2017(12):132-150.

❸ HANLEY K W, HOBERG G. The information content of IPO Prospectuses[J]. The review of financial studies,2010,23(7):2821-2864.

❹ TAN V Y F. Asymptotic estimates in information theory with non-vanishing error probabilities[J]. Foundations and trends in communications and information theory,2014,11(1-2):1-184.

❺ 本章所关注的高管应对经济政策不确定性调节经营和披露策略是其维护共享收益的广义机会主义行为的一种具体表现和典型方式,而在实际中,高管调节文本相似度披露策略所进行的广义机会主义行为可能并不仅限于缓解经济政策不确定性的冲击这一种表现形式。

❻ 饶品贵,岳衡,姜国华.经济政策不确定性与企业投资行为研究[J].世界经济,2017,40(2):27-51.

❼ 谢伟峰,陈省宏.环境不确定性、会计稳健性与公司研发创新——来自战略性新兴产业民营A股上市公司的经验证据[J].科技管理研究,2021,41(3):109-116.

有动机❶,递延投资决策,导致投资不足❷。另一方面,加剧信息不对称、恶化代理冲突,增加高管过度投资谋利行为。同时,经济政策不确定,加剧企业融资约束。前期学者普遍认为,经济政策不确定性提升风险溢价和借贷成本❸、抑制投资者和金融机构投资意愿,最终加剧企业融资约束。其次,经济政策不确定性影响企业经营和公司治理。一方面,加剧了企业经营情况恶化。外部环境频繁调整引致企业销售削减、盈利和收入减少及违约风险增加,威胁企业持续经营发展。❹另一方面,加剧信息不对称和监管难度,增加企业代理风险和机会主义操纵,最终降低企业内部治理效率。❺最后,经济政策不确定性影响企业战略决策。一方面,从风险损失视角,企业冒进的战略变革可能导致资金短缺、财务损失和持续经营风险。另一方面,基于发展机遇视角,行业竞争激烈会激化公司的战略变革,迫使公司寻求突破,实施差异化战略,而差异化战略一旦实施成功,就会形成难以被模仿和超越的优势,使企业掌握新的经营增长点。❻

更重要的是,前期学者已开始关注经济政策不确定性对企业信息披露决策的影响。一方面,经济政策不确定性会影响企业财务数字信息披露。刘慧芬和王华认为,经济政策不确定会削弱竞争环境对业绩预告精准度的正向影响,原因在于,不确定性增加加剧高管预判难度。❼另一方面,经济政策不确定性会影响企业文本信息披露,如刘惠好和冯永佳证实,不确定性显著提升企业社会责任报

❶ 王宇伟. 宏观经济周期与微观企业行为:综述与展望[J]. 会计与经济研究,2018,32(6):113-125.

❷ GILCHRIST S,SIM J W,ZAKRAJEK E. Uncertainty,financial frictions,and investment dynamics[J]. Social science electronic publishing.

❸ SORIC P,LOLIC I. Economic uncertainty and its impact on the croatian economy[J]. Public sector economics,2017,41(4):443-477.

❹ BLOOM N,BOND S,REENEN J V. Uncertainty and investment dynamics[J]. Review of economic studies,2007,74(2):391-415.

❺ FRIJINS B,GILBERT A,LEHNER T,et al. Uncertainty avoidance,risk tolerance and corporate takeover decisions[J]. Journal of banking & finance,2013,37(7):2457-2471

❻ 马宁,靳光辉. 经济政策不确定性对公司战略差异的影响[J]. 中南财经政法大学学报,2021(1):14-22,158-159.

❼ 刘慧芬,王华. 竞争环境、政策不确定性与自愿性信息披露[J]. 经济管理,2015,37(11):145-155.

告披露意愿和质量。然而,针对文本信息披露意愿和质量的度量,其采用的是间接衡量方式(是否自愿披露社会责任报告和润灵环球评分)。而另一些学者则创新地利用文本分析方法,讨论经济政策不确定性对企业披露非内容文本信息的影响。杨杨等证实,政策不确定性将会降低企业的积极前景、计划和资金预期方面的信息披露,增加消极发展风险预期方面的信息披露。[1]在实际中,企业披露文本信息的非内容相关文本信息特征,不仅限于文本语调信息和可读性信息,文本信息本身所包含的企业增量信息量也是非常重要的信息特征。因此,本研究将重点厘清经济政策不确定性与高管文本相似度披露策略的关系和其影响机制。

## 5.2.2　假设提出

基于信息不对称理论,市场中总有一部分人相较于另一部分人掌握和拥有更多的信息,从而享有相对或绝对的信息优势。[2]特别是,上市企业高管较外部利益相关者而言,掌握着更多的信息。[3]然而,信息不对称会导致外部利益相关者的风险预期增加,继而可能对企业及高管带来消极的冲击和影响,如投资者会要求更高的风险补偿,公众和媒体可能对企业及高管的声誉提出质疑等。[4]因此,上市企业高管会平衡收益和成本,理性地制定信息披露决策。

在上市企业年报中,管理层分析与讨论是高管信息披露的主要方式,披露涉及企业目前的经营情况及未来发展预期的增量信息。高管若倾向于增量信息披露,则会披露更多与企业自身历史信息或同行业其他企业信息非同质化和重复

---

[1] 杨杨,杨兵,杜剑. 经济政策不确定性下企业发展预期信息披露策略选择:"实事求是"还是"有意为之"[J]. 现代财经(天津财经大学学报),2021,41(7):3-18.

[2] AKERLOF G A. The market for "lemons": Asymmetrical information and market behavior[J]. Quarterly journal of economics,1970,83(3):488-500.

[3] SPENCE A M. Time and communication in economic and social interaction[J]. The quarterly journal of economics,1973,87(4):651-660.

[4] 黄蓉,何宇婷. 环境信息披露与融资约束之动态关系研究——基于重污染行业的检验证据[J]. 金融经济学研究,2020,35(2):63-74.

性的信息,继而采取更少的文本相似度披露策略。然而,是否披露企业特质信息、披露多少、何时披露及采取何种策略披露,则是高管在权衡收益与成本后的主观选择。一方面,企业披露特质信息是向市场传递的增量信息,能有效缓解信息不对称,彰显企业异于其他竞争对手的核心竞争力。[1]另一方面,过多披露企业特质信息,可能暴露企业的专有信息和机密,导致竞争对手的洞悉和识别[2],甚至可能释放企业部分的不利信息。因此,企业高管可能基于企业内外因素,理性权衡,适时调整文本相似度披露策略的使用。

政策不确定性增强意味着企业及其经营者在经济政策频繁出台的形势下,难以估计新政策是否会实施、何时实施、实施效果和后续的政策调整方向。[3]那么,在经济政策不确定性影响下,企业高管会如何调整企业特质信息的披露决策? 高管会如何调节文本相似度披露策略的使用?

信息不对称降低市场参与者获取信息的完全性。即使是企业经营者,他们虽然了解企业经营状况,但获取的市场信息也并不全面。特别是,当经济政策不确定性较高时,经济政策是企业制定战略的重要依据,但政策出台的不确定性,使得管理者在知悉政策改变时,往往无法充分做出决策,也无法准确预测各种政策变化的复杂、模糊与动荡程度。[4]为提升决策正确性,高管倾向于搜集多渠道信息作为决策依据。[5]而股价变动则是一种反映市场信息和投资者预期的重要信息来源,高管可能将股价信息作为决策的主要参考。股价估值是由投资者理性情绪和非理性情绪共同决定的结果,其中投资者情绪理性部分是指投资者基

---

❶ LI F. The information content of forward-looking statements in corporate filings—a naïve bayesian machine learning approach[J]. Journal of accounting research,2010,48(5):1049-1102.

❷ 宋献中. 论企业核心能力信息的自愿披露[J]. 会计研究,2006(2):47-52,97.

❸ 陈艳艳,程六兵. 经济政策不确定性、高管背景与现金持有[J]. 上海财经大学学报,2018,20(6):94-108.

❹ 马宁,靳光辉. 经济政策不确定性对公司战略差异的影响[J]. 中南财经政法大学学报,2021(1):14-22,158-159.

❺ MORCK R K,YEUNG B,WU W. The information content of stock markets:Why do emerging markets have synchronous stock price movements?[J]. Journal of financial economics,2000,58(1):2-15-60.

于企业财务业绩和发展情况对企业价值的理性评估;而非理性部分则是投资者预期或信念的系统偏差,主要体现为股价的估值偏误。张静等认为,投资者异质信念和卖空限制,致使股价主要反映非理性投资者(特别是乐观投资者)预期,估值存在偏误。❶高管将股价作为收集市场信息的渠道和行为决策依据,可能受到非理性投资者情绪的影响。因此,本研究推断经济政策不确定性可能通过影响投资者情绪最终影响高管文本相似度披露策略决策。

首先,经济政策不确定性是否会影响投资者情绪?❷经济政策不确定性反映了政策调整频率增大和政策影响不确定性增加,投资者作为市场的重要参与者可能依据宏观经济变动调整认知预期和行为决策。其一,政策不确定性增加投资者风险感知,引致情绪下挫。外部经济政策的频繁调整,增加投资者形势预判难度和风险感知。❸而经济个体普遍规避风险,风险预期导致投资者产生担忧和焦虑情绪,引致其情绪下挫,抑制投资交易。其二,经济政策不确定性增加投资者模糊性厌恶引致投资者情绪下跌。❹外部冲击增大投资者信息获取难度,而过少的信息导致投资者产生犹豫和厌恶的情绪,最终引致投资者情绪下跌和投资意愿降低。其三,投资者情绪实则为群体性预期和信念。❺受从众心理和羊群效应影响,在经济政策不确定性影响下,风险感知和模糊厌恶感染群体投资者情绪。加剧投资者情绪下挫和股价估值偏误增大。

其次,经济政策不确定性是否会通过影响投资者情绪作用于高管文本相似度披露策略的决策呢?其一,高管认知使其并不能有效区分理性和非理性投资

❶ 张静,王生年,吴春贤.会计稳健性、投资者情绪与资产误定价[J].中南财经政法大学学报,2018(1):24-32,72,159.

❷ 本研究中的投资者情绪是指投资者情绪非理性部分,反映了预期和信念系统的偏误和股价估值偏差。

❸ 张本照,李邦国,李国栋.经济政策不确定性、投资者情绪与基金羊群效应[J].上海金融,2021(2):48-56.

❹ 吴锡皓,胡国柳.不确定性、会计稳健性与分析师盈余预测[J].会计研究,2015(9):27-34,96.

❺ 靳光辉,刘志远,花贵如.政策不确定性与企业投资——基于战略性新兴产业的实证研究[J].管理评论,2016,28(9):3-16.

者情绪,而只会将经济政策不确定性引发的股价波动视作市场信心的下跌。同时,投资者情绪传染效应,引致高管风险预期增加。[1]高管会更加担忧经济动荡负面冲击企业。因此,高管可能减少文本相似度披露策略,以彰显正面应对外部冲击,逆转市场的信心。其二,经济政策不确定性引致投资者情绪下挫,反映市场信心不足,可能危及企业经营和发展,如降低产品市场潜在客户交易意愿和导致客户流失[2],削减企业营业收入和盈利等。而企业核心竞争力是指能为企业带来可持续竞争优势的、有价值的、稀缺的、难以模仿的和不可替代的资源与能力,核心竞争力的特性决定了其可以为企业带来竞争优势。为彰显企业核心竞争力并提振市场信心,高管可能减少文本相似度披露策略,目的是体现自己企业异于其他企业或以往时期的经营战略及持续经营的积极信息。其三,政策不确定性加剧企业融资成本和融资难度。[3]投资者情绪下跌意味着企业股权再融资难度较大,且情绪具有外溢效应,引致金融机构、企业商业合作伙伴等对企业信心下挫,进一步加剧企业融资困境。为防止投资者消极情绪的外溢影响,缓解企业融资约束、稳定甚至降低融资成本,高管可能减少文本相似度披露策略,说明企业采取了更适宜当前特定时期的发展战略和取得了异于其他企业的发展成果,从而逆转市场预期、拓展企业融资。其四,经济政策不确定性导致的投资者情绪下挫,侧面反映了公众对企业的信心不足。若企业不采取正面应对策略,可能加剧公众的质疑,从而引致公众对企业及其高管的声誉造成负面影响。[4]这不仅可能导致企业声誉受损,还可能威胁高管名誉及其未来职业发展。因此,高管可能减少文本相似度披露策略,说明企业针对经济政策调整所采取的因地制宜的战略部署并展示相较于其他企业更为卓越的经营业绩,以便维护企业声誉,抑制负面

---

❶ 刘红忠,赵娇阳.经济政策不确定性、融资风险与企业"短贷长投"[J].上海金融,2021(1):12-23.

❷ 杨媛杰,陈艺云,王傲磊.经济政策不确定性、风险承担与公司债信用价差[J].金融经济学研究,2020,35(6):93-106,126.

❸ 靳光辉,刘志远,花贵如.政策不确定性与企业投资——基于战略性新兴产业的实证研究[J].管理评论,2016,28(9):3-16.

❹ 佟芳芳,赵秀云.经济政策不确定性、媒体关注与企业创新策略[J].财经问题研究,2020(2):121-129.

舆论的蔓延。

从企业的文本相似度披露策略本身来看,企业可以通过重复披露企业历史文本的内容信息,即采取文本纵向相似度披露策略;企业也可能重复披露与同行业其他企业相似的内容信息,即采取文本横向相似度披露策略。基于本研究的理论推导,若企业在面对更高经济政策不确定时,其倾向于披露更多企业特质信息,以缓解信息不对称,达到彰显差异优势、提振市场信心和维护企业声誉的目的,则企业及其高管会减少文本纵向相似度披露策略和文本横向相似度披露策略,以实现其有利企业发展的机会主义目的。为更直观地展示理论推导路径,本研究绘制了具体的理论分析逻辑图(图5-1)。基于此,本研究提出如下假设。

H1a:经济政策不确定性会显著抑制高管文本纵向相似度披露策略。

H1b:经济政策不确定性会显著抑制高管文本横向相似度披露策略。

## 5.3　文本相似度披露策略选择下企业高管机会主义行为的实证分析

### 5.3.1　研究设计

#### 1. 研究样本

以2005—2021年中国A股市场上市公司为研究对象,剔除金融保险类公司、ST企业和PT企业、资不抵债及数据缺失的公司,最终得到样本观察值为35 550个。上市公司的基础财务数据来自CSMAR数据库,宏观数据来自国家统计局。本研究使用网络爬虫程序自动获取巨潮资讯网披露的上市公司年报,并将PDF文件转换为TXT文档,采用计算机和手工整理相结合的方式,提取公司年报中的管理层分析与讨论文本内容。分析软件采用Stata15,并通过Python软件提取出相关文本指标。为规避极端值的影响,对所有连续变量均进行了1%水平上的缩尾处理。

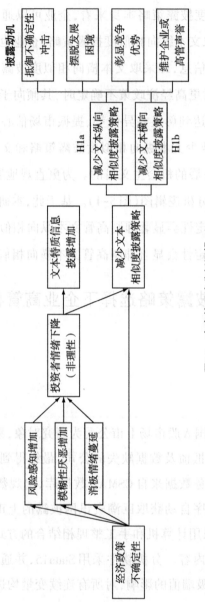

图5-1　本章的理论分析逻辑

虽然本研究仅实证检验了截至2021年的数据样本,但近年来的研究从不同角度也验证了管理层可能利用文本相似度实现其广义机会主义目的。刘一寒等指出,管理层可能在文本披露中采取纵向相似度策略进行选择性披露,以影响外部利益相关者对企业信息的获悉。[1]薛丽达等则发现,上市企业的确存在策略性使用文本相似度披露策略的情况,关键审计事项对其可发挥监督与治理效应。[2]何海洋证实,监督效应和激励效应完善的企业能够降低代理成本和抑制管理层短视,降低文本相似程度、提升信息含量。[3]因此,可以推断,本研究结论仍然适用于近年情况,高管文本相似度操纵策略仍然是其实现广义机会主义目的重要手段,也是治理和监督的关键性信息披露问题。

2. 变量定义

（1）被解释变量

①文本相似度披露策略变量Similarity。在自然语言分析中,学者们常常利用文本之间的文本相似度来对测算其相关程度。前期学研究中钱爱民和朱大鹏[4]及孟庆斌等[5]均利用文本余弦相似性来测算企业文本的相似程度,相似程度越低,表明企业披露的特质信息越少,即文本相似度披露策略程度越高。本研究也参考其做法,构建文本相似度披露策略指标。首先,手工爬取上海证券交易所和深圳证券交易所年报中的管理层分析与讨论文本。其次,在对文本去除停用词的基础上,利用Jieba进行分词处理。再次,利用TF-IDF算法计算问答文本的向量矩阵。最后,分别计算企业当期报告与上一期报告的余弦相似度及与同期

❶ 刘一寒,范慧敏,任晨煜. MD&A纵向文本相似度与分析师盈余预测准确性[J].北京工商大学学报（社会科学版）,2024,39（2）:71-84.

❷ 薛丽达,吴冠泽,李仲泽.关键审计事项与管理层讨论与分析增量信息披露——基于MD&A文本相似度的研究[J].科学决策,2023（9）:37-51.

❸ 何海洋.董事高管责任保险对MD&A信息含量的影响研究——基于文本相似度的视角[J].上海金融,2024（4）:14-26.

❹ 钱爱民,朱大鹏.财务报告文本相似度与违规处罚——基于文本分析的经验证据[J].会计研究,2020（9）:44-58.

❺ 孟庆斌,杨俊华,鲁冰.管理层讨论与分析披露的信息含量与股价崩盘风险——基于文本向量化方法的研究[J].中国工业经济,2017（12）:132-150.

除企业自身以外同行业其他企业的余弦相似度均值,以此衡量文本的纵向相似度披露策略和横向相似度披露策略 Simi_firm 和 Simi_industry。需要说明的是,两个文本的余弦相似度越高,说明企业在披露文本信息时,借鉴了更多的往期披露信息和同行业其他企业的披露信息,导致文本所包含的特质信息越少,即高管采取文本相似度披露策略的程度越高。

②股价同步性 Syn。本研究参考王亚平等的做法,测算年度股价同步性 Syn。首先,构建模型(5-1)以估计个股的 $R^2$ 值。[1]其次,利用模型(5-2)对 $R^2$ 进行对数化处理,最终获得指标 Syn,用于衡量股价同步性。[2]

$$R_{i,t} = \beta_0 + \beta_1 R_{m,t} + \beta_2 R_{l,t} + \varepsilon_{i,t} \tag{5-1}$$

$l$ 为行业;$R_{i,t}$、$R_{m,t}$ 和 $R_{l,t}$ 分别为考虑现金红利再投资的收益率、基于流通市值加权的平均收益率和所在行业剔除本公司股票后的其他股票加权平均收益率。

$$Syn_i = \ln\left(\frac{R_i^2}{1 - R_i^2}\right) \tag{5-2}$$

(2)解释变量:中国经济政策不确定性变量 Epu

本研究参考王晓燕和宋璐的研究,采用香港浸会大学陆尚勤和黄昀编制的中国经济政策不确定性指数(China economic policy uncertainty index)[3],并结合钟覃琳和刘媛媛的指标计算方法,对月度指数计算 12 个月的算数平均数计算,再除以 100,作为解释变量 Epu。[4]

(3)中介变量:非理性投资者情绪指标 Sentiment

本章借鉴张庆和朱迪星的做法,构建企业平均托宾 Q 值的拟合回归模型,并按年度和行业进行截面回归,计算残差以衡量市场错误定价水平。随后,对

[1] 王晓燕,宋璐.经济政策不确定性抑制企业投资行为吗?——基于行业竞争程度和企业市场地位的视角[J].江汉论坛,2021(6):30-40.

[2] 王亚平,刘慧龙,吴联生.信息透明度、机构投资者与股价同步性[J].金融研究,2009(12):162-174.

[3] 数据来源:陆尚勤、黄昀的中国经济政策不确定指数(https://economicpolicyuncertaintyinchina.weebly.com/)。

[4] 钟覃琳,杨晓彤,唐玮,等.经济政策不确定性与上市公司风险应对——基于信息披露策略的研究视角[J].学术研究,2020(5):88-97,177-178.

计算残差进行 z 标准化计算处理,将结果作为非理性投资者情绪的度量指标 Sentiment。❶

$$Q_{i,t} = \beta_0 + \beta_1 Size_{i,t} + \beta_2 Lev_{i,t} + \beta_3 Roa_{i,t} + \varepsilon_{i,t} \tag{5-3}$$

(4)分组变量

①持续经营动机变量。本研究参考王竹泉等和罗进辉、杜兴强的做法,分别计算企业盈利波动程度 Fluctuation 和股票崩盘哑变量 Crash。❷❸

首先,利用 $t-4$ 年至 $t-1$ 年的息税折旧摊销前利润率的滚动标准差计算企业盈利的波动程度 Fluctuation。

$$Fluctuation_{i,t} = \frac{\sqrt{\dfrac{1}{T-1} \sum_{x=1}^{T} \left(E_{i,t} - \dfrac{1}{T} \sum_{x=1}^{T} E_{i,t}\right)^2}}{T} = 4 \tag{5-4}$$

$$E_{i,t} = \frac{EBIT_{i,t}}{A_{i,t-1}} \tag{5-5}$$

式中,$T$ 为测算第四年;EBIT 为公司当年息税折旧摊销前利润;$A$ 为企业前一年总资产。

其次,在股价崩盘变量计算中,构建模型、计算残差,衡量企业股价崩盘事件。

$$r_{i,t} = \alpha_i + \beta_1 r_{m,t-2} + \beta_2 r_{m,t-1} + \beta_3 r_{m,t} + \beta_4 r_{m,t+1} + \beta_5 r_{m,t+2} + \varepsilon_{i,t} \tag{5-6}$$

式中,$r_{i,t}$、$r_{m,t}$ 分别为考虑现金红利再投资的股票周收益率和经流通市值加权处理的市场周收益率。同时,为缓解残差分布的有偏影响,对回归残差求进行对数处理,以测算周特质收益率。

$$W_{i,t} = \ln(1 + \varepsilon_{i,t}) \tag{5-7}$$

在此基础上,构建股价崩盘风险哑变量 Crash。若一年内公司周特质收益率至少有一次满足如下条件(5-8),则股价崩盘风险哑变量取值为1,否则为0。

---

❶ 张庆,朱迪星. 投资者情绪、管理层持股与企业实际投资——来自中国上市公司的经验证据[J]. 南开管理评论,2014,17(4):120-127,139.

❷ 王竹泉,王贞洁,李静. 经营风险与营运资金融资决策[J]. 会计研究,2017(5):60-67,97.

❸ 罗进辉,杜兴强. 媒体报道、制度环境与股价崩盘风险[J]. 会计研究,2014(9):53-59,97.

$$W_{i,t} \leqslant \text{Average}\left(W_{i,t}\right) - 3.09\sigma_{i,t} \tag{5-8}$$

式中，$\text{Average}\left(W_{i,t}\right)$和$\sigma_{i,t}$分别为特质周收益率年均值和标准差。

②竞争优势动机变量。本研究参考杨兴全和尹兴强的做法，通过计算勒纳指数（Pcm），来衡量企业产品市场的竞争状况。[❶]

$$\text{Pcm}_{i,t} = \frac{\left(\text{营业收入} - \text{营业成本} - \text{销售费用} - \text{管理费用}\right)}{\text{营业收入}} \tag{5-9}$$

其次，文献中通常使用KZ指数、WW指数和SA指数等作为融资约束的测度标准。本研究参考怀特和吴（Whited and Wu）的做法，计算WW指数（Ww）以衡量企业融资约束状况。[❷]

$$\begin{aligned} \text{Ww}_{i,t} = &-0.091 \times \text{Cf}_{i,t} - 0.062 \times \text{Divpos}_{i,t} + 0.021 \times \text{Tltd}_{i,t} - 0.044 \times \text{lnta}_{i,t} \\ &+0.102 \times \text{Igrowth}_{i,t} - 0.035 \times \text{Growth}_{i,t} \end{aligned} \tag{5-10}$$

式中，$\text{Cf}_{i,t}$、$\text{Divpos}_{i,t}$、$\text{lnta}_{i,t}$、$\text{Tltd}_{i,t}$和$\text{Igrowth}_{i,t}$分别为现金流总资产之比、股利分红哑变量、总资产对数和长期负债比。

③声誉维护动机变量。

本研究参考汪昌云和武佳薇的做法，在CNRDS数据库获取媒体报道数据的基础上，计算企业和高管的净负面报道率。[❸]

$$\text{Negative}_{i,t} = \frac{\text{Negtive\_new}_{i,t} - \text{Positive\_new}_{i,t}}{\text{Total\_new}_{i,t}} \tag{5-11}$$

式中，$\text{Negative}_{i,t}$包括Negtive_paper（企业媒体净负面报道比率）和Negative_net（高管媒体净负面报道比率）。$\text{Negtive\_new}_{i,t}$、$\text{Positive\_new}_{i,t}$和$\text{Total\_new}_{i,t}$分别为应企业或高管媒体负面报道、正面报道和总报道的数量。

（5）控制变量

参考刘惠好和冯永佳的做法，并结合本研究，选取如下控制变量：总资产净利润率Roa，即净利润与总资产平均余额之比；公司规模Size为总资产的对数；资

---

❶ 杨兴全，尹兴强. 行业集中度、企业竞争地位与现金持有竞争效应[J]. 经济科学，2015(6)：78-91.

❷ WHITED T M, WU G J. Financial constraints risk[J]. The review of financial studies, 2006, 19(2)：531-559.

❸ 汪昌云，武佳薇. 媒体语气、投资者情绪与IPO定价[J]. 金融研究，2015(9)：174-189.

产负债率Lev,使用年末负债与年末总资产的比值来衡量;成长性Growth,使用年末总资产增长率来衡量企业成长性;现金流比例Cashflow,即经营活动产生的现金流与总资产的比值;账面市值比Bm账面价值与总市值之比;是否国有企业哑变量Soe,若企业为国有企业取值为1;控股股东持股比例Top1,为控股股东持股占总股数的比例;股权制衡度Balance是第二~第五大股东持股与控股股东持股之比;董事长、总经理兼任哑变量Dual。同时,控制的宏观经济指标包括:消费者信心指数Consumers为年度消费者信心指数均值除以100;企业家信心指数Entrepreneur为年度企业家信心指数均值除以100;宏观景气指数Boom为年度宏观景气指数均值除以100;货币供应量同比增长率M2为当年货币供应量较去年增长率。❶表5-1是主要变量的定义。

表5-1　主要变量的定义

| 变量属性 | 变量名 | 变量计算方式 |
|---|---|---|
| 被解释变量 | Simi_firm | 利用TF-IDF算法,计算企业当期报告与上一期报告的余弦相似性,作为文本相似性策略指标 |
| | Simi_industry | 利用TF-IDF算法,计算企业当期报告与当期同行业其他企业报告余弦相似度均值,作为文本相似性策略指标 |
| | Syn | 股价同步性变量,具体计算见公式(5-2) |
| 解释变量 | Epu | 采用陆尚勤和黄昀编制的中国经济政策不确定性指数,对月度指数计算12个月算数平均数并除以100 |
| 中介变量 | Sentiment | 构建企业平均托宾$Q$值的拟合回归,按年度和行业进行截面回归计算残差衡量市场错误定价水平,对计算残差进行z标准化计算,所得作为个股投资者情绪,见公式(5-3) |
| 分组变量 | Fluctuation | 利用$t-4$年至$t-1$年的息税折旧摊销前利润率滚动取值的标准差计算企业盈利波动程度,具体计算见公式(5-4) |
| | Crash | 若一年内公司周特质收益率至少有一次满足如条件模型(5-8),股价崩盘风险哑变量取值为1,否则为0 |

❶ 刘惠好,冯永佳.经济政策不确定性与公司社会责任信息披露[J].北京工商大学学报(社会科学版),2020,35(5):70-82.

续表

| 变量属性 | 变量名 | 变量计算方式 |
|---|---|---|
| 分组变量 | Pcm | 企业勒纳指数,具体计算见模型(5-9) |
| | Ww | 企业融资约束变量,具体计算见模型(5-10) |
| | Negtive_paper | 在 CNRDS 数据库获取媒体报道数据基础上,构建模型(5-11),测算净负面报刊报道率 |
| | Negtive_net | 在 CNRDS 数据库获取媒体报道数据基础上,构建模型(5-11),测算净负面网络报道率 |
| 控制变量 | Roa | 净利润与总资产平均余额之比 |
| | Size | 总资产对数 |
| | Lev | 总负债与总资产之比 |
| | Growth | 销售收入增长率 |
| | Cashflow | 经营活动产生现金流与总资产之比 |
| | Soe | 若企业为国有企业取值为1 |
| | Top1 | 控股股东持股占总股数比例 |
| | Balance | 第二~第五大股东持股与控股股东持股之比 |
| | Indep | 董事会独立董事占比 |
| | Dual | 董事长两职合一取值为1 |
| | Consumers | 年度消费者信心指数均值除以100 |
| | Boom | 企业年度景气指数均值除以100 |
| | Entrepreneur | 年度企业家信心指数均值除以100 |
| | M2 | 当年货币供应量较去年增长率 |

3. 模型设计

参考杨杨等的做法,本研究构建以下模型以验证所提出的假设。因经济政策不确定性 Epu 是不随企业样本变化的年度均值数据,与年度虚拟变量存在较高的共线性。因此,本研究在回归分析中未采取年份固定效应,而是选取了一些宏观经济变量以缓解时间趋势的影响。同时,采取了行业和省份固定效应回归。

本研究在运用OLS回归分析时,均对$t$值做了公司层面的聚类cluster调整。●

$$Similarity_{i,t} = \alpha_0 + \alpha_1 Epu_{i,t} + \sum Control + \sum Province + \sum Industry + \varepsilon$$

$$(5-12)$$

## 5.3.2  实证分析

### 1. 描述性分析

表5-2是主要变量描述性分析结果。结果显示,文本纵向相似度披露策略Simi_firm和文本横向相似度披露策略Simi_industry的均值分别为0.115和0.067,在说明上市企业年报中,管理层分析与讨论文本的信息披露均会参考以往年度的披露信息和同行业其他企业的披露信息。投资者情绪Sentiment的均值为0.026,标准差为1.000,说明投资者情绪因企业不同,而存在异质性差异,同时投资者非理性情绪普遍较偏乐观。经济政策不确定性Epu最小值和最大值分别为0.780和1.657,说明不同年份政策不确定性存在较大差异。

表5-2  主要变量描述性分析

| 变量 | | 均值 | 标准差 | 最小值 | 最大值 |
|---|---|---|---|---|---|
| 被解释变量 | Simi_firm | 0.115 | 0.092 | 0.000 | 0.469 |
| | Simi_industry | 0.067 | 0.080 | 0.000 | 0.384 |
| | Syn | −1.183 | 1.450 | −6.922 | 1.046 |
| 解释变量 | Epu | 1.368 | 0.183 | 0.780 | 1.657 |
| 中介变量 | Sentiment | 0.026 | 1.000 | −1.902 | 4.591 |
| 分组变量 | Fluctuation | 0.059 | 0.148 | 0.002 | 2.485 |
| | Crash | 0.106 | 0.308 | 0.000 | 1.000 |
| | Pcm | 0.123 | 0.131 | −0.331 | 0.531 |
| | Ww | −1.000 | 0.070 | −1.197 | −0.847 |
| | Negtive_paper | 2.938 | 1.012 | 0.000 | 5.714 |
| | Negtive_net | 1.178 | 1.396 | 0.000 | 5.438 |

● 杨杨,杨兵,杜剑.经济政策不确定性下企业发展预期信息披露策略选择:"实事求是"还是"有意为之"[J].现代财经(天津财经大学学报),2021,41(7):3-18.

续表

| 变量 | | 均值 | 标准差 | 最小值 | 最大值 |
|---|---|---|---|---|---|
| | Roa | 0.042 | 0.062 | −0.198 | 0.210 |
| | Size | 22.123 | 1.281 | 19.829 | 25.904 |
| | Lev | 0.435 | 0.205 | 0.056 | 0.883 |
| | Growth | 0.174 | 0.371 | −0.523 | 2.032 |
| | Cashflow | 0.047 | 0.070 | −0.153 | 0.234 |
| | Soe | 0.386 | 0.487 | 0.000 | 1.000 |
| 控制变量 | Top1 | 0.346 | 0.149 | 0.090 | 0.729 |
| | Dual | 0.263 | 0.440 | 0.000 | 1.000 |
| | Balance | 0.711 | 0.601 | 0.029 | 2.684 |
| | Consumers | 1.126 | 0.089 | 1.012 | 1.251 |
| | Entrepreneur | 1.228 | 0.078 | 1.099 | 1.435 |
| | Boom | 0.986 | 0.031 | 0.935 | 1.033 |
| | M2 | 0.124 | 0.044 | 0.081 | 0.285 |

### 2. 相关性分析

表5-3是主要变量相关性分析。结果显示,经济政策不确定性Epu与文本横向相似度披露策略Simi_industry在1%显著性水平上负相关,说明面对经济政策不确定性,企业会增加特质信息披露,初步验证H1b假设。此外,投资者情绪Sentiment在与文本纵向相似度披露策略Simi_firm和企业横向相似性策略Simi_industry负相关,但不显著,这说明非理性投资者情绪会被高管作为信息披露决策依据,即投资者情绪越低时,高管越可能减少文本相似度策略,而披露更多的增量信息,这一中介路径仍需后续实证分析进一步检验。

表5-3 主要变量相关性分析

| 变量 | Simi_firm | Simi_industry | Sentiment | Epu | Syn |
|---|---|---|---|---|---|
| Simi_firm | 1.000 | | | | |
| Simi_industry | 0.627*** | 1.000 | | | |

续表

| 变量 | Simi_firm | Simi_industry | Sentiment | Epu | Syn |
|------|-----------|---------------|-----------|-----|-----|
| Sentiment | −0.007 | −0.003 | 1.000 | | |
| Epu | −0.004 | −0.212*** | −0.003 | 1.000 | |
| Syn | 0.030*** | −0.138*** | −0.081*** | 0.247*** | 1.000 |

\*\*\*表示1%的显著性水平。

### 3. 指标效度检验

学者孟庆斌等认为，相较于文本的语义信息、情感信息等，探讨管理层分析与讨论文本所包含的信息含量，才能更有效地衡量文本信息的有用性。[❶]同时，葛锐等指出，管理层分析与讨论文本中的增量信息，反映的是不被行业层面和企业历史层面的信息所解释的部分，即文本信息纵向相似度披露策略和文本横向相似度披露策略程度越高，意味着企业披露的增量信息越少。[❷]而特质信息会直接影响投资者交易决策所能依据的信息。信息越少，其更可能依据其他股票信息制定估值预期，继而引致更高的股价同步性。若本文测算的文本相似度披露策略指标是有效的，我们实证分析应得到相似的结论。

本研究检验了两种文本相似度披露策略指标 Simi_firm 和 Simi_industry 与股价同步性变量 Syn(+1) 和 Syn(+2) 的相关关系。本研究控制了与企业特质相关的控制变量，效度检验模型见(5−13)。

$$\text{Syn}_{i,t+n} = \alpha_0 + \alpha_1 \text{Similarity}_{i,t} + \sum \text{Control} + \sum \text{Industry} + \sum \text{Year} + \varepsilon$$

$$(5-13)$$

式中，$\text{Similarity}_{i,t}$ 包括 Simi_firm 和 Simi_industry 指标；$n$ 取值为 1 或 2。

表 5−4 是指标的效度检验结果。结果显示，文本纵向相似度披露策略 Simi_firm 均在1%显著性水平上与企业未来一期和二期股价同步性变量 Syn(+1) 和 Syn(+2) 显著正相关，说明文本纵向相似度披露策略越高，企业未来一期和二

❶ 孟庆斌,杨俊华,鲁冰.管理层讨论与分析披露的信息含量与股价崩盘风险——基于文本向量化方法的研究[J].中国工业经济,2017(12):132-150.

❷ 葛锐,刘晓颖,孙筱蔚.审计师更换影响管理层报告信息增量了吗?——来自纵向文本相似度的证据[J].审计研究,2020(4):113-122.

期股价同步性越高。而文本横向相似度披露策略 Simi_industry 与企业未来二期股价同步性变量 Syn(+2) 显著正相关,说明文本横向相似度披露策略越高,企业未来二期股价同步性越高。综上所述,高管可能采取文本相似度披露策略,来降低企业短期内披露的特质增量信息,抑制投资者获取企业信息的数量,继而加剧股价同步性,测算指标的结果较符合指标特征。

表 5-4    指标的效度检验结果

| 变量 | Syn(+1) | Syn(+2) |
|---|---|---|
| Simi_firm | 1.263***<br>(17.611) | 1.642***<br>(20.015) |
| Simi_industry | 0.164<br>(1.444) | 3.948***<br>(33.172) |

注:括号内为企业聚类稳健标准误对应 $t$ 值,省略了控制变量的回归结果。
***代表 1% 显著性水平。

4．实证检验

表 5-5 是主回归检验结果。结果显示,经济政策不确定性 Epu 与文本纵向相似度披露策略 Simi_firm 和文本横向相似度披露策略 Simi_industry 均在显著 1% 水平负相关,证实当企业面临经济政策不确定性程度越高时,其高管可能降低文本横向相似度披露策略和文本纵向相似度披露策略的使用,增加文本中企业的特质信息披露,以期向外部利益相关者传递企业异于其他企业和时期的战略信息情况及经营现状,验证本文 H1a 和 H1b 假设。综合实证分析结果,我们发现企业高管作为信息优势方,其并非总以缓解信息不对称为目的,尽量披露更多企业的特质信息,而是会根据企业面临的外部环境,而相机决策地调整披露信息数量。这导致企业外部人士(特别是投资者)对企业公共信息和私有信息的获取是有限的,仍然存在信息不对称的问题,影响投资者对企业价值判断的精准性。

表5-5 主回归检验结果

| 变量 | (1) | (2) | (3) | (4) |
|------|-----|-----|-----|-----|
| | Simi_firm | Simi_firm | Simi_industry | Simi_industry |
| Epu | −0.024*** | −0.024*** | −0.010*** | −0.010*** |
| | (−11.508) | (−11.575) | (−9.781) | (−10.150) |
| Roa | 0.006 | 0.010 | 0.012* | 0.013* |
| | (0.543) | (0.894) | (1.709) | (1.824) |
| Size | −0.003*** | −0.003*** | −0.001** | −0.001** |
| | (−3.732) | (−4.261) | (−2.149) | (−2.527) |
| Lev | −0.020*** | −0.018*** | −0.010*** | −0.011*** |
| | (−4.878) | (−4.228) | (−4.717) | (−4.840) |
| Growth | −0.006*** | −0.006*** | −0.003*** | −0.002*** |
| | (−5.158) | (−4.841) | (−3.319) | (−2.927) |
| Cashflow | 0.050*** | 0.039*** | 0.010** | 0.007 |
| | (6.218) | (4.852) | (2.138) | (1.422) |
| Soe | −0.013*** | −0.013*** | −0.008*** | −0.008*** |
| | (−7.836) | (−7.870) | (−11.090) | (−9.823) |
| Top1 | 0.032*** | 0.029*** | 0.020*** | 0.019*** |
| | (5.010) | (4.609) | (6.316) | (5.984) |
| Dual | 0.003* | 0.003** | 0.003*** | 0.003*** |
| | (1.856) | (1.992) | (3.482) | (3.522) |
| Balance | 0.005*** | 0.005*** | 0.003*** | 0.003*** |
| | (3.418) | (3.410) | (3.462) | (3.703) |
| Consumers | −0.183*** | −0.178*** | 0.441*** | 0.445*** |
| | (−24.720) | (−24.117) | (102.585) | (102.039) |
| Entrepreneur | 0.062*** | 0.067*** | 0.087*** | 0.090*** |
| | (9.055) | (9.661) | (19.217) | (19.762) |
| Boom | 0.003*** | 0.003*** | 0.004*** | 0.004*** |
| | (18.963) | (17.828) | (40.711) | (39.881) |

续表

| 变量 | (1) | (2) | (3) | (4) |
|------|-----|-----|-----|-----|
| | Simi_firm | Simi_firm | Simi_industry | Simi_industry |
| M2 | −0.749*** | −0.748*** | −0.402*** | −0.401*** |
| | (−55.374) | (−54.882) | (−64.035) | (−62.770) |
| _cons | 0.151*** | 0.192*** | −0.876*** | −0.859*** |
| | (6.631) | (7.954) | (−64.071) | (−61.726) |
| 行业 | 不固定 | 固定 | 不固定 | 固定 |
| 省份 | 不固定 | 固定 | 不固定 | 固定 |
| Observation | 35550 | 35550 | 35550 | 35550 |
| $R^2$ | 0.102 | 0.113 | 0.472 | 0.479 |

注：括号内为企业聚类稳健标准误对应 $t$ 值。

***、**、*分别代表1%、5%、10%显著性水平。

### 5.3.3 进一步研究

1. 中介机制检验

为进一步检验高管降低文本相似性策略的使用的原因是否在经济政策不确定下，通过判断投资者估值和情绪的下挫，而主观选择调整披露策略的机制作用的结果，将测算所得的非理性投资者情绪指标作为中介，回归带入主回归中，具体的中介回归模型见公式（5-14）和公式（5-15）：

$$\text{Sentiment}_{i,t} = \alpha_0 + \alpha_1 \text{Epu}_{i,t} + \sum \text{Control} + \sum \text{Province} + \sum \text{Industry} + \varepsilon$$
$$(5-14)$$

$$\text{Similarity}_{i,t} = \alpha_0 + \alpha_1 \text{Epu}_{i,t} + \alpha_2 \text{Sentiment}_{i,t} + \sum \text{Control} + \sum \text{Province} + \sum \text{Industry} + \varepsilon$$
$$(5-15)$$

表5-6是中介机制检验结果。结果显示，经济政策不确定性Epu与非理性投资者情绪Sentiment在1%水平上显著负相关，说明政策不确定性增加投资者风险感知和模糊厌恶，引致其情绪下挫。而在经济政策不确定性与文本相似度披露策略回归中，加入投资者情绪变量后，政策不确定性Epu对企业纵向相似度披露策略Simi_firm和企业横向相似度披露策略Simi_industry仍显著为负。本研究

为验证中介机制稳健性采取了bootstrap检验,检验结果说明非理性投资者情绪Sentiment发挥了中介作用,证实经济政策不确定性会导致投资者情绪下降,而高管会依据投资者情绪的变化调整信息披露决策。为抑制经济政策不确定性和利益相关者预期情绪变动对企业带来的负面冲击,高管倾向于增加特质信息披露、减少文本相似度披露策略使用,以传递企业正面应对、充分部署的积极信息。我们可以推断,企业高管会依据经济政策的宏观因素及投资者的情绪反馈,相机决策来调整企业的信息披露数量。若宏观经济政策不确定程度越高、投资者预期偏消极时,高管倾向于披露更多企业特质信息,以此扭转投资者消极情绪,缓解经济政策不确定的冲击;若宏观经济政策不确定程度趋低、投资者预期偏乐观时,高管则倾向于相应减少特质信息的披露。因此,文本相似度披露策略是一种高管理性权衡的文本信息披露策略。

**表5-6 中介机制检验结果**

| 变量 | （1） | （2） | （3） | （4） |
|---|---|---|---|---|
| | Sentiment | Simi_firm | Sentiment | Simi_industry |
| Epu | −0.133***<br>(−4.954) | −0.067***<br>(−30.383) | −0.133***<br>(−4.954) | −0.056***<br>(−44.008) |
| Sentiment | | −0.001*<br>(−1.819) | | −0.001**<br>(−2.180) |
| Roa | 0.221<br>(1.040) | 0.005<br>(0.437) | 0.221<br>(1.040) | 0.009<br>(1.294) |
| Size | −0.095***<br>(−6.621) | −0.004***<br>(−5.544) | −0.095***<br>(−6.621) | −0.002***<br>(−4.992) |
| Lev | −0.097<br>(−1.252) | −0.016***<br>(−3.671) | −0.097<br>(−1.252) | −0.009***<br>(−3.671) |
| Growth | 0.076***<br>(4.183) | −0.007***<br>(−5.500) | 0.076***<br>(4.183) | −0.003***<br>(−3.882) |
| Cashflow | 0.725***<br>(6.257) | 0.049***<br>(6.039) | 0.725***<br>(6.257) | 0.016***<br>(3.296) |

续表

| 变量 | (1) | (2) | (3) | (4) |
|---|---|---|---|---|
| | Sentiment | Simi_firm | Sentiment | Simi_industry |
| Soe | −0.145*** | −0.012*** | −0.145*** | −0.007*** |
| | (−5.422) | (−7.293) | (−5.422) | (−8.275) |
| Top1 | −1.386*** | 0.032*** | −1.386*** | 0.022*** |
| | (−13.162) | (4.996) | (−13.162) | (6.779) |
| Dual | 0.044* | 0.002 | 0.044* | 0.003*** |
| | (1.911) | (1.564) | (1.911) | (3.083) |
| Balance | −0.182*** | 0.006*** | −0.182*** | 0.004*** |
| | (−7.318) | (3.790) | (−7.318) | (4.452) |
| Consumers | 1.559*** | −0.210*** | 1.559*** | 0.410*** |
| | (29.687) | (−28.356) | (29.687) | (97.547) |
| Entrepreneur | 0.218*** | 0.061*** | 0.218*** | 0.083*** |
| | (2.778) | (8.786) | (2.778) | (18.358) |
| Boom | 0.001 | 0.003*** | 0.001 | 0.004*** |
| | (0.449) | (19.041) | (0.449) | (41.595) |
| M2 | 0.280* | −0.756*** | 0.280* | −0.409*** |
| | (1.689) | (−55.995) | (1.689) | (−70.256) |
| _cons | 2.070*** | 0.297*** | 2.070*** | −0.747*** |
| | (4.736) | (12.199) | (4.736) | (−55.164) |
| 行业 | 固定 | 固定 | 固定 | 固定 |
| 省份 | 固定 | 固定 | 固定 | 固定 |
| Bootstrap 上限 | | −0.073 | | −0.060 |
| 下限 | | −0.060 | | −0.052 |
| Observation | 35550 | 35550 | 35550 | 35550 |
| $R^2$ | 0.106 | 0.118 | 0.106 | 0.490 |

注:括号内为企业聚类稳健标准误对应 $t$ 值;Boostrap 中介检验采取了随机 1000 次抽样。

***、**、*分别代表 1%、5%、10% 显著性水平。

2. 异质性检验

从行为金融学视角分析,高管的决策可能是动机驱使和多重因素影响下的产物。特别是当经济政策不确定性较高的时期,面对宏观经济政策的频繁出台和调整,高管的风险和压力感会显著增加。面临较大的内部和外部压力时,高管可能受不同经济动机的驱使,针对宏观经济政策的冲击采取不一致的信息披露决策。

首先,高管持续经营动机。一方面,在宏观经济政策变动较为频繁的时期,企业外部环境动荡可能导致产品销售、收入和盈利锐减。❶另一方面,外部环境动荡会导致市场信心下滑,进而可能引致企业股价下跌,增加股价崩盘风险。❷为了摆脱威胁企业持续经营和发展的困境,当高管面临持续经营和股价崩盘的更高风险时,倾向于增加更多特质信息披露(减少文本相似度披露策略),以期向外界传递企业积极应对挑战的信心,从而缓解负面冲击的影响。

其次,高管竞争压力动机。在经济政策频繁调整时期,市场参与者普遍风险感知和模糊厌恶加剧,导致市场信心下滑和交易意愿降低,无论是产品市场还是金融市场都面临供过于求的问题,导致竞争加剧。一方面,金融机构、商业信用伙伴都会相应减少贷款和商业信用交易,企业获取融资的渠道受限、成本上涨。❸另一方面,受实物期权效应影响,产品市场需求者都倾向于降低购买意愿、延迟购买交易,产品市场竞争更为激烈。当高管面临更严峻的资金市场和产品市场竞争时,为了在激烈竞争中脱颖而出,其可能倾向于增加文本中特质信息的披露(减少文本相似度披露策略),以期传递企业充分战略部署、核心竞争优势较大的信息。

最后,高管声誉维护动机。在经济政策频繁变动时期,市场参与者会因宏观经济动荡而产生担忧、焦虑。在这个时期,若媒体和公众对企业或高管持有负面

---

❶ 刘红忠,赵娇阳.经济政策不确定性、融资风险与企业"短贷长投"[J].上海金融,2021(1):12-23.

❷ 梁琪,刘笑瑜,田静.经济政策不确定性、意见分歧与股价崩盘风险[J].财经理论与实践,2020,41(3):46-55.

❸ 刘惠好,冯永佳.经济政策不确定性与公司社会责任信息披露[J].北京工商大学学报(社会科学版),2020,35(5):70-82.

评价或质疑,受情绪传染的影响,这种负面质疑极易被放大,进而对企业和高管的声誉造成损害,甚至会威胁到企业的持续发展和高管的职业前景。[1]因此,当高管面对媒体和公众对其企业和自身舆论评价更为负面时,为了维护声誉和口碑,他们可能倾向于增加特质信息披露(减少文本相似度披露策略),以期向市场传递企业和高管积极应对挑战、持续经营向好的"美好"形象。

本研究采取分组检验方法,旨在探讨高管在不同动机驱使下,经济政策不确定性对战略信息披露决策影响是否存在异质性差异。

(1)持续经营发展动机异质性检验

将盈利波动程度 Fluctuation 指标按年份和行业求取中位数,若数值高于中位数,则为企业经营风险较高组。而股价崩盘风险哑变量 Crash 取值为 1,为股价崩盘风险高的企业。若持续经营发展动机存在异质性影响,在政策不确定性背景下,面临经营和股价崩盘风险较高时,高管摆脱困境、助力企业持续经营发展的动机更强,会倾向于增加更多特质信息披露,达到扭转企业不利趋势的目的。则在企业经营和股价崩盘风险更高组,经济政策不确定性对文本相似度披露策略的负向影响更显著。

表 5-7 是持续经营发展动机异质性影响的检验结果。结果显示,经济政策不确定性对企业纵向相似性策略 Simi_firm 和企业横向相似性策略 Simi_industry 的影响,在企业经营风险和股价崩盘风险高组中更为显著。费舍尔组间系数差异检验也验证了分组结果存在显著差异。这表明,在宏观经济政策不确定性影响下,高管如果面临更大的企业经营风险和股价崩盘风险,出于更强烈的持续经营动机,他们会主观选择在文本中披露更多特质信息,并减少(纵向和横向)文本相似度披露策略的使用,以彰显企业的竞争优势,提振消费者和投资者的预期和交易(购买及投资)意愿,目的是扭转经营和股市的不利状况。

---

[1] 佟芳芳,赵秀云. 经济政策不确定性、媒体关注与企业创新策略[J]. 财经问题研究,2020(2):121-129.

表5-7 持续经营发展动机的异质性影响检验结果

| 变量 | | （1） | （2） | （3） | （4） |
|---|---|---|---|---|---|
| | | Simi_firm | Simi_firm | Simi_firm | Simi_firm |
| | | 经营风险 | | 股价崩盘风险 | |
| | | 低组 | 高组 | 低组 | 高组 |
| Panel A：Simi_firm的回归检验 | Epu | −0.009*** | −0.042*** | −0.023*** | −0.036*** |
| | | （−3.140） | （−10.441） | （−9.859） | （−2.971） |
| | Roa | −0.019 | 0.033** | 0.008 | 0.057** |
| | | （−1.232） | −2.259 | −0.717 | −2.045 |
| | Size | 0.000 | −0.006*** | −0.003*** | −0.005*** |
| | | （−0.084） | （−6.504） | （−4.076） | （−3.282） |
| | Lev | −0.026*** | −0.015*** | −0.019*** | −0.007 |
| | | （−4.572） | （−2.614） | （−4.246） | （−0.694） |
| | Growth | −0.003 | −0.010*** | −0.006*** | −0.005 |
| | | （−1.598） | （−5.101） | （−4.765） | （−1.184） |
| | Cashflow | 0.040*** | 0.037*** | 0.039*** | 0.034 |
| | | −3.884 | −3.126 | −4.599 | −1.439 |
| | Soe | −0.013*** | −0.014*** | −0.013*** | −0.011*** |
| | | （−6.648） | （−6.220） | （−7.809） | （−2.904） |
| | Top1 | 0.025*** | 0.036*** | 0.029*** | 0.025* |
| | | −3.132 | −4.065 | −4.542 | −1.764 |
| | Dual | 0.003 | 0.002 | 0.003** | 0.002 |
| | | −1.511 | −1.240 | −1.976 | −0.466 |
| | Balance | 0.004* | 0.007*** | 0.005*** | 0.005 |
| | | −1.871 | −3.420 | −3.280 | −1.520 |
| | Consumers | −0.181*** | −0.177*** | −0.181*** | −0.220*** |
| | | （−19.755） | （−13.515） | （−23.052） | （−8.492） |
| | Entrepreneur | 0.093*** | 0.043*** | 0.051*** | 0.340*** |
| | | −9.752 | −3.189 | −6.851 | −10.074 |

续表

| 变量 | | (1) | (2) | (3) | (4) |
|---|---|---|---|---|---|
| | | Simi_firm | Simi_firm | Simi_firm | Simi_firm |
| | | 经营风险 | | 股价崩盘风险 | |
| | | 低组 | 高组 | 低组 | 高组 |
| Panel A：Simi_firm 的回归检验 | Boom | 0.002*** | 0.003*** | 0.003*** | 0.001 |
| | | −11.902 | −11.222 | −16.891 | −1.409 |
| | M2 | −0.671*** | −0.829*** | −0.725*** | −1.313*** |
| | | (−36.865) | (−38.076) | (−52.679) | (−16.398) |
| | _cons | 0.115*** | 0.261*** | 0.199*** | 0.255*** |
| | | (3.591) | (6.427) | (7.771) | (3.729) |
| | 行业 | 固定 | 固定 | 固定 | 固定 |
| | 省份 | 固定 | 固定 | 固定 | 固定 |
| | 费舍尔组间系数差异检验 P_Value | 0.000 | | 0.050 | |
| | Observation | 20321 | 15229 | 31771 | 3769 |
| | $R^2$ | 0.102 | 0.129 | 0.113 | 0.146 |
| 变量 | | (1) | (2) | (3) | (4) |
| | | Simi_industry | Simi_industry | Simi_industry | Simi_industry |
| | | 经营风险 | | 股价崩盘风险 | |
| | | 低组 | 高组 | 低组 | 高组 |
| Panel B：Simi_industry 的回归检验 | Epu | −0.007*** | −0.014*** | −0.008*** | −0.017* |
| | | (−4.701) | (−5.809) | (−7.483) | (−1.934) |
| | Roa | −0.015 | 0.029*** | 0.014* | 0.041* |
| | | (−1.581) | −2.744 | −1.876 | −1.902 |
| | Size | 0.001** | −0.002*** | −0.001** | −0.003*** |
| | | −2.055 | (−4.216) | (−2.235) | (−3.011) |
| | Lev | −0.017*** | −0.011*** | −0.011*** | −0.005 |
| | | (−5.651) | (−2.948) | (−4.742) | (−0.714) |

续表

| 变量 | | （1） | （2） | （3） | （4） |
|---|---|---|---|---|---|
| | | Simi_industry | Simi_industry | Simi_industry | Simi_industry |
| | | 经营风险 | | 股价崩盘风险 | |
| | | 低组 | 高组 | 低组 | 高组 |
| Panel B：Simi_industry 的回归检验 | Growth | −0.001 | −0.004*** | −0.002*** | −0.002 |
| | | （−0.901） | （−2.735） | （−2.915） | （−0.694） |
| | Cashflow | 0.005 | 0.008 | 0.004 | 0.025 |
| | | −0.799 | −1.045 | −0.778 | −1.580 |
| | Soe | −0.007*** | −0.010*** | −0.008*** | −0.005** |
| | | （−7.342） | （−7.534） | （−9.804） | （−1.977） |
| | Top1 | 0.013*** | 0.031*** | 0.019*** | 0.019** |
| | | −3.128 | −5.459 | −5.748 | −1.993 |
| | Dual | 0.003** | 0.003** | 0.003*** | 0.005* |
| | | −2.339 | −2.279 | −3.135 | −1.845 |
| | Balance | 0.001 | 0.006*** | 0.003*** | 0.004* |
| | | −1.265 | −4.251 | −3.423 | −1.730 |
| | Consumers | 0.413*** | 0.489*** | 0.447*** | 0.337*** |
| | | −74.839 | −62.972 | −96.05 | −19.531 |
| | Entrepreneur | 0.114*** | 0.066*** | 0.077*** | 0.357*** |
| | | −17.835 | −7.512 | −16.612 | −12.874 |
| | Boom | 0.003*** | 0.005*** | 0.004*** | 0.003*** |
| | | −26.320 | −26.966 | −37.184 | −6.949 |
| | M2 | −0.380*** | −0.407*** | −0.367*** | −1.165*** |
| | | （−43.838） | （−28.544） | （−58.751） | （−14.750） |
| | _cons | −0.814*** | −0.962*** | −0.856*** | −0.760*** |
| | | （−44.930） | （−40.505） | （−59.388） | （−18.987） |
| | 行业 | 固定 | 固定 | 固定 | 固定 |
| | 省份 | 固定 | 固定 | 固定 | 固定 |

续表

| 变量 | | (1) | (2) | (3) | (4) |
|---|---|---|---|---|---|
| | | Simi_industry | Simi_industry | Simi_industry | Simi_industry |
| | | 经营风险 | | 股价崩盘风险 | |
| | | 低组 | 高组 | 低组 | 高组 |
| Panel B: Simi_industry 的回归检验 | 费舍尔组间系数差异检验 P_Value | 0.025 | | 0.045 | |
| | Observation | 20321 | 15229 | 31771 | 3769 |
| | $R^2$ | 0.474 | 0.488 | 0.475 | 0.535 |

注：括号内为企业聚类稳健标准误对应 $t$ 值。

\*\*\*、\*\*、\*分别代表1%、5%、10%显著性水平。

(2)竞争优势动机异质性检验

将两个指标分别按年份和行业求取中位数，若企业的勒纳指数低于中位数，而融资约束指标高于中位数，则该企业分别为产品和资金市场竞争压力较高的企业。若受竞争优势动机驱使，在经济政策不确定性下，企业面临产品市场和资金市场的更高竞争压力，高管彰显核心竞争力、体现竞争优势的动机将更强，倾向于增加更多特质信息披露（即减少文本相似度披露策略），以提升竞争优势、获取资源。因此，在产品和资金市场竞争压力更高的组别中，经济政策不确定性对文本相似性的负向影响将更显著。

表5-8是竞争优势动机异质性影响的检验结果。经济政策不确定性对企业纵向相似性策略 Simi_firm 和企业横向相似性策略 Simi_industry 的影响，在产品竞争压力和资金竞争压力高组更为显著。费舍尔组间系数差异检验也均证实了分组结果存在显著差异。这说明，在宏观经济政策不确定性的影响下，若高管面临更为严峻的产品市场和资金市场竞争压力，他们出于更高的竞争优势动机，会主观选择在管理层分析与讨论文本中披露更多特质信息，并减少文本相似度的披露策略，以体现企业的核心竞争力和竞争优势，最终助力企业资源获取。

表5-8　竞争优势动机异质性影响检验结果

| 变量 | | (1) | (2) | (3) | (4) |
|---|---|---|---|---|---|
| | | Simi_firm | Simi_firm | Simi_firm | Simi_firm |
| | | 产品市场竞争 | | 资本市场竞争 | |
| | | 低组 | 高组 | 低组 | 高组 |
| Panel A：Simi_firm 的回归检验 | Epu | −0.018*** | −0.027*** | −0.019*** | −0.028*** |
| | | (−4.441) | (−10.826) | (−6.216) | (−8.491) |
| | Roa | −0.002 | 0.018 | −0.030 | 0.028** |
| | | (−0.096) | −1.288 | (−1.613) | −2.119 |
| | Size | −0.003*** | −0.003*** | −0.002** | −0.007*** |
| | | (−2.608) | (−3.948) | (−2.187) | (−4.841) |
| | Lev | −0.015** | −0.020*** | −0.022*** | −0.015*** |
| | | (−2.156) | (−3.774) | (−3.307) | (−2.861) |
| | Growth | −0.008*** | −0.005*** | −0.006*** | −0.008*** |
| | | (−4.037) | (−2.946) | (−3.625) | (−3.385) |
| | Cashflow | 0.031** | 0.041*** | 0.046*** | 0.036*** |
| | | −2.278 | −4.135 | −3.868 | −3.196 |
| | Soe | −0.012*** | −0.013*** | −0.013*** | −0.013*** |
| | | (−4.388) | (−6.750) | (−5.945) | (−6.254) |
| | Top1 | 0.035*** | 0.025*** | 0.012 | 0.038*** |
| | | −3.492 | −3.118 | −1.356 | −4.219 |
| | Dual | 0.003 | 0.003* | 0.001 | 0.004** |
| | | −1.188 | −1.707 | −0.574 | −2.229 |
| | Balance | 0.008*** | 0.004* | 0.003 | 0.005*** |
| | | −3.563 | −1.827 | −1.386 | −2.794 |
| | Consumers | −0.153*** | −0.193*** | −0.182*** | −0.171*** |
| | | (−12.036) | (−20.835) | (−17.231) | (−15.699) |
| | Entrepreneur | 0.119*** | 0.042*** | 0.083*** | 0.051*** |
| | | −9.304 | −4.866 | −8.551 | −4.538 |

续表

| 变量 | | (1) | (2) | (3) | (4) |
|---|---|---|---|---|---|
| | | Simi_firm | Simi_firm | Simi_firm | Simi_firm |
| | | 产品市场竞争 | | 资本市场竞争 | |
| | | 低组 | 高组 | 低组 | 高组 |
| Panel A：Simi_firm 的回归检验 | Boom | 0.003*** | 0.002*** | 0.002*** | 0.003*** |
| | | −13.304 | −11.554 | −9.121 | −14.474 |
| | M2 | −0.736*** | −0.750*** | −0.704*** | −0.794*** |
| | | (−29.418) | (−46.562) | (−39.092) | (−39.259) |
| | _cons | 0.014 | 0.299*** | 0.238*** | 0.216*** |
| | | −0.336 | −10.147 | −7.015 | −5.240 |
| | 行业 | 固定 | 固定 | 固定 | 固定 |
| | 省份 | 固定 | 固定 | 固定 | 固定 |
| | 费舍尔组间系数差异检验 P_Value | 0.088 | | 0.020 | |
| | Observation | 12975 | 22575 | 17190 | 18360 |
| | $R^2$ | 0.114 | 0.117 | 0.104 | 0.124 |
| 变量 | | (1) | (2) | (3) | (4) |
| | | Simi_industry | Simi_industry | Simi_industry | Simi_industry |
| | | 产品市场竞争 | | 资本市场竞争 | |
| | | 低组 | 高组 | 低组 | 高组 |
| Panel B：Simi_industry 的回归检验 | Epu | −0.008*** | −0.015*** | −0.008*** | −0.012*** |
| | | (−7.161) | (−6.583) | (−5.391) | (−6.501) |
| | Roa | 0.017** | 0.010 | −0.015 | 0.028*** |
| | | −1.985 | −0.803 | (−1.342) | −3.055 |
| | Size | −0.001* | −0.001** | 0.000 | −0.003*** |
| | | (−1.721) | (−2.256) | (−0.296) | (−3.710) |
| | Lev | −0.011*** | −0.012*** | −0.014*** | −0.009*** |
| | | (−3.941) | (−2.858) | (−3.878) | (−3.016) |

续表

| 变量 | | （1） | （2） | （3） | （4） |
|---|---|---|---|---|---|
| | | Simi_industry | Simi_industry | Simi_industry | Simi_industry |
| | | 产品市场竞争 | | 资本市场竞争 | |
| | | 低组 | 高组 | 低组 | 高组 |
| Panel B：Simi_industry 的回归检验 | Growth | −0.002* | −0.003** | −0.003*** | −0.002 |
| | | （−1.901） | （−2.419） | （−2.856） | （−1.077） |
| | Cashflow | 0.007 | 0.004 | 0.009 | 0.008 |
| | | −1.187 | −0.500 | −1.274 | −1.093 |
| | Soe | −0.007*** | −0.008*** | −0.008*** | −0.008*** |
| | | （−8.075） | （−5.259） | （−6.958） | （−7.354） |
| | Top1 | 0.019*** | 0.017*** | 0.007* | 0.023*** |
| | | −4.837 | −3.026 | −1.656 | −4.815 |
| | Dual | 0.004*** | 0.002 | 0.002 | 0.004*** |
| | | −3.230 | −1.632 | −1.308 | −3.314 |
| | Balance | 0.003** | 0.004*** | 0.001 | 0.004*** |
| | | −2.39 | −2.901 | −0.663 | −3.194 |
| | Consumers | 0.438*** | 0.448*** | 0.421*** | 0.470*** |
| | | −77.626 | −63.02 | −67.834 | −68.642 |
| | Entrepreneur | 0.072*** | 0.131*** | 0.098*** | 0.083*** |
| | | −12.865 | −14.691 | −15.57 | −11.194 |
| | Boom | 0.004*** | 0.005*** | 0.003*** | 0.005*** |
| | | −28.673 | −26.766 | −24.476 | −30.396 |
| | M2 | −0.373*** | −0.451*** | −0.367*** | −0.433*** |
| | | （−49.803） | （−34.334） | （−41.650） | （−35.407） |
| | _cons | −0.814*** | −0.922*** | −0.781*** | −0.906*** |
| | | （−46.862） | （−37.674） | （−39.316） | （−39.872） |
| | 行业 | 固定 | 固定 | 固定 | 固定 |
| | 省份 | 固定 | 固定 | 固定 | 固定 |

| 变量 | | (1) | (2) | (3) | (4) |
|---|---|---|---|---|---|
| | | Simi_industry | Simi_industry | Simi_industry | Simi_industry |
| | | 产品市场竞争 | | 资本市场竞争 | |
| | | 低组 | 高组 | 低组 | 高组 |
| Panel B：Simi_industry 的回归检验 | 费舍尔组间系数差异检验 P_Value | 0.055 | | 0.070 | |
| | Observation | 12975 | 22575 | 17190 | 18360 |
| | $R^2$ | 0.470 | 0.495 | 0.479 | 0.484 |

注：括号内为企业聚类稳健标准误对应 $t$ 值。

\*\*\*、\*\*、\*分别代表1%、5%、10%显著性水平。

(3)声誉维护动机异质性检验

将两个指标分别按年份和行业求取中位数,若企业和高管净负面报道率高于中位数,则为企业和高管净负面报道高组。若受声誉维护动机驱使,在政策不确定性下,面对媒体和公众对企业的报道倾向更偏消极,高管的声誉维护动机更强烈,倾向于增加更多特质信息披露,达到美化企业形象、扭转市场对企业和高管声誉的评价。在此情况下,企业和高管净负面报道高组中,经济政策不确定性对文本相似度披露策略的负向影响将更显著。

表5-9是声誉维护动机异质性影响检验结果。费舍尔组间系数差异结果显示,在媒体对企业净负面报道高低分组中,经济政策不确定性对文本纵向相似度披露策略 Simi_firm 和文本横向相似度披露策略 Simi_industry 的影响均不存在异质差异。而经济政策不确定性对文本相似度披露策略的影响在高管净负面报道高组更为显著,费舍尔组间系数差异检验也验证了分组结果的异质差异。说明在宏观经济政策频繁调整的背景下,当且仅当公众对高管自身(非企业)的报道更偏消极和负面,出于维护自身声誉的动机,他们会主动披露多特质信息、减少文本相似度披露策略,目的是营造高管尽职经营、积极战略部署的美好形象,以便扭转公众对高管自身声誉的负面评价。

基于对高管动机异质性的分析发现,当高管的持续经营动机、竞争动机和高管自身声誉维护动机更强时,其倾向于在面对更高的经济政策不确定性冲击时,采取降低文本相似度披露策略,以相机决策调整,增加企业特质信息披露数量,以抑制外部投资者消极预期。由此可见,高管作为信息优势方,可以依据宏观因素和微观因素(主要是信息接收者—投资者因素),相应地调节信息披露的具体水平和策略,以实现特定时机下的机会主义。

表5-9　声誉维护动机异质性影响检验结果

| 变量 | | （1） | （2） | （3） | （4） |
|---|---|---|---|---|---|
| | | Simi_firm | Simi_firm | Simi_firm | Simi_firm |
| | | 企业声誉压力 | | 高管声誉压力 | |
| | | 低组 | 高组 | 低组 | 高组 |
| Panel A：Simi_firm的回归检验 | Epu | −0.018*** | −0.031*** | −0.018*** | −0.044*** |
| | | (−4.441) | (−9.026) | (−6.198) | (−9.942) |
| | Roa | −0.002 | 0.031** | 0.038*** | −0.029* |
| | | (−0.096) | −2.106 | −2.630 | (−1.944) |
| | Size | −0.003*** | −0.003*** | −0.002*** | −0.004*** |
| | | (−2.608) | (−2.858) | (−2.346) | (−4.434) |
| | Lev | −0.015** | −0.012** | −0.017*** | −0.015*** |
| | | (−2.156) | (−2.215) | (−3.323) | (−2.579) |
| | Growth | −0.008*** | −0.006*** | −0.006*** | −0.006*** |
| | | (−4.037) | (−3.609) | (−3.804) | (−2.989) |
| | Cashflow | 0.031** | 0.055*** | 0.026*** | 0.066*** |
| | | −2.278 | −4.992 | −2.630 | −5.439 |
| | Soe | −0.012*** | −0.012*** | −0.015*** | −0.010*** |
| | | (−4.388) | (−5.986) | (−7.596) | (−4.582) |
| | Top1 | 0.035*** | 0.037*** | 0.031*** | 0.023*** |
| | | −3.492 | −4.335 | −4.078 | −2.718 |
| | Dual | 0.003 | 0.004** | 0.006*** | −0.001 |
| | | −1.188 | −2.048 | −3.306 | (−0.604) |

续表

| 变量 | | (1) | (2) | (3) | (4) |
|---|---|---|---|---|---|
| | | Simi_firm | Simi_firm | Simi_firm | Simi_firm |
| | | 企业声誉压力 | | 高管声誉压力 | |
| | | 低组 | 高组 | 低组 | 高组 |
| Panel A：Simi_firm 的回归检验 | Balance | 0.008*** | 0.005*** | 0.007*** | 0.003 |
| | | −3.563 | −2.712 | −3.631 | −1.566 |
| | Consumers | −0.153*** | −0.195*** | −0.154*** | −0.221*** |
| | | (−12.036) | (−17.726) | (−15.501) | (−18.562) |
| | Entrepreneur | 0.119*** | 0.075*** | 0.012 | 0.148*** |
| | | −9.304 | −6.948 | −1.184 | −12.344 |
| | Boom | 0.003*** | 0.003*** | 0.003*** | 0.002*** |
| | | −13.304 | −14.553 | −14.734 | −7.292 |
| | M2 | −0.736*** | −0.803*** | −0.712*** | −0.798*** |
| | | (−29.418) | (−41.781) | (−42.520) | (−36.427) |
| | _cons | 0.014 | 0.154*** | 0.152*** | 0.272*** |
| | | −0.336 | −4.124 | −4.806 | −7.656 |
| | 行业 | 固定 | 固定 | 固定 | 固定 |
| | 省份 | 固定 | 固定 | 固定 | 固定 |
| | 费舍尔组间系数差异检验 P_Value | 0.005 | | 0 | |
| | Observation | 15579 | 19971 | 21135 | 14415 |
| | $R^2$ | 0.114 | 0.119 | 0.125 | 0.109 |
| 变量 | | (1) | (2) | (3) | (4) |
| | | Simi_industry | Simi_industry | Simi_industry | Simi_industry |
| | | 企业声誉压力 | | 高管声誉压力 | |
| | | 低组 | 高组 | 低组 | 高组 |
| Panel B：Simi_industry 的回归检验 | Epu | −0.006*** | −0.014*** | −0.001 | −0.040*** |
| | | (−3.616) | (−7.466) | (−0.644) | (−12.982) |

续表

| 变量 | | （1） | （2） | （3） | （4） |
|---|---|---|---|---|---|
| | | Simi_industry | Simi_industry | Simi_industry | Simi_industry |
| | | 企业声誉压力 | | 高管声誉压力 | |
| | | 低组 | 高组 | 低组 | 高组 |
| Panel B：Simi_industry 的回归检验 | Roa | −0.008 (−0.820) | 0.034*** −3.469 | 0.025*** −2.648 | −0.006 (−0.555) |
| | Size | −0.001** (−2.393) | −0.001 (−1.207) | 0.000 (−0.169) | −0.002*** (−4.518) |
| | Lev | −0.012*** (−3.564) | −0.011*** (−3.743) | −0.013*** (−4.515) | −0.005 (−1.277) |
| | Growth | −0.004*** (−3.252) | −0.002 (−1.523) | −0.002** (−2.173) | −0.003** (−2.148) |
| | Cashflow | −0.003 (−0.492) | 0.017** −2.484 | 0.003 (−0.541) | 0.020*** −2.671 |
| | Soe | −0.008*** (−7.986) | −0.007*** (−6.810) | −0.009*** (−9.148) | −0.006*** (−4.749) |
| | Top1 | 0.018*** −4.121 | 0.020*** −4.497 | 0.020*** −4.892 | 0.016*** −3.279 |
| | Dual | 0.001 −1.039 | 0.004*** −3.644 | 0.005*** −4.336 | 0.001 −0.509 |
| | Balance | 0.003*** −2.851 | 0.003** −2.454 | 0.004*** −4.009 | 0.002 −1.345 |
| | Consumers | 0.423*** −64.576 | 0.463*** −73.158 | 0.477*** −78.265 | 0.389*** −56.445 |
| | Entrepreneur | 0.073*** −10.957 | 0.103*** −14.884 | 0.032*** −5.077 | 0.177*** −22.849 |
| | Boom | 0.004*** −23.177 | 0.005*** −30.81 | 0.005*** −32.192 | 0.003*** −19.513 |
| | M2 | −0.373*** (−38.123) | −0.419*** (−36.945) | −0.359*** (−39.356) | −0.459*** (−34.362) |

续表

| 变量 | | (1)<br>Simi_industry | (2)<br>Simi_industry | (3)<br>Simi_industry | (4)<br>Simi_industry |
|---|---|---|---|---|---|
| | | 企业声誉压力 | | 高管声誉压力 | |
| | | 低组 | 高组 | 低组 | 高组 |
| Panel B：<br>Simi_industry<br>的回归检验 | _cons | −0.772***<br>(−41.797) | −0.941***<br>(−45.569) | −0.922***<br>(−50.474) | −0.736***<br>(−37.397) |
| | 行业 | 固定 | 固定 | 固定 | 固定 |
| | 省份 | 固定 | 固定 | 固定 | 固定 |
| | 费舍尔组间<br>系数差异检验<br>P_Value | 0.000 | | 0.000 | |
| | Observation | 15579 | 19971 | 21135 | 14415 |
| | $R^2$ | 0.485 | 0.478 | 0.494 | 0.475 |

注：括号内为企业聚类稳健标准误对应 $t$ 值。

\*\*\*、\*\*、\*分别代表1%、5%、10%显著性水平。

### 5.3.4 内生性检验和稳健性估计

针对研究假设的实证检验结果，本研究进行了如下稳健性测试。

1. 内生性检验

（1）IV工具变量法

考虑到可能由于互为因果关系而存在内生性问题，因此本研究运用工具变量法进行两阶段最小二乘回归，参考刘帷韬等的做法，以美国经济政策不确定性指数Epu_USA作为工具变量。[1]表5-10是工具变量法结果。美国经济政策不确定性指数在1%显著性水平上与中国经济政策不确定性Epu正相关。而第二阶段回归结果与主回归结果完全一致。同时，Kleibergen-Paap rk LM统计量和Kleibergen-Paap rk Wald F统计量证实不存在识别不足和弱工具变量问题，回归结果较稳健。

---

[1] 刘帷韬,任金洋,冯大威,等.经济政策不确定性、非效率投资与企业全要素生产率[J].经济问题探索,2021(12):13-30.

表5-10　Ⅳ工具变量法

| 变量 | (1) | (2) | (3) |
|---|---|---|---|
| | Epu | Simi_firm | Simi_industry |
| Epu_USA | 0.001*** (74.551) | | |
| Epu | | −0.501*** (−43.146) | −0.374*** (−46.883) |
| Roa | 0.035** (2.576) | 0.040*** (3.112) | 0.036*** (3.994) |
| Size | 0.003*** (6.650) | −0.001 (−0.800) | 0.001* (1.916) |
| Lev | −0.021*** (−6.186) | −0.032*** (−6.743) | −0.022*** (−7.688) |
| Growth | −0.022*** (−10.700) | −0.013*** (−7.759) | −0.007*** (−6.558) |
| Cashflow | −0.029*** (−2.599) | 0.006 (0.621) | −0.018*** (−2.752) |
| Soe | −0.006*** (−6.136) | −0.016*** (−9.178) | −0.010*** (−10.727) |
| Top1 | 0.024*** (5.453) | 0.037*** (5.367) | 0.025*** (6.385) |
| Dual | 0.002* (1.893) | 0.005*** (3.204) | 0.005*** (4.669) |
| Balance | 0.003** (2.342) | 0.006*** (3.726) | 0.004*** (3.845) |
| Consumers | −1.540*** (−146.941) | −0.668*** (−52.841) | 0.071*** (12.022) |
| Entrepreneur | −0.811*** (−109.364) | −0.419*** (−37.774) | −0.280*** (−45.006) |

续表

| 变量 | （1） | （2） | （3） |
|---|---|---|---|
| | Epu | Simi_firm | Simi_industry |
| Boom | 0.014***<br>（60.262） | 0.005***<br>（30.554） | 0.006***<br>（49.880） |
| M2 | −1.115***<br>（−140.951） | −1.212***<br>（−62.530） | −0.755***<br>（−69.912） |
| _cons | 2.617***<br>（158.749） | 1.790***<br>（40.402） | 0.358***<br>（15.641） |
| 行业 | 固定 | 固定 | 固定 |
| 省份 | 固定 | 固定 | 固定 |
| Kleibergen−Paap rk<br>LM statistic | | 1583.919<br>0.000 | 1583.919<br>0.000 |
| Kleibergen−Paap rk<br>Wald F statistic | | 5557.793<br>10% | 5560.863<br>10% |
| Observation | 35550 | 35550 | 35550 |
| $R^2$ | 0.433 | −0.473 | 0.027 |

注：括号内为企业聚类稳健标准误对应 $t$ 值。

***、**、*分别代表1%、5%、10%显著性水平。

（2）缓解遗漏变量风险的内生性检验

本研究在原回归基础上增加了管理层分析与讨论的积极语调变量Tone和文本可读性变量Readibility，以控制文本特征对回归结果的影响。其中，语调变量Tone采取本研究第3章中语调指标的计算方式，文本可读性变量采取的是本研究中第4章中的文本可读性披露策略指标的计算方式。表5-11是增加控制变量的稳健性估计结果。在增加控制变量的稳健性估计中，经济政策不确定性Epu与文本纵向相似度披露策略Simi_firm和文本横向相似度披露策略Simi_industry均显著（1%水平）负相关，再次验证了H1a和H1b假设。

表5-11  增加控制变量稳健性估计

| 变量 | (1) | (2) | (3) | (3) |
|------|-----|-----|-----|-----|
| | Simi_firm | Simi_firm | Simi_industry | Simi_industry |
| Epu | −0.012*** | −0.011*** | −0.005*** | −0.005*** |
| | (−5.236) | (−4.904) | (−5.044) | (−4.813) |
| Roa | −0.003 | −0.006 | 0.003 | −0.001 |
| | (−0.290) | (−0.483) | (0.413) | (−0.136) |
| Size | 0.000 | 0.000 | 0.001*** | 0.001** |
| | (0.657) | (0.031) | (2.813) | (2.415) |
| Lev | −0.031*** | −0.028*** | −0.018*** | −0.019*** |
| | (−6.810) | (−5.873) | (−7.549) | (−7.267) |
| Growth | −0.003** | −0.003** | −0.001 | −0.001 |
| | (−2.474) | (−2.283) | (−0.971) | (−0.791) |
| Cashflow | 0.043*** | 0.032*** | 0.000 | −0.002 |
| | (4.858) | (3.679) | (−0.054) | (−0.462) |
| Soe | −0.011*** | −0.012*** | −0.008*** | −0.007*** |
| | (−6.401) | (−7.056) | (−9.248) | (−9.017) |
| Top1 | 0.019*** | 0.017** | 0.011*** | 0.010*** |
| | (2.740) | (2.401) | (3.236) | (2.695) |
| Dual | 0.002 | 0.002 | 0.003*** | 0.002** |
| | (1.370) | (1.265) | (2.713) | (2.481) |
| Balance | 0.003* | 0.003* | 0.001 | 0.001 |
| | (1.854) | (1.812) | (1.293) | (1.258) |
| Consumers | −0.188*** | −0.184*** | 0.415*** | 0.417*** |
| | (−23.735) | (−23.308) | (89.602) | (88.809) |
| Entrepreneur | 0.085*** | 0.086*** | 0.101*** | 0.101*** |
| | (10.815) | (11.005) | (19.345) | (19.306) |
| Boom | 0.002*** | 0.002*** | 0.003*** | 0.003*** |
| | (14.139) | (14.099) | (31.409) | (31.469) |

续表

| 变量 | (1) | (2) | (3) | (3) |
|---|---|---|---|---|
| | Simi_firm | Simi_firm | Simi_industry | Simi_industry |
| M2 | −0.689*** | −0.684*** | −0.368*** | −0.365*** |
| | (−47.053) | (−46.430) | (−58.054) | (−56.686) |
| Tone | −0.016*** | −0.009 | −0.011*** | −0.007** |
| | (−2.642) | (−1.494) | (−3.168) | (−2.001) |
| Readibility | 0.000 | 0.000 | −0.003*** | −0.003*** |
| | (−0.507) | (−0.602) | (−8.736) | (−8.770) |
| _cons | 0.113*** | 0.134*** | −0.822*** | −0.816*** |
| | (4.589) | (5.259) | (−55.541) | (−53.880) |
| 行业 | 不固定 | 固定 | 不固定 | 固定 |
| 省份 | 不固定 | 固定 | 不固定 | 固定 |
| Observation | 27592 | 27592 | 27592 | 27592 |
| $R^2$ | 0.094 | 0.105 | 0.467 | 0.470 |

注:括号内为企业聚类稳健标准误对应 $t$ 值。

***、**、*分别代表1%、5%、10%显著性水平。

(3)样本自选择问题的内生性检验

为缓解样本选择偏误引发的内生性问题,本研究采取倾向值匹配构建配对样本。首先,将竞争政策不确定性按从小到大的顺序进行排序并分成三等份,设定数值低于三分之一者为控制组,经济政策不确定性哑变量 Dumepu 取值为 0;数值高于三分之一者为处理组,Dumepu 取值为 1。其次,将 Dumepu 变量与企业盈利能力、财务杠杆、企业成长性、企业规模、现金流量、四大审计、机构投资者持股比例、高管薪酬、市场化程度、企业年龄进行 Logit 模型回归,计算倾向得分值,并基于倾向得分进行样本匹配(回归样本缩减为 21470 个)。表 5-12 是 PSM 倾向得分匹配后的样本回归结果。回归结果与主回归高度一致。

表5-12 替代被解释变量稳健性回归

| 变量 | (1) | (2) | (3) | (4) |
|---|---|---|---|---|
| | Simi_firm | Simi_firm | Simi_industry | Simi_industry |
| Epu | −0.137*** | −0.138*** | −0.174*** | −0.175*** |
| | (−41.250) | (−41.175) | (−96.411) | (−95.979) |
| Roa | 0.014 | 0.021* | 0.014** | 0.019*** |
| | (1.189) | (1.759) | (2.106) | (2.882) |
| Size | −0.002*** | −0.002*** | 0.000 | −0.001* |
| | (−2.609) | (−3.175) | (−1.128) | (−1.752) |
| Lev | −0.016*** | −0.015*** | −0.004** | −0.005** |
| | (−3.892) | (−3.381) | (−2.268) | (−2.572) |
| Growth | −0.002 | −0.001 | 0.001* | 0.002** |
| | (−1.326) | (−0.876) | (1.756) | (2.453) |
| Cashflow | 0.037*** | 0.024*** | 0.009* | 0.003 |
| | (4.252) | (2.776) | (1.932) | (0.657) |
| Soe | −0.010*** | −0.010*** | −0.004*** | −0.004*** |
| | (−6.255) | (−6.115) | (−6.640) | (−5.298) |
| Top1 | 0.025*** | 0.025*** | 0.011*** | 0.012*** |
| | (3.843) | (3.779) | (3.804) | (4.434) |
| Dual | 0.000 | 0.001 | 0.001 | 0.001 |
| | (0.060) | (0.376) | (1.090) | (1.491) |
| Balance | 0.005*** | 0.005*** | 0.002*** | 0.003*** |
| | (3.102) | (3.440) | (2.712) | (3.800) |
| Consumers | −0.246*** | −0.239*** | 0.302*** | 0.309*** |
| | (−31.739) | (−30.648) | (78.767) | (78.949) |
| Entrepreneur | −0.073*** | −0.067*** | 0.128*** | 0.133*** |
| | (−9.515) | (−8.779) | (52.545) | (54.538) |
| Boom | 0.007*** | 0.007*** | 0.008*** | 0.007*** |
| | (35.235) | (34.660) | (52.232) | (51.978) |

续表

| 变量 | （1） | （2） | （3） | （4） |
|---|---|---|---|---|
| | Simi_firm | Simi_firm | Simi_industry | Simi_industry |
| M2 | −0.611*** | −0.611*** | −0.247*** | −0.248*** |
| | （−49.150） | （−48.813） | （−78.031） | （−75.308） |
| _cons | 0.050** | 0.092*** | −0.902*** | −0.886*** |
| | （2.015） | （3.508） | （−59.528） | （−58.374） |
| 行业 | 不固定 | 固定 | 不固定 | 固定 |
| 省份 | 不固定 | 固定 | 不固定 | 固定 |
| Observation | 21470 | 21470 | 21470 | 21470 |
| $R^2$ | 0.138 | 0.149 | 0.610 | 0.623 |

注：括号内为企业聚类稳健标准误对应 $t$ 值。

\*\*\*、\*\*、\*分别代表1%、5%、10%显著性水平。

2．稳健性估计

（1）替代被解释变量的稳健性估计

为检验替代被解释变量的敏感性，本研究采取了如下两种方法。

①考虑到采取 TF-IDF 算法进行词向量测算可能缩小企业指标之间的数值差距，造成回归结果的失真。本研究在稳健性回归中，采取常规词向量的余弦相似性测度方法，测算文本纵向相似度披露策略 Simi_firm2 和文本横向相似度披露策略 Simi_industry2 指标。

②考虑到文本相似度策略实则是一种异常的信息重复和披露行为，为检验替代被解释变量回归结果是否稳健，本研究在原被解释变量的基础上，剔除了同行业、同年份的行业均值，测算了企业异常的文本纵向相似度披露策略 Simi_firm3 和文本横向相似度披露策略 Simi_industry3 使用情况，并利用这两个变量替代主回归的被解释变量进行回归。表5-13是替代被解释变量稳健性回归结果，两种替代被解释变量的回归结果均与主回归高度一致，再次验证了主回归稳健性。

表5-13　替代被解释变量稳健性回归

| 变量 | | (1) | (2) | (3) | (4) |
|------|---|-----|-----|-----|-----|
| | | Simi_firm2 | Simi_firm2 | Simi_industry2 | Simi_industry2 |
| Panel A：常规词向量的余弦相似性测度指标检验结果 | Epu | −0.056*** | −0.059*** | −0.044*** | −0.046*** |
| | | (−11.990) | (−12.454) | (−10.512) | (−10.899) |
| | Roa | −0.074*** | −0.050*** | −0.030** | −0.012 |
| | | (−4.955) | (−3.384) | (−2.239) | (−0.915) |
| | Size | 0.003*** | 0.002*** | 0.001* | 0.001 |
| | | (3.878) | (2.779) | (1.821) | (0.811) |
| | Lev | −0.010* | −0.004 | −0.011** | −0.006 |
| | | (−1.909) | (−0.764) | (−2.284) | (−1.183) |
| | Growth | −0.011*** | −0.011*** | −0.014*** | −0.013*** |
| | | (−6.228) | (−6.059) | (−8.250) | (−8.067) |
| | Cashflow | 0.096*** | 0.075*** | 0.081*** | 0.063*** |
| | | (8.282) | (6.497) | (7.837) | (6.014) |
| | Soe | −0.006*** | −0.007*** | −0.007*** | −0.008*** |
| | | (−3.027) | (−3.190) | (−3.705) | (−3.804) |
| | Top1 | −0.057*** | −0.056*** | −0.036*** | −0.036*** |
| | | (−7.105) | (−7.023) | (−4.783) | (−4.786) |
| | Dual | −0.005*** | −0.004** | −0.003* | −0.002 |
| | | (−2.746) | (−2.192) | (−1.702) | (−1.255) |
| | Balance | −0.014*** | −0.013*** | −0.009*** | −0.009*** |
| | | (−6.873) | (−6.883) | (−4.734) | (−4.725) |
| | Consumers | −0.033*** | −0.021** | −0.031*** | −0.022** |
| | | (−3.131) | (−1.987) | (−3.179) | (−2.208) |
| | Entrepreneur | −0.475*** | −0.461*** | −0.457*** | −0.446*** |
| | | (−42.553) | (−41.608) | (−45.924) | (−45.019) |
| | Boom | −0.002*** | −0.003*** | −0.002*** | −0.002*** |
| | | (−8.517) | (−12.037) | (−7.822) | (−10.927) |

续表

| 变量 | | (1) | (2) | (3) | (4) |
|---|---|---|---|---|---|
| | | Simi_firm2 | Simi_firm2 | Simi_industry2 | Simi_industry2 |
| Panel A：常规词向量的余弦相似性测度指标检验结果 | M2 | −1.133*** (−50.279) | −1.141*** (−50.640) | −1.042*** (−52.928) | −1.049*** (−53.190) |
| | _cons | 1.556*** (41.291) | 1.650*** (43.566) | 1.323*** (39.594) | 1.404*** (41.410) |
| | 行业 | 不固定 | 固定 | 不固定 | 固定 |
| | 省份 | 不固定 | 固定 | 不固定 | 固定 |
| | Observation | 35550 | 35550 | 35550 | 35550 |
| | $R^2$ | 0.250 | 0.268 | 0.260 | 0.275 |
| 变量 | | (1) | (2) | (3) | (4) |
| | | Simi_firm3 | Simi_firm3 | Simi_industry3 | Simi_industry3 |
| Panel B：异常文本相似度披露策略指标检验结果 | Epu | −0.008*** (−4.331) | −0.008*** (−4.703) | −0.002*** (−2.631) | −0.002*** (−3.609) |
| | Roa | 0.044*** (4.587) | 0.047*** (4.811) | 0.032*** (5.315) | 0.034*** (5.682) |
| | Size | −0.004*** (−5.971) | −0.005*** (−6.933) | −0.003*** (−7.299) | −0.003*** (−8.232) |
| | Lev | −0.007* (−1.692) | −0.007* (−1.819) | 0.000 (0.095) | −0.001 (−0.434) |
| | Growth | −0.005*** (−4.489) | −0.004*** (−4.112) | −0.002*** (−3.075) | −0.002*** (−2.620) |
| | Cashflow | 0.024*** (3.491) | 0.023*** (3.316) | 0.008** (2.172) | 0.008** (2.032) |
| | Soe | −0.008*** (−5.248) | −0.008*** (−5.037) | −0.003*** (−4.788) | −0.003*** (−4.121) |
| | Top1 | 0.025*** (4.169) | 0.023*** (3.810) | 0.017*** (5.800) | 0.017*** (5.554) |
| | Dual | 0.002 (1.410) | 0.002* (1.685) | 0.002*** (2.578) | 0.002*** (2.790) |

续表

| 变量 | | (1) | (2) | (3) | (4) |
|---|---|---|---|---|---|
| | | Simi_firm3 | Simi_firm3 | Simi_industry3 | Simi_industry3 |
| Panel B：异常文本相似度披露策略指标检验结果 | Balance | 0.005***<br>(3.056) | 0.005***<br>(3.054) | 0.003***<br>(3.785) | 0.003***<br>(3.929) |
| | Consumers | −0.024***<br>(−3.460) | −0.020***<br>(−2.867) | 0.061***<br>(14.818) | 0.064***<br>(15.267) |
| | Entrepreneur | 0.000<br>(0.049) | 0.003<br>(0.588) | 0.000<br>(−0.055) | 0.003<br>(1.072) |
| | Boom | 0.001***<br>(6.645) | 0.001***<br>(5.407) | 0.001***<br>(7.491) | 0.001***<br>(6.051) |
| | M2 | −0.022*<br>(−1.797) | −0.023*<br>(−1.836) | −0.034***<br>(−9.480) | −0.035***<br>(−9.561) |
| | _cons | 0.042**<br>(2.048) | 0.082***<br>(3.669) | −0.081***<br>(−6.632) | −0.060***<br>(−4.817) |
| | 行业 | 不固定 | 固定 | 不固定 | 固定 |
| | 省份 | 不固定 | 固定 | 不固定 | 固定 |
| | Observation | 35550 | 35550 | 35550 | 35550 |
| | $R^2$ | 0.021 | 0.029 | 0.038 | 0.044 |

注：括号内为企业聚类稳健标准误对应$t$值。

***、**、*分别代表1%、5%、10%显著性水平。

### （2）替代解释变量的稳健性估计

为检验替代解释变量回归结果是否稳健，本章采取了两种替代解释变量的估计方法。其一，参考钟覃琳和刘媛媛的做法，采取中国经济政策不确定性指数[1]计算12个月算术平均指数Epu2替代原解释变量[2]。表5-14是替代解释变量

---

[1] 数据来源：史蒂文·J. 戴维斯（Steven·J. Davis）、丁克·刘（Dingqian Liu）和徐广生（Xu Guangsheng）开发的基于报纸的政策不确定性指标（http://www.policyuncertainty.com/）。

[2] 钟覃琳，杨晓彤，唐玮，等. 经济政策不确定性与上市公司风险应对——基于信息披露策略的研究视角[J]. 学术研究，2020（5）：88-97，177-178.

的稳健性回归结果。经济政策不确定性 Epu2 与企业纵向相似性策略 Simi_firm 和企业横向相似性策略 Simi_industry 显著(1%水平)负相关,再次验证了主回归稳健性。其二,参考王晓燕和宋璐[1]的研究,对陆尚勤和黄昀编制的不确定性指数计算 12 个月几何平均数 Epu3 替代解释变量。经济政策不确定性 Epu3、企业纵向相似性披露策略 Simi_firm 和企业横向相似性披露策略 Simi_industry 显著(1%水平)负相关,验证了主回归稳健性。

表 5-14　替代解释变量稳健性回归

| 变量 | | (1) | (2) | (3) | (4) |
|---|---|---|---|---|---|
| | | Simi_firm | Simi_firm | Simi_industry | Simi_industry |
| Panel A:史蒂文·J.戴维斯(Steven·J.Davis)等的中国经济政策不确定性指标 | Epu2 | 0.000*** (−37.213) | 0.000*** (−36.671) | 0.000*** (−35.489) | 0.000*** (−34.744) |
| | Roa | 0.013 (1.232) | 0.016 (1.467) | 0.016** (2.272) | 0.016** (2.283) |
| | Size | −0.002*** (−2.612) | −0.002*** (−3.026) | 0.000 (−1.066) | −0.001 (−1.370) |
| | Lev | −0.024*** (−5.728) | −0.021*** (−4.949) | −0.012*** (−5.535) | −0.013*** (−5.522) |
| | Growth | −0.005*** (−4.198) | −0.005*** (−3.937) | −0.002*** (−2.579) | −0.002** (−2.232) |
| | Cashflow | 0.040*** (5.010) | 0.029*** (3.675) | 0.005 (1.049) | 0.002 (0.402) |
| | Soe | −0.014*** (−8.385) | −0.014*** (−8.323) | −0.009*** (−11.661) | −0.008*** (−10.267) |
| | Top1 | 0.031*** (4.859) | 0.028*** (4.350) | 0.020*** (6.149) | 0.018*** (5.706) |
| | Dual | 0.004** (2.522) | 0.004*** (2.578) | 0.004*** (4.057) | 0.004*** (4.018) |

❶ 王晓燕,宋璐.经济政策不确定性抑制企业投资行为吗?——基于行业竞争程度和企业市场地位的视角[J].江汉论坛,2021(6):30-40.

续表

| 变量 | | （1） | （2） | （3） | （4） |
|---|---|---|---|---|---|
| | | Simi_firm | Simi_firm | Simi_industry | Simi_industry |
| Panel A：史蒂文·J.戴维斯（Steven·J. Davis）等的中国经济政策不确定性指标 | Balance | 0.005*** | 0.005*** | 0.003*** | 0.003*** |
| | | (3.495) | (3.374) | (3.523) | (3.657) |
| | Consumers | 0.248*** | 0.245*** | 0.659*** | 0.657*** |
| | | (19.524) | (19.296) | (77.413) | (77.272) |
| | Entrepreneur | −0.009 | −0.003 | 0.048*** | 0.053*** |
| | | (−1.267) | (−0.475) | (11.458) | (12.505) |
| | Boom | 0.000*** | −0.001*** | 0.003*** | 0.003*** |
| | | (−2.895) | (−3.474) | (30.472) | (29.567) |
| | M2 | −0.699*** | −0.696*** | −0.378*** | −0.377*** |
| | | (−54.514) | (−53.840) | (−66.136) | (−64.384) |
| | _cons | 0.086*** | 0.120*** | −0.902*** | −0.890*** |
| | | (3.961) | (5.249) | (−63.851) | (−61.593) |
| | 行业 | 不固定 | 固定 | 不固定 | 固定 |
| | 省份 | 不固定 | 固定 | 不固定 | 固定 |
| | Observation | 35550 | 35550 | 35550 | 35550 |
| | $R^2$ | 0.130 | 0.140 | 0.482 | 0.488 |
| Panel B：几何平均数的中国经济政策不确定性指标 | Epu3 | 0.000*** | 0.000*** | 0.000*** | 0.000*** |
| | | (−13.464) | (−12.633) | (−7.881) | (−6.693) |
| | Roa | 0.006 | 0.009 | 0.012* | 0.013* |
| | | (0.549) | (0.866) | (1.686) | (1.777) |
| | Size | −0.002*** | −0.003*** | −0.001** | −0.001** |
| | | (−3.555) | (−4.074) | (−2.098) | (−2.494) |
| | Lev | −0.021*** | −0.019*** | −0.011*** | −0.011*** |
| | | (−5.027) | (−4.342) | (−4.756) | (−4.843) |
| | Growth | −0.006*** | −0.005*** | −0.002*** | −0.002*** |
| | | (−4.761) | (−4.454) | (−3.089) | (−2.698) |
| | Cashflow | 0.048*** | 0.038*** | 0.010** | 0.007 |
| | | (6.013) | (4.676) | (2.081) | (1.403) |

续表

| 变量 | | (1) | (2) | (3) | (4) |
|---|---|---|---|---|---|
| | | Simi_firm | Simi_firm | Simi_industry | Simi_industry |
| Panel B：几何平均数的中国经济政策不确定性指标 | Soe | −0.013*** | −0.013*** | −0.008*** | −0.008*** |
| | | (−7.899) | (−7.914) | (−11.093) | (−9.812) |
| | Top1 | 0.032*** | 0.029*** | 0.020*** | 0.019*** |
| | | (4.954) | (4.529) | (6.271) | (5.928) |
| | Dual | 0.003* | 0.003** | 0.003*** | 0.003*** |
| | | (1.931) | (2.045) | (3.503) | (3.523) |
| | Balance | 0.005*** | 0.005*** | 0.003*** | 0.003*** |
| | | (3.393) | (3.364) | (3.442) | (3.673) |
| | Consumers | −0.179*** | −0.173*** | 0.445*** | 0.450*** |
| | | (−24.890) | (−24.057) | (108.591) | (107.952) |
| | Entrepreneur | 0.067*** | 0.073*** | 0.091*** | 0.096*** |
| | | (10.118) | (10.923) | (20.151) | (20.979) |
| | Boom | 0.002*** | 0.002*** | 0.004*** | 0.004*** |
| | | (16.610) | (15.599) | (41.559) | (40.679) |
| | M2 | −0.753*** | −0.750*** | −0.400*** | −0.398*** |
| | | (−55.298) | (−54.759) | (−63.104) | (−61.784) |
| | _cons | 0.182*** | 0.214*** | −0.878*** | −0.868*** |
| | | (7.887) | (8.774) | (−68.043) | (−65.359) |
| | 行业 | 不固定 | 固定 | 不固定 | 固定 |
| | 省份 | 不固定 | 固定 | 不固定 | 固定 |
| | Observation | 35550 | 35550 | 35550 | 35550 |
| | $R^2$ | 0.103 | 0.113 | 0.472 | 0.479 |

注：括号内为企业聚类稳健标准误对应 $t$ 值。

***、**、*分别代表1%、5%、10%显著性水平。

(3)样本筛选的稳健性估计

考虑到2008年和2014年全球经济动荡,研究结果可能因宏观经济大幅波动导致回归结果存在失真问题,本研究在删除了2008年和2014年样本后,再次验证主回归稳健性。表5-15是筛选样本的稳健性回归结果。经济政策不确定性Epu、企业纵向相似度披露策略Simi_firm和企业横向相似度披露策略Simi_industry显著(1%水平)负相关,验证了主回归可靠性。

表5-15　筛选样本稳健性回归

| 变量 | (1) | (2) | (3) | (4) |
|---|---|---|---|---|
| | Simi_firm | Simi_firm | Simi_industry | Simi_industry |
| Epu | −0.045***<br>(−14.387) | −0.046***<br>(−14.645) | 0.015***<br>(10.103) | 0.014***<br>(9.322) |
| Roa | 0.007<br>(0.639) | 0.010<br>(0.836) | 0.009<br>(1.196) | 0.009<br>(1.174) |
| Size | −0.003***<br>(−4.354) | −0.003***<br>(−4.816) | −0.002***<br>(−3.881) | −0.002***<br>(−4.222) |
| Lev | −0.019***<br>(−4.339) | −0.018***<br>(−3.840) | −0.010***<br>(−3.876) | −0.011***<br>(−4.124) |
| Growth | −0.008***<br>(−6.369) | −0.008***<br>(−5.970) | −0.003***<br>(−2.889) | −0.002**<br>(−2.484) |
| Cashflow | 0.054***<br>(6.195) | 0.044***<br>(5.059) | 0.016***<br>(2.985) | 0.013**<br>(2.426) |
| Soe | −0.014***<br>(−8.009) | −0.014***<br>(−7.936) | −0.008***<br>(−10.149) | −0.008***<br>(−8.959) |
| Top1 | 0.034***<br>(5.079) | 0.032***<br>(4.752) | 0.023***<br>(6.443) | 0.022***<br>(6.137) |
| Dual | 0.003*<br>(1.835) | 0.003**<br>(1.993) | 0.003***<br>(3.075) | 0.003***<br>(3.129) |
| Balance | 0.005***<br>(3.246) | 0.005***<br>(3.315) | 0.003***<br>(3.542) | 0.004***<br>(3.828) |
| Consumers | −0.278***<br>(−28.932) | −0.275***<br>(−28.716) | 0.498***<br>(93.496) | 0.500***<br>(93.044) |

| 变量 | (1) | (2) | (3) | (4) |
|---|---|---|---|---|
| | Simi_firm | Simi_firm | Simi_industry | Simi_industry |
| Entrepreneur | 0.084*** | 0.089*** | 0.091*** | 0.094*** |
| | (12.004) | (12.639) | (20.234) | (20.724) |
| Boom | 0.002*** | 0.001*** | 0.005*** | 0.005*** |
| | (11.130) | (9.778) | (44.306) | (43.540) |
| M2 | −0.867*** | −0.868*** | −0.297*** | −0.299*** |
| | (−53.217) | (−53.061) | (−40.584) | (−40.242) |
| _cons | 0.392*** | 0.439*** | −1.047*** | −1.024*** |
| | (14.025) | (14.944) | (−66.208) | (−63.797) |
| 行业 | 不固定 | 固定 | 不固定 | 固定 |
| 省份 | 不固定 | 固定 | 不固定 | 固定 |
| Observation | 32105 | 32105 | 32105 | 32105 |
| $R^2$ | 0.106 | 0.117 | 0.460 | 0.467 |

注:括号内为企业聚类稳健标准误对应 $t$ 值。

***分别代表1%显著性水平。

## 5.4 本章小结

本章以2005—2021年A股市场上市企业为研究对象,利用文本分析方法检验了经济政策不确定性对企业管理层分析与讨论文本中文本相似性策略的影响和作用机制。研究表明:一是经济政策不确定性可能显著抑制企业高管采取文本纵向相似度披露策略和文本横向相似度披露策略,即高管在外部经济政策压力下,相机决策地减少使用掩饰性文本信息披露策略,以应对宏观环境的冲击(广义性机会主义行为),且这种文本信息披露策略是通过综合性的信息披露策略手段实现的。二是经济政策不确定性对投资者(非理性)情绪的负向影响将被企业高管作为依据,最终减少文本相似度披露策略。三是且当高管持续经营动机、竞争动机和高管自身声誉维护动机更高时,将会显著加剧两者的负向影响。说明面对宏观经济政策不确定冲击时,高管会积极增加企业特质信息的披露、释放积极信息。而当高管受持续经营动机、竞争优势动机和高管自身声誉维护动机驱使时,会披露更多企业增量信息(减少文本相似度披露策略),以扭转不利现状、彰显竞争优势及逆转公众对高管声誉的负面评价,目的是应对外部经济环境的调整和变化。综上所述,高管可能出于特定的机会主义动机、利用信息优势,在特定宏观和微观因素条件下,主观调节文本相似度披露策略,增加或减少企业特质信息的披露数量,以此实现特定的机会主义目的。

尽管本研究的实证检验仅涵盖了2005—2021年的数据,但近期的学术研究持续支持文本相似度披露策略作为管理层实现广义机会主义目的的工具。刘一寒等的研究指出,管理层可能通过文本披露中的纵向相似度策略进行选择性披露,以此影响外部利益相关者的信息获取。❶薛丽达等发现,上市企业确实存在策略性地使用文本相似度披露策略,且关键审计事项在其中起到了监督与治理的作用。❷何海洋的研究进一步证实,在监督效应和激励效应完善的企业中,代理成本降低,管理层短视行为受到抑制,这导致文本相似度的降低和信息含量的提升。❸

智能会计的视域为监督文本相似性披露策略提供了新的技术和方法。它不仅提高了对企业披露信息质量的监督效率,还为投资者和监管机构提供了更精准的风险评估和决策支持。因此,在提高企业信息披露质量和市场透明度方面,智能会计是提高治理和监督有效性的关键因素之一。智能会计的应用,特别是在文本分析和自然语言处理方面,为理解和预测管理层的机会主义行为提供了新的视角和工具,使监督文本可读性披露策略变得更加科学和系统。

---

❶ 刘一寒,范慧敏,任晨煜. MD&A纵向文本相似度与分析师盈余预测准确性[J].北京工商大学学报(社会科学版),2024,39(2):71-84.

❷ 薛丽达,吴冠泽,李仲泽.关键审计事项与管理层讨论与分析增量信息披露——基于MD&A文本相似度的研究[J].科学决策,2023(9):37-51.

❸ 何海洋.董事高管责任保险对MD&A信息含量的影响研究——基于文本相似度的视角[J].上海金融,2024(4):14-26.

# 第6章 文本特征信息披露策略选择下
## 企业高管机会主义行为研究

本章将聚焦于文本特征信息披露策略视角,分析高管是否可能利用文本特征信息披露策略实现其机会主义目的。

## 6.1 文本特征信息披露策略的内涵及测算方法

### 6.1.1 文本特征信息披露策略的内涵

文本特征信息是一种与内容相关的文本信息特征,它反映了上市公司披露文本中针对特定信息内容的披露程度和水平。[1]而文本特征信息披露策略,则是企业高管针对特定信息特征(特别是具有时代性、概念性和公众较高关注的特征信息),选择适当时机披露与企业实际相符的特征信息,或是操纵性、夸大性地披露与企业实际不相符的特征信息,影响投资者对企业财务结果理解的策略手段。[2]一方面,基于信号传递理论视角,文本特征信息披露策略是一种真实性的文本信息披露手段,高管出于缓解信息不对称和迎合公众预期的目的,可能采取真实性的文本特征信息披露策略,以增加符合企业实际的增量特征信息。另一方面,基于信息操纵视角,文本特征信息披露策略是一种操纵性的文本信息披露手段,高管为迎合公众预期,甚至引导和误导公众对企业的评价,可能采取操纵性文本特征信息披露策略,以增加披露与企业实际不符、超出实际的增量特征信息。

---

[1] CAMPBELL J L,CHEN H,DHALIWAL D S. The information content of mandatory risk factor disclosures in corporate filings[J]. Review of accounting studies,2014,19(1):396-455.

[2] 赵璨,陈仕华,曹伟."互联网+"信息披露:实质性陈述还是策略性炒作——基于股价崩盘风险的证据[J].中国工业经济,2020(3):174-192.

## 6.1.2　文本特征信息披露策略的测算方法

### 1. 技术方法

（1）字典法

前期研究就文本特征信息披露策略采取的主要是字典法。需要注意的是，单纯采取字典法测算文本特征词披露的程度和水平是存在一定难度的。原因在于，现阶段仅文本情感语调特征信息和数字化转型特征信息具备较官方和统一的字典，这无疑大大降低了利用字典法测算其他文本特征信息披露的精准性。本研究主要采取的是字典法，但在构建字典的过程中，结合使用了无监督的机器学习方法。

（2）无监督的机器学习方法

无监督的机器学习方法是指仅需要提供训练样本让计算机自行学习、分析文本特征且实现聚类的方法。该方法省去了文本信息的人工标注过程。本研究则利用word2Vec机器学习方法，对人工筛选碳信息基础词进行扩充，并对具体测算结果的有效性和字典词集进行列示，目的是打开文本特征信息披露策略指标测算的"黑盒"，验证测算指标的合理性。

### 2. 具体测算

现阶段针对文本特征信息披露策略的研究尚处于探索阶段，有部分学者尝试采用字典法、有监督和无监督的机器学习方法来构建特征维度变量，以便利用计算机技术解决会计和经济学研究中存在的非结构化数据分析问题。

首先，采取字典法和手工整理法测度文本特征维度变量。主要测算思路是通过手工整理对应的特征词汇字典（风险、竞争、社会责任、前瞻性和研发等）。利用Jieba分词后，去除停用词，再通过字典进行比照，计算对应词的词频。[1]然而，这种方式可能存在人工偏误的问题，导致指标准确性不足、内容涵盖不全面。

其次，后续有学者尝试采用有监督的机器学习法计算文本特征词频率。其测算方式是：选取部分文本构成训练集，手工整理其中的特定词汇。运用训练集

---

❶ 吴武清，甄伟浩，杨洁，等. 企业风险信息披露与债券风险溢价——基于债券募集说明书的文本分析[J]. 系统工程理论与实践，2021，41（7）：1650-1671.

训进行模拟练,最后对测试集进行词频测试。[1]然而,由于手工识别存在人为失误,结果准确性的验证也极为困难。

最后,自2019年起,有部分学者尝试采用无监督的机器学习法和字典法相结合的测算方式,即手工整理对应的特征词汇,将文本词汇向量化,并利用word2Vec技术找到与整理词汇相似度较高的词,扩充现有特征词汇表,最终进行词频统计。[2]这种方式不仅能有效提升测算的全面性,还能避免人工统计和识别中可能出现的偏误。

## 6.2 文本特征信息披露策略选择下企业高管机会主义行为的理论机制分析[3]

### 6.2.1 具体背景

#### 1. 研究背景

莫迪里阿尼和米勒(Modigliani and Miller)认为,在完美的资本市场中,资本结构与企业价值无关,企业内外的融资能够实现完美替代。[4]企业投资决策并不会受到融资行为的影响,而是直接取决于投资需求。然而,在实际中,完美的资本市场并不存在,特别是,企业内外的投资者和经营者之间存在严重的信息不对称,这加剧了外部融资的成本和风险收益,继而出现企业融资约束状况。外部融

---

[1] 马黎珺,伊志宏,张澈. 廉价交谈还是言之有据?——分析师报告文本的信息含量研究[J]. 管理世界,2019,35(7):182-200.

[2] 许文瀚,齐荻,陈沉. 上市公司研发活动与风险信息披露——基于文本分析法的实证检验[J]. 财经论丛,2019(8):73-83.

[3] 考虑到高管若采取特征词披露策略,是通过对特质信息流的策略披露,真实或夸大性地披露利益相关者感兴趣的正面消息。自党的十九大明确提出"碳达峰碳中和"目标后,社会、舆论和公众对企业碳治理和环境信息给予了高度关注,因此本研究将"碳"特征信息作为特征信息的一种典型性的代表,在实际中,文本特征信息的披露策略并不仅限于文本碳信息披露策略。

[4] MODIGLIANI F, MILLER M H. The cost of capital, corporation finance and the theory of investment[J]. The American economic review, 1958, 48(3): 261-297.

资成本会随着企业内外部信息不对称的增加而增加。[1]企业在长期可持续发展过程中,离不开充沛的资金要素投入。若企业面临的融资约束问题越严重,其可支配的自有现金流可能随之减少,抑制企业的转型和发展。有效缓解这一问题的渠道是企业释放增量信息、缓解信息不对称,引导股权或债券投资者能够形成较为乐观的投资预期,继而将其转化为具体的投资选择和行动。[2]

企业披露的强制信息是投资者获悉企业专有信息的主要途径。根据披露信息的内容,可以将其划分为数字信息和文本信息。数字信息是指财务报表中以数字为披露内容的信息,主要反映企业的历史经营状况。而文本信息则多是财务报告表外信息,以前瞻信息为主要披露内容。文本信息不仅包括情感语调信息、可读性信息和相似性信息,还包括与内容相关的特征信息,如风险和前瞻性信息。党的十九大指出,经济高质量发展内涵包括推进低碳可持续是高质量发展的重要方向,兼顾环境保护和绿色生态,以稳步提升创新效能和促进效益优化。当前,我国积极践行低碳战略,力争在2030年和2060年分别实现"碳达峰"和"碳中和"目标。作为碳排放主体,企业是低碳减排的主要践行者。为满足监管部门低碳减排的治理要求,迎合公众日益增长的绿色环保预期,企业可能披露环境治理信息,特别是碳信息,以公布低碳减排战略的实施现状和未来规划。那么,上市公司高管披露碳信息时,是否会采取文本碳信息披露策略?文本碳信息披露是否会影响企业融资约束和投资者决策?[3]

2. 问题提出

迈尔斯和马吉卢夫(Myers and Majluf)指出,信息不对称和代理问题是导致企业内外融资约束的根源,外部融资成本明显高于内部融资成本。[4]刘(Liu)等

---

[1] FAZZARI S M, PETERSEN B C. Working capital and fixed investment: new evidence on financing constraints[J]. The Rand journal of economics, 1993: 328–342.

[2] 邱静, 杨妮. 情感语调信号传递与企业融资约束[J]. 中南财经政法大学学报, 2021(5): 75–88.

[3] 本章所关注的缓解融资约束是指高管维护共享收益的广义性机会主义行为的一种具体表现和典型方式,而在实际中,高管通过文本特征信息披露策略所进行的广义机会主义行为,可能并不仅限于缓解企业融资约束这一种表现形式。

[4] MYERS S C, MAJLUF N S. Corporate financing and investment decisions when firms have information that investors do not have[J]. Journal of financial economics, 1984, 13(2): 187–221.

指出,信息不对称的加剧导致投资者对风险溢价和补偿的要求增加。❶前期研究对企业融资约束的影响因素展开了大量研究。研究结论发现,缓解代理问题和信息不对称是缓解企业融资约束的主要途径。首先,基于代理问题对企业融资约束的影响研究。一方面,姜付秀等发现,多个大股东能够发挥内部治理机制,有效抑制代理成本,继而降低企业融资约束问题。❷甄红线和王谨乐发现,机构投资者持股和独立董事制度能够有效提升企业内部治理,继而缓解融资约束困境。❸另一方面,陈学胜等认为,资本市场开放有效缓解了企业的融资约束问题。❹杨兴全等发现,资本市场的市场化程度越高,越能弥补企业内部治理的不足,继而缓解企业内外的代理问题和融资约束问题。❺其次,基于信息不对称因素对企业融资约束的影响研究。一方面,姜付秀等发现,具有财务经历的CEO能发挥财务专业和技能优势,与外部金融机构建立良好的沟通渠道,继而缓解资金供给和使用方之间的信息不对称,减轻融资约束。❻而仲秋雁和石晓峰认为,媒体在减轻企业与投资者之间信息不对称方面发挥着关键作用。通过利用信息传播功能,媒体发布企业相关信息,降低资金供给方和使用方之间的信息不对称程度,继而缓解企业融资约束。❼另一方面,倪恒旺等发现,企业通过披露增量信

❶ LIU C, LUO X R, WANG F L. An empirical investigation on the impact of XBRL adoption on information asymmetry:Evidence from Europe[J]. Decision support systems,2017,93:42-50.

❷ 姜付秀,王运通,田园,等.多个大股东与企业融资约束——基于文本分析的经验证据[J].管理世界,2017(12):61-74.

❸ 甄红线,王谨乐.机构投资者能够缓解融资约束吗?——基于现金价值的视角[J].会计研究,2016(12):51-57,96.

❹ 陈学胜,张建波,董文龙.资本市场开放降低了企业融资约束吗?——基于中国上市公司的实证研究[J].证券市场导报,2012(11):32-38.

❺ 杨兴全,张丽平,陈旭东.市场化进程与现金股利政策:治理效应抑或缓解融资约束?[J].经济与管理研究,2014(5):76-84.

❻ 姜付秀,张晓亮,蔡文婧.CEO的财务经历有利于缓解企业融资约束吗[J].经济理论与经济管理,2018(7):74-87.

❼ 仲秋雁,石晓峰.媒体关注、产权性质与上市公司融资约束——基于Heckman两阶段模型的实证检验[J].商业经济与管理,2016(8):87-97.

息,能缓解企业信息不对称问题,进而降低融资约束问题。❶然而,前期基于信息不对称视角,分析信息披露行为对企业融资约束的影响,主要基于结构化数字信息。而邱静和杨妮则进一步拓展了研究,探讨高管情感语调信息作为非结构化披露信息对企业融资约束的影响。❷然而,企业披露的非结构信息并不仅限于情感语调信息,其披露的企业特征信息更能够发挥增量信息的作用,影响外部投资者的投资选择和决策。

　　自2015年巴黎气候大会召开以来,学者们就碳信息披露引发的经济后果开展了研究。首先,碳信息披露对企业产生积极影响。其一,杨洁等和杜湘红、伍奕玲均认为,企业披露碳信息能缓解信息不对称,继而降低企业融资成本、提高企业价值和声誉。❸❹其二,周志方等发现,碳信息披露有利于优化企业治理,降低代理成本、提升投资效率。❺其三,李秀玉和史亚雅指出,碳信息披露有利于企业获取市场认同、提振核心竞争力,助力财务业绩和企业价值提升。❻其次,碳信息披露对企业产生消极影响。其一,碳信息披露加剧企业成本,削弱企业竞争力和经营业绩。许(Hsu)等指出,环境信息披露是企业为获取合法地位付出高额成本的结果。❼而李秀玉和史亚雅则认为,碳信息披露反映企业增加高风险、长周期和高投入的环保投资,可能损害企业经营业绩。❽其二,碳信息披露可作为企业印象管理手段,降低信息透明度。何玉等发现,为满足监管要求和迎合公众

❶ 倪恒旺,李常青,魏志华.媒体关注、企业自愿性社会责任信息披露与融资约束[J].山西财经大学学报,2015,37(11):77-88.

❷ 邱静,杨妮.情感语调信号传递与企业融资约束[J].中南财经政法大学学报,2021(5):75-88.

❸ 杨洁,张茗,刘运材.碳信息披露如何影响债务融资成本——基于债务违约风险的中介效应研究[J].北京理工大学学报(社会科学版),2020,22(4):28-38.

❹ 杜湘红,伍奕玲.基于投资者决策的碳信息披露对企业价值的影响研究[J].软科学,2016,30(9):112-116.

❺ 周志方,彭丹璐,曾辉祥.碳信息披露、财务透明度与委托代理成本[J].中南大学学报(社会科学版),2016,22(5):109-117.

❻ 李秀玉,史亚雅.绿色发展、碳信息披露质量与财务绩效[J].经济管理,2016,38(7):119-132.

❼ HSU A,WEN H,WANG T. Does the market value corporation response to climate change?[J]. Omega,2013(2):195-210.

❽ 李秀玉,史亚雅.绿色发展、碳信息披露质量与财务绩效[J].经济管理,2016,38(7):119-132.

预期,碳业绩较差企业倾向于披露更多碳信息。❶其三,碳信息披露可能成为高管机会主义手段。海明威和麦克拉根(Hemingway and Maclagan)指出,高管通过增加社会责任信息披露,实现声誉维护、掩盖寻租行为,甚至进行利益操纵。❷既往研究之所以对碳信息披露经济后果存在争议,原因可能在于,一方面,研究并未针对碳信息真实性进行区分。而本研究则以主体动机为出发点,区分了真实碳信息披露和操纵碳信息披露,以便厘清两者作用机制的异质差异。另一方面,衡量碳信息指标主要是披露变化组织(Carbon Disclosure Project, CDP)指数和内容分析法测算的碳信息披露指标。然而,两种测算方法可能存在样本覆盖范围较小、普适性不足及主观判断的风险。本研究则采取文本分析方法构建碳信息披露的相关指标,以更全面、客观地衡量企业碳信息披露的水平和策略选择。

### 6.2.2 假设提出

2005年,巴黎气候大会通过《巴黎协定》以来,我国切实践行经济发展承诺,积极推进低碳战略,采取了诸如低碳省区和城市试点、地方环保立法等举措。随着低碳环保理念日益深入人心,公众对企业披露的碳信息关注度不断提升,将其作为判断企业声誉和价值的依据。在外源压力驱使下,企业为获取合法地位,倾向于披露应对环境风险的节能减排实施情况和绿色低碳战略规划的相关信息。然而,作为掌握专有信息的高管,在披露碳信息时,是否会采取文本碳信息披露策略?这种策略是真实性的披露策略,还是操纵性的披露策略?

基于信号传递理论,公司倾向于释放质量信息,如长期的盈利和分红信息等,目的是向外部投资者彰显其与低质量公司的区别。❸企业内部人士发布的文本信息是其客观使用文字裁量权的表述,目的是向资本市场利益相关者传递企业的真实信息,缓解信息不对称,最终实现利益相关者对企业客观、准确的判

---

❶ 何玉,唐清亮,王开田. 碳信息披露、碳业绩与资本成本[J]. 会计研究,2014(1):79-86,95.

❷ HEMINGWAY C A, MACLAGAN P W. Managers' personal values as drivers of corporate social responsibility[J]. Journal of business ethics,2004,50(1):33-44.

❸ KIRMANI A, RAO A R. No pain, no gain: A critical review of the literature on signaling unobservable product quality[J]. Journal of marketing,2000,64(2):66-79.

断。❶而基于信号传递观,企业高管披露碳信息可能是一种理性权衡后的真实性文本碳信息披露策略,反映的是符合企业实际的碳治理情况,目的是迎合外部投资者对于环保概念的预期,引导外部利益相关者乐观预期和吸引投资者投资,可以有效缓解企业的融资约束问题。

首先,基于积极信息视角,企业披露信息是获取利益相关者认可和支持的有用信息。❷高管采取的真实性文本碳信息披露策略,作为一种增量信息,传递企业积极履行社会责任、响应国家节能减排号召和践行绿色转型的积极信息,继而达到吸引利益相关者关注和支持的目的。接收到积极信息的投资者会相应调整对企业可持续发展的乐观预期,增加对企业投资和要素支持(缓解融资约束状况)。

其次,基于信息不对称视角,高管采取的真实性文本碳信息披露策略,反映了符合企业实际的碳治理相关信息,能够缓解企业内外部信息不对称,增进外部投资者对企业经营和发展信息的获取和知悉,继而降低投资者风险预期和溢价补偿,拓展融资来源、降低融资成本,缓解企业融资约束问题。

最后,基于高管认证视角,高管采取的真实性文本碳信息披露策略,是高管认证过的可信信息,直接释放了企业高管的重视环保、关注公益的增量信息❸,外部投资者倾向于相信高管认证信息,将其作为判断企业发展信息的依据,继而产生乐观的价值预期,增加投资倾向,缓解企业融资约束。

基于信号传递理论中的欺诈行为观点,信息接收者和信息发送者之间存在部分利益冲突,信息发送者可通过成功的欺诈获取收益,但这会导致信息接收者利益受损。上市企业及其高管可能利用信息优势,掩饰或推迟消极信息、夸大或操纵性披露企业的积极信息,加剧企业内外部信息不对称程度,误导投资者预期和判断,实现特定机会主义目的。基于信息操纵观,碳治理信息是各级政府和社

---

❶ 范黎波,尚铎.管理层语调会影响慈善捐赠吗?——基于上市公司"管理层分析与讨论"文本分析的研究[J].经济与管理研究,2020,41(2):112-126.

❷ 李力,杨园华,牛国华,等.碳信息披露研究综述[J].科技管理研究,2014,34(7):234-240.

❸ 李慧云,石晶,李航,等.公共压力、股权性质与碳信息披露[J].统计与信息论坛,2018,33(8):94-100.

会公众特别关注的热点题材,高管可能在文本信息披露中,采取操纵性文本碳信息披露策略,释放与企业实际不符,甚至超越企业碳治理情况的操纵性信息,目的是引导市场做出对其价值有利的判断,即俗称的"蹭热点"。作为信息劣势方的外部投资者,不一定能够精准判断企业高管披露信息的真伪,可能将高管采取的操纵性文本碳信息披露策略视作企业实施绿色转型、积极履行社会责任的真实信息,从而增加其乐观预期和交易意愿,并最终将预期转化为实际投资,缓解企业的融资约束。基于此,本研究提出以下假设。

H1a:高管采取的文本碳信息披露策略会显著缓解企业融资约束。

从信号传递理论和制度理论的关联视角,公司会通过有权威的董事会或高管发布难以观测的质量信息,目的是获得合法性的地位。[1]当企业面临较大的外源压力时,可能出于合法性动机或机会主义动机,被迫或蓄意采取真实性文本碳信息披露策略,或操纵性文本碳信息披露策略。若外部市场投资者能够分辨高管在披露碳信息过程中采取了文本碳信息披露策略(特别是操纵性文本碳信息披露策略),则可能不会将其视作积极信息,进而增加投资倾向和缓解企业融资约束的可能性。

首先,基于合法性动机视角,高管采取的文本碳信息披露策略是其为获取合法性地位,被迫披露的低碳减排的实施情况及战略规划。这一策略可能加剧企业经营成本和风险,降低企业未来的价值。一方面,若高管披露碳信息是迫于公众压力,被迫开展环境治理和低碳减排工作后,采取的真实性文本碳信息披露策略,那么披露更多碳信息说明企业可能需要增加高风险、长周期和高成本的环保投资[2],这将挤占主营业务的生产要素投入,降低企业资源配置效率,短期内可能导致企业经营成本和风险上升。另一方面,若高管披露碳信息是为了缓解"公众压力",采取的操纵性文本碳信息披露策略,则其并非积极实践节能减排,切实改善高排放现状,而可能夸大或操纵性地披露与企业实际不相符的碳治理信息。投资者在理性分析企业碳信息是基于合法性动机驱使下的被迫性披露,则可能

---

[1] CERTO S T. Influencing initial public offering investors with prestige:Signaling with board structures[J]. Academy of management review,2003,28(3):432-446.

[2] 李力,杨园华,牛国华,等.碳信息披露研究综述[J].科技管理研究,2014,34(7):234-240.

对企业未来投资价值做出重新判断和评估,更谨慎地制定投资计划,并提升风险补偿预期,继而可能导致企业融资约束状况的加剧。

其次,基于机会主义动机视角,高管可能为了实现印象管理或获取超额收益,采取操纵性文本碳信息披露策略,蓄意夸大或虚假披露低碳减排的实施情况及战略规划,这可能加剧治理风险、降低要素投入和配置效率,继而降低企业的投资价值。一方面,若高管采取操纵性文本碳信息披露策略,其目是实现印象管理,营造企业经营持续向好、信息透明性较高的形象[1],这说明企业经营发展走低和不可预期风险的增加。不利的营商环境可能抑制其持续经营和市场竞争力,继而降低企业投资价值。另一方面,若高管采取操纵性文本碳信息披露策略,目的是粉饰企业业绩、实现超额收益的获取[2],这表明企业内部人士的寻机倾向和侵占行为在增加。操纵主体为获取个人私利不惜损害企业利益,加剧治理风险、增加低效率资源配置行为,继而降低企业的未来投资价值。若理性投资者能够有效识别高管采取了操纵性文本碳信息披露策略,则会降低其对企业价值的估计和投资选择倾向,最终可能加剧企业融资约束。由此,本研究提出以下假设。

H1b:高管采取的文本碳信息披露策略会显著加剧企业融资约束。

本研究的理论推导路径,详见图6-1。

---

[1] PRIOR D, SURROCA J, TRIBO J. Are socially responsible managers really ethical? Exploring the relationship between earnings management and corporate social responsibility [J]. Corporate governance, 2008, 16 (3):160-177.

[2] HEMINGWAY C A, MACLAGAN P W. Managers' personal values as drivers of corporate social responsibility[J]. Journal of business ethics,2004,50(1):33-44.

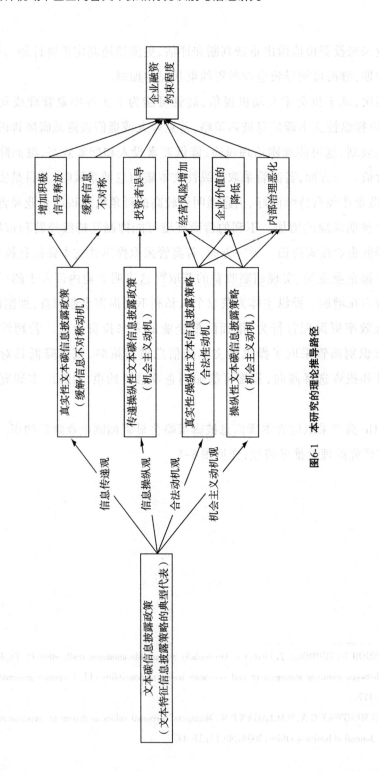

**图6-1 本研究的理论推导路径**

## 6.3　文本特征信息披露策略选择下企业高管机会主义行为的实证分析

### 6.3.1　研究设计

#### 1. 研究样本

2009年12月20日,联合国气候变化大会达成《哥本哈根协议》,标志着全球各国积极履行低碳减排,迎来了减缓全球气候变暖的低碳时代。此次大会之后,我国企业也逐渐开展了一系列低碳减排治理政策,并开始在年报中披露碳治理相关信息。正因如此,本研究选取的样本以2010—2021年中国A股市场上市公司为研究对象,剔除了金融保险类公司、ST企业和PT企业、资不抵债及数据缺失的公司,最终得到样本观察值为22 556个。上市公司的基础财务数据来自CSMAR数据库。本研究使用网络爬虫程序自动获取巨潮资讯网中披露的上市公司年报,将PDF文件转换为TXT文档,并通过计算机和手工整理相结合的方式,提取公司年报中"管理层分析与讨论"的文本内容。分析软件采取Stata15,并通过Python软件提取文本指标。为避免极端值影响,对所有连续变量均进行了1%水平上的缩尾处理。

虽然本研究仅实证检验了截至2021年的数据样本,但近年来的研究也验证了管理层可能利用文本特征词策略以实现其广义机会主义目的。刘华和陈湘郴实证证实,碳信息披露可以通过缓解企业融资约束来提升企业价值,再次印证了本研究的结果。❶而李强和张梦瑶的研究发现,碳披露的信息增量越大,商业信用融资不仅额度更高,且期限更长。❷因此,可以推断,本研究的结论仍适用于近年情况,高管文本特征词策略仍然是其实现广义机会主义目的重要手段,也是治理和监督中的关键性信息披露问题。

❶ 刘华,陈湘郴.碳信息披露、融资约束与企业价值——基于文本分析的经验证据[J].研究与发展管理,2024,36(1):66-79.

❷ 李强,张梦瑶.碳信息披露能提升企业商业信用融资吗?[J/OL].(2024-08-14)[2024-09-10].https://doi.org/10.13762/j.cnki.cjlc.20240814.001.

**2. 变量定义**

**(1)被解释变量**

①融资约束变量Ww。利夫丹(Livdan)等指出,Ww指数能够测度企业的股权融资约束的影子价格,衡量资源稀缺和信贷约束的状况。[1]本研究旨在对企业具体的股权融资和债券融资渠道进行细化和区分,因此选取Ww指数更为符合研究目的。本研究参考怀特和吴的做法,计算了Ww指数来衡量企业融资约束水平,取值越大,说明企业融资约束状况越严重。[2]具体计算公式如下。

$$\text{Ww}_{i,t} = -0.091 \times \text{Cf}_{i,t} - 0.062 \times \text{Divpos}_{i,t} + 0.021 \times \text{Tltd}_{i,t} - 0.044 \times \text{lnta}_{i,t} \\ + 0.102 \times \text{Igrowth}_{i,t} - 0.035 \times \text{Growth}_{i,t} \tag{6-1}$$

式中,$\text{Cf}_{i,t}$、$\text{Divpos}_{i,t}$、$\text{Tltd}_{i,t}$、$\text{lnta}_{i,t}$、$\text{Igrowth}_{i,t}$和$\text{Growth}_{i,t}$分别为现金流总资产之比、总资产对数、股利分红哑变量和长期负债比、当期的企业增长性和滞后一期的企业增长性。

②融资渠道变量:计算股权融资Equity、债券融资Credit、银行贷款Bank和商业信用Business。

$$\text{Equity} = \frac{(\text{股东权益增加值} - \text{留存收益增加值})}{\text{年初总资产}} \tag{6-2}$$

$$\text{Bank} = \frac{(\text{短期借款} + \text{长期借款})}{\text{年末总资产}} \tag{6-3}$$

$$\text{Business} = \frac{(\text{预收账款} + \text{应付票据} + \text{应付账款})}{\text{年末总资产}} \tag{6-4}$$

$$\text{Credit} = \text{Bank} + \text{Business} \tag{6-5}$$

③环境披露质量得分Edi。根据上市企业所披露的强制性和非强制性信息,包括公司年报数据、可持续发展报告,社会责任报告等,构建了货币性环境信息披露指数Edif和非货币性环境信息披露指数Edinf。

其中,货币性环境信息披露指数Edif由6个指标计算而得,包括排污费支出

[1] LIVDAN D, SAPRIZA H, ZHANG L. Financially constrained stock returns [J]. The journal of finance, 2009, 64(4): 1827-1862.

[2] WHITED T M, WU G J. Financial constraints risk [J]. The review of financial studies, 2006, 19(2): 531-559.

（环境税）、重大环境问题应急支出、环保投资支出或借款、降低污染收益、废料利用收入、环保拨款补助减免或奖励收入。非货币性环境信息披露指数Edinf则由7个指标计算而得，包括环境信息披露制度、环境管理目标、环保措施与改善情况、环保认证及其执行情况、节约能源措施及成果、污染物种类数量及排放达标情况、是否拥有独立社会责任报告、可持续发展报告或独立环境报告。

在此基础上，构建环境披露质量得分指标Edi，该指标由全部环境信息披露指标综合计算而得，每个指标的满分为2分。具体评分标准如下：如果仅进行定性披露，则得1分；如果同时包含定性披露和定量披露，则得2分。需要注意的是，非货币性环境信息披露指数Edinf的最后一个指标——"是否有独立社会责任报告、可持续发展报告或独立环境报告"的得分例外，其得分仅为0分或2分。没有相关报告得0分，有相关报告得2分。为避免得分数据的右偏性导致结果有偏，最终得分将进行对数化处理，以获得更为准确的环境披露质量得分指标Edi。

（2）解释变量

①文本碳信息披露策略指标Carbon。首先，基于《中国碳达峰碳中和进展报告（2021）》[1]《碳达峰碳中和：迈向新发展路径》[2]《碳达峰碳中和：国家战略行动路线图》[3]《碳中和经济学》[4]等专著，人工筛选出203个与碳信息相关的种子词[5]。其次，利用计算机gensim库中的word2Vec对2001—2020年的上市企业管理层分析与讨论文本进行训练。Word2Vec是一种神经网络Word Embedding（词嵌入）方法，其原理是根据上下文语义将词汇表示为多维向量，并计算向量间的相似度以衡量词汇间的相似性。在此基础上，我们获取到与种子词相似度较高的600个拓展词。再次，邀请了5位环境专业的研究生和教师对种子词进行交叉核验，最终选定出295个与碳信息相关的拓展词加入词典中（具体字典将在指标效度检验部分进行列示）。最后，在分词、去停用词后，统计碳信息词汇数量并参考赵

---

[1] 国家电力投资集团有限公司，中国国际经济交流中心.中国碳达峰碳中和进展报告（2021）[M].北京：社会科学文献出版社，2021.

[2] 王灿，张九天.碳达峰碳中和：迈向新发展路径[M].北京：中共中央党校出版社，2021.

[3] 袁志刚.碳达峰碳中和：国家战略行动路线图[M].北京：中国经济出版社，2021.

[4] 中金公司研究部，中金研究院.碳中和经济学[M].北京：中信出版社，2021.

[5] 碳信息特征词汇：碳、碳达峰、碳中和、温室效应、气候治理、低碳、减排等。

璨等[1]的做法,计算文本碳信息披露策略指标 Carbon。

$$\text{Carbon}_{i,t} = \ln(1 + \text{Carbon\_words}_{i,t}) \tag{6-6}$$

式中,$\text{Carbon\_words}_{i,t}$对应文本中碳信息词汇数量。

②真实性文本碳信息披露策略指标 Carbon_ht 和操纵性文本碳信息披露策略指标 Abs_carbon。

本研究构建了文本碳信息披露的最优拟合模型。被解释变量为文本碳信息披露策略指标 Carbon,控制变量包括:环境责任指数 Enviroment、社会责任指数 Social、创新投入 Rd、创新专利 Patent、总资产利润率 Roa、企业规模 Size、总资产负债比 Lev、营业收入增长率 Growth、控股股东持股比 Top1、高管持股比 Mshare、前三名高管薪酬 Ceopay 和上市年限 Listage,还控制了行业和年份固定效应。测算的拟合值用于衡量企业真实性文本碳信息披露策略指标 Carbon_ht,该指标反映企业如实披露了低碳减排的实施情况及战略规划,回归残则用于差衡量操纵性文本碳信息披露策略指标 Abs_carbon,该指标反映企业披露与自身低碳治理及未来规划实际不相符或存在夸大虚假的信息。具体拟合模型如下:

$$\begin{aligned}
\text{Carbon\_}_{i,t} = {} & \alpha_0 + \alpha_1\text{Enviroment}_{i,t} + \alpha_2\text{Social}_{i,t} + \alpha_3\text{Rd}_{i,t} + \alpha_4\text{Patent}_{i,t} \\
& + \alpha_5\text{Roa}_{i,t} + \alpha_6\text{Size}_{i,t} + \alpha_7\text{Lev}_{i,t} + \alpha_8\text{Growth}_{i,t} + \alpha_9\text{Top1}_{i,t} \\
& + \alpha_{10}\text{Mshare}_{i,t} + \alpha_{11}\text{Ceopay}_{i,t} + \alpha_{12}\text{Listage}_{i,t} + \sum\text{Industry} \\
& + \sum\text{Year} + \varepsilon
\end{aligned} \tag{6-7}$$

(3)中介变量

①投资者关注变量 Attention。考虑到投资者对企业信息关注的重要渠道来源于网络媒体。因此,参考俞庆进和张兵(2012)[2]的做法,通过收集上市企业百度搜索指数并计算关注度指标 Attention:

$$\text{Attention}_{i,t} = \ln(\text{Index}_{i,t} + 1) \tag{6-8}$$

式中,Index 是企业年度百度搜索指数。

②非理性投资者情绪变量 Sentiment。本研究参考孙鲲鹏和肖星的做法,采

[1] 赵璨,陈仕华,曹伟."互联网+"信息披露:实质性陈述还是策略性炒作——基于股价崩盘风险的证据[J].中国工业经济,2020(3):174-192.

[2] 俞庆进,张兵.投资者有限关注与股票收益——以百度指数作为关注度的一项实证研究[J].金融研究,2012(8):152-165.

取股吧帖子情感分析测算非理性投资者的情绪。[1]首先,从Cnrds数据库中,获取股吧情感分析数据。其次,采取公式(7-9),构建情感倾向指标,以衡量非理性投资者情绪Sentiment。最后,将测算所得的非理性投资者情绪指标作为中介回归,带入主回归中进行分析:

$$\text{Sentiment}_{i,t} = \frac{\text{Positive\_news}_{i,t} - \text{Negtive\_news}_{i,t}}{\text{Total\_news}_{i,t}} \tag{6-9}$$

式中,$\text{Negtive\_news}_{i,t}$、$\text{Positive\_news}_{i,t}$和$\text{Total\_news}_{i,t}$分别为股吧发布的消极情感帖子、积极情感帖子和总帖子的数量。

(4)控制变量

本研究参考邱静和杨妮的做法,并结合本研究选取以下控制变量:净资产收益率Roe即净利润与股东权益之比;公司规模Size,以企业员工数量的对数表示;资产负债率Lev,通过年末负债与年末总资产的比值来衡量;成长性Growth,使用年末总资产增长率来衡量企业的成长;是否国有企业哑变量Soe;企业价值变量Tobinq,即企业市值与总资产之比;独立董事占比Indep,指董事会中独立董事的占比;控股股东资金占用变量Occupy,为其他应收账款与总资产的比例;高管薪酬Ceopay,即前三名高管薪酬总和对数;超额在职消费Unperks,具体计算见模型(7-9);股权制衡度Balance为第二~第五大股东与控股股东持股比例之比;高管持股比Mshare,即高管持股与总股本之比;企业上市年限Listage,以上市年限的对数表示;是否四大会计师事务所审计哑变量Big4,若企业审计机构为国际四大会计师事务所,则取值为1,否则为0。[2]表6-1为主要变量的定义。

**表6-1　主要变量的定义**

| 变量属性 | 变量名 | 变量计算方式 |
| --- | --- | --- |
| 被解释变量 | Ww | 计算Ww指标衡量企业的融资约束水平,取值越大说明企业融资约束状况越严重。具体计算公式见模型(6-1) |

❶ 孙鲲鹏,肖星.互联网社交媒体对投资者情绪传染与股价崩盘风险的影响机制[J].技术经济,2018,37(6):93-102.

❷ 邱静,杨妮.情感语调信号传递与企业融资约束[J].中南财经政法大学学报,2021(5):75-88.

| 变量属性 | 变量名 | 变量计算方式 |
|---|---|---|
| 被解释变量 | Equity | 股权融资变量,具体计算公式见模型(6-2) |
| | Bank | 银行贷款变量,具体计算公式见模型(6-3) |
| | Business | 商业信用变量,具体计算公式见模型(6-4) |
| | Credit | 债券融资变量,具体计算公式见模型(6-5) |
| | Edi | 环境披露质量得分变量,由所有环境披露信息定量和定性打分并求对数来衡量 |
| 解释变量 | Carbon | 在综合利用字典法、无监督和有监督的机器学习方法基础上,采用模型(6-6)进行计算 |
| | Carbon_ht | 采取模型(6-7)计算拟合值衡量企业真实碳信息披露 Carbon_ht |
| | Abs_carbon | 采取模型(6-7)计算回归残差衡量企业操纵碳信息披露 Abs_carbon |
| 中介变量 | Attention | 参考俞庆进和张兵的做法,通过搜集上市企业百度搜索指数并计算关注度指标 Attention,具体计算见模型(6-8) |
| | Sentiment | 本研究采取股吧帖子情感分析测算非理性投资者的情绪,具体计算见模型(6-9) |
| 控制变量 | Roe | 利润与股东权益之比 |
| | Size | 企业员工数量的对数 |
| | Lev | 总负债与总资产之比 |
| | Growth | 销售收入增长率 |
| | Soe | 若产权属性为国企取值为1 |
| | Tobinq | 托宾 $Q$ 值为公司市值与账面负债之和与总资产之比 |
| | Ceopay | 前三名高管薪酬总和对数 |
| | Unperks | 构建如下拟合模型计算残差,衡量高管超额在职消费 Unperks,其中 Perks、$\Delta$Sale、Ppe 和 Inventory 分别为在职消费金额、主营业务收入变动额、固定资产净值和本期存货: $$\frac{\text{Perks}_{i,t}}{\text{Asset}_{i,t-1}} = \alpha_0 + \beta_1 \frac{1}{\text{Asset}_{i,t-1}} + \beta_2 \frac{\Delta \text{Sale}_{i,t}}{\text{Asset}_{i,t-1}} + \beta_3 \frac{\text{Ppe}_{i,t}}{\text{Asset}_{i,t-1}} + \beta_4 \frac{\text{Inventory}_{i,t}}{\text{Asset}_{i,t-1}} + \beta_5 \text{lnemployee}_{i,t} + \varepsilon_{i,t} \quad (6\text{-}10)$$ |

续表

| 变量属性 | 变量名 | 变量计算方式 |
|---|---|---|
| | Indep | 董事中独立董事占比 |
| | Occupy | 其他应收款与总资产之比 |
| | Balance | 第二~第五大股东与控股股东持股之比 |
| 控制变量 | Mshare | 高管持股与总股本之比 |
| | Listage | 上市年限对数 |
| | Big4 | 若企业审计机构为国际四大会计师事务所,则取值为1,否则为0 |

### 3．模型构建

参考邱静和杨妮的做法,本研究构建了以下模型来验证理论假设,回归分析采取了行业和年份的固定效应。[1]同时,考虑到年报一般滞后到次年公布,故解释变量因此采取滞后一期的处理方式。本研究所使用的OLS回归分析,均对 $t$ 值做了公司层面的聚类cluster调整。具体回归模型见(6-11):

$$\text{Ww}_{i,t} = \alpha_0 + \alpha_1 \text{Carbon}_{i,t-1} + \sum \text{Control} + \sum \text{Industry} + \sum \text{Year} + \varepsilon \quad (6\text{-}11)$$

## 6.3.2 实证分析

### 1．描述性分析

表6-2是描述性分析结果。企业融资约束变量Ww的均值和标准差分别为-1.011和0.069,这说明企业之间的融资约束程度存在异质性差异。文本碳信息披露策略Carbon的均值为1.825,说明大部分企业在文本信息中的确披露了与低碳治理相关的信息。

表6-2 描述性分析结果

| 变量 | | 均值 | 标准差 | 最小值 | 最大值 |
|---|---|---|---|---|---|
| 解释变量 | Carbon | 1.825 | 1.327 | 0.000 | 4.691 |
| | ABCarbon | 0.001 | 1.058 | -2.317 | 2.506 |

[1] 邱静,杨妮．情感语调信号传递与企业融资约束[J]．中南财经政法大学学报,2021(5):75-88.

续表

| 变量 | | 均值 | 标准差 | 最小值 | 最大值 |
|---|---|---|---|---|---|
| 解释变量 | Carbon_ht | 1.822 | 0.768 | 0.132 | 3.708 |
| 被解释变量 | Edi | 1.776 | 0.769 | 0.000 | 3.638 |
| | Ww | −1.011 | 0.069 | −1.202 | −0.854 |
| | Business | 0.160 | 0.116 | 0.006 | 0.532 |
| | Bank | 0.140 | 0.131 | 0.000 | 0.534 |
| | Credit | 0.301 | 0.172 | 0.006 | 0.938 |
| | Equity | 0.056 | 0.177 | −0.083 | 1.228 |
| 中介变量 | Attention | 3.717 | 1.017 | 0.000 | 7.889 |
| | Positive | 0.033 | 0.382 | −1.000 | 1.000 |
| 控制变量 | Roe | 0.063 | 0.131 | −1.072 | 0.406 |
| | Lev | 0.430 | 0.206 | 0.060 | 0.881 |
| | Size | 7.693 | 1.264 | 4.511 | 11.143 |
| | Growth | 0.177 | 0.388 | −0.511 | 2.196 |
| | Ceopay | 14.365 | 0.715 | 11.878 | 16.795 |
| | Unperks | 0.000 | 0.025 | −0.077 | 0.081 |
| | Indep | 0.375 | 0.054 | 0.333 | 0.571 |
| | Occupy | 0.016 | 0.025 | 0.000 | 0.202 |
| | Balance1 | 0.355 | 0.287 | 0.012 | 0.993 |
| | Mshare | 0.126 | 0.193 | 0.000 | 0.708 |
| | ListAge | 2.185 | 0.760 | 0.693 | 3.367 |
| | Big4 | 0.058 | 0.234 | 0.000 | 1.000 |

2. 相关性分析

表6-3是相关性分析结果。其中,环境披露质量得分变量Edi分别计算了未来一期和两期的数值,以通过单变量相关性检验企业碳信息披露变量的测算有效性。结果显示,文本碳信息披露策略Carbon和真实性文本碳信息披露策略Carbon_ht均在1%显著性水平上与当期、未来一期和未来两期的环境披露质量得分变量Edi正相关;而操纵性文本碳信息披露策略Abs_carbon并未与当期、未

来一期和未来两期的环境披露质量得分变量Edi存在显著的相关关系,初步验证本研究所测算的碳信息披露变量是较为有效的。同时,文本碳信息披露策略变量Carbon和真实性文本碳信息披露策略Carbon_ht均在1%显著性水平上与企业融资约束变量Ww显著负相关,说明企业及其高管通过披露与碳治理相关信息,能够缓解融资约束,初步验证了H1a假设。

**表6-3　相关性分析结果**

| 变量 | Ww | Edi | Edi(+1) | Edi(+2) | Carbon | Abc_arbon | Carbon_ht |
|---|---|---|---|---|---|---|---|
| Ww | 1.000 | | | | | | |
| Edi | −0.360*** | 1.000 | | | | | |
| Edi(+1) | −0.129*** | 0.185*** | 1.000 | | | | |
| Edi(+2) | −0.119*** | 0.168*** | 0.174*** | 1.000 | | | |
| Carbon | −0.154*** | 0.395*** | 0.081*** | 0.074*** | 1.000 | | |
| ABCarbon | −0.010 | 0.005 | 0.019*** | 0.012* | 0.812*** | 1.000 | |
| Carbon_ht | −0.248*** | 0.675*** | 0.113*** | 0.114*** | 0.589*** | 0.009 | 1.000 |

***、*分别代表1%、10%显著性水平。

3. 指标效度检验

(1)字典效度检验

本研究主要是基于《中国碳达峰碳中和进展报告(2021)》[1]《碳达峰碳中和:迈向新发展路径》[2]《碳达峰碳中和:国家战略行动路线图》[3]和《碳中和经济学》[4]等专著,人工获取了203个基础种子词。在此基础上,结合机器学习法和专家识别,新增了295个拓展词汇,构建了包含498个词汇的词集,并将其作为文本分析的字典。表6-4展示了具体的碳信息指标词集。

[1] 国家电力投资集团有限公司,中国国际经济交流中心. 中国碳达峰碳中和进展报告(2021)[M].北京:社会科学文献出版社,2021.

[2] 王灿,张九天.碳达峰碳中和:迈向新发展路径[M].北京:中共中央党校出版社,2021.

[3] 袁志刚.碳达峰碳中和:国家战略行动路线图[M].北京:中国经济出版社,2021.

[4] 中金公司研究部,中金研究院.碳中和经济学[M].北京:中信出版社,2021.

表 6-4　碳信息指标词集

| 指标词 | 内容 |
|---|---|
| （1）种子词<br>（203个） | 环境空气质量标准,碳达峰,碳中和,净零排放,零排放,排放,碳排放,气候治理,排放气体,减排,减碳,降耗,低碳,低碳转型,绿色低碳,绿色能源,能源资源,能源安全,零碳,零碳电力系统,低碳终端,低碳终端用能技术,零碳终端,零碳终端用能技术,负排放,减排潜力,CCUS,NDC,UNFCCC,巴黎峰会,气候承诺,二氧化碳排放,碳汇,碳排放权交易市场,碳排放权,降碳,能源消费,绿化行动,低碳生活,低碳技术,绿色技术,绿色低碳技术,温室气体管控,蒙特利尔议定,气候变化专门委员会,IPCC,净零,联合国气候变化框架公约,UNFCCC,地球峰会,干扰气候系统,气候系统,气候协定,碳中和联盟声明,气候目标,碳中和目标,京都协定书,峰值,经济排放量,零排放,气候中和,排放移除,气体清除,清除量,气候中性目标,中性目标,人为吸收汇,人为移除量,移除量,碳移除,林业碳汇,碳捕集,碳捕集利用,封存,碳捕集利用与封存,二氧化碳捕获,二氧化碳捕获与封存相结合,BECCS,抵消,储存,地球化学汇,二氧化碳吸收,碳循环,自然碳循环,排放清单,排放气体构成,排放行业构成,排放领域构成,重点排放企业,排放企业,减排指标,减排,双碳,碳核算,温室清单,逃逸排放,生物质碳储量,碳储量,森林转化碳排放,固体废弃物,绿色供应链,碳盘查,世界资源研究所,WRI,世界可持续发展工商理事会,WBCSD,气体核算,直接排放,间接排放,碳足迹,碳标签,碳中和联合申明,零碳竞赛,零碳景,欧洲绿色协议,2020年气候和能源一揽子计划,脱碳,脱碳革命,退煤进化,排放源,零污染计划,绿色投资,绿色融资,绿色投融资,气候立法,气候法草案,碳排放权交易,欧洲温室气体排放贸易机制,EU-ETS,碳配额价格,碳配额,碳边境,碳边境调节税,高碳行业,碳关税制度,绿色贸易壁垒,碳泄露,碳泄露风险,限制碳泄露,碳关税,欧盟绿色新政,气候变化,碳排放愿轨迹,脱媒处理,绿色投融资,气候主流化,清洁低碳,清洁低碳转型,公正转型保障,扩大CCUS部署规模,碳捕获利用,碳捕获封存,化石能源替代燃料,清洁化,低碳化,清洁低碳化,零碳氢,燃料脱碳化,低碳氢技术,碳市场,低排放发展策略,碳封存,减排潜力,碳减排进度,碳封存目标,碳净排放量,净零金融倡议,奔向零碳,净零银行业联盟,碳排放强度,国际可再生能源署,碳排放约束,碳税情形,减排设备,节能技术,节能家电,绿色循环低碳发展项目,碳补偿,碳补偿项目,绿色交通业,无碳技术,无碳技术设备,创新无碳技术,碳排放脱钩,农林碳汇,陆地碳汇,自然碳汇,林地碳汇,草原碳汇,农田碳汇,湿地碳汇,碳峰值,绿色园区,碳金融,碳资产,碳配额,碳基金,碳债券,污染物排放总量,能源消费总量,碳排放总量,碳排放强度,煤炭消费总量 |

| 指标词 | 内容 |
|---|---|
| （2）word2Vec<br>拓展词<br>（295个） | 减碳,减排,能源利用,气体排放,碳减排,低碳,绿色低碳,降碳,低碳发展,节能减排,减量化,碳排放,零排放,温室气体,能源清洁,节约能源,排放强度,排放,提高能效,碳中,清洁高效,碳中目标,碳排放量,低碳高效,降低碳,减少温室,节能减碳,低碳经济,化石能源,能源绿色,低碳转型,能源转型,节能节水,碳达峰,清洁低碳,实现碳达峰,化石燃料,节约资源,绿色转型,二次能源,清洁能源,低排放,高效利用,煤炭清洁,低碳化,碳,绿色清洁,碳达峰碳中,应对气候变化,零碳,碳目标,清洁化,污染排放,循环利用,高效清洁,能源结构调整,可再生,绿色发展,节能提效,能源体系,资源节约,节水,减排环保,低碳环保,能源消费,清洁环保,再生能源,低碳清洁,促进节能,保护生态环境,减污降碳,回收利用,推动绿色,高效绿色,大气污染,碳达峰碳,减少碳,保障能源安全,天然气清洁,实现碳中,减污,绿色高效,绿色低,节能降碳,减排目标,污染防治,绿色能源,能源转换,碳循环,节水减排,减少环境污染,高效环保,能源综合利用,双碳,节能低碳,"双碳"目标,大力发展再生能源,资源循环,现实选择,保护环境,节约用水,生物质能,清洁,新能源再生能源,减量,助力碳达峰,二氧化碳排放,超低排放,能源资源,环保节能,能源利用效率,降低能源消耗,废物资源化,减排工作,再生能源利用,环保减排,低碳安全,能源革命,建筑垃圾,燃煤锅炉,节能环保,低碳排放,国家节能,绿色低碳,能效提升,污染物减排,排放量,低碳能源,VOCs,低碳减排,能源安全,传统能源,环境友好,低污染,源头减量,碳中,环境污染,无害化,推进节能,减排绿色,负碳,用能,污染治理,固碳,绿色循环,碳中背景,燃煤电厂,煤炭消费,节能降耗,能源结构,梯级利用,供能,减排政策,节材,能源节约,绿电,国家碳达峰,污染,大规模开发利用,高碳能源,变废为宝,清洁利用,环境友好型,低能耗低,绿色节能,生态环境保护,节能,能耗总量,清洁燃料,治污,降低能耗,污水资源化,低碳节能,大气污染防治,无碳,资源化,绿色,大力发展绿色,耗能,节地,脱碳,节能增效,减排要求,霾,减排措施,末端治理,构建清洁,数据中心绿色,以低碳,再生利用,2030碳达峰,燃烧,超净排放,大气污染治理,循环经济,高耗能,环境保护,碳中碳达峰,利用清洁,低能耗,资源综合利用,大力发展清洁,能源,能源供应体系,节约资源保护环境,改善环境质量,电能,污染物排放量,能源供给,达峰,污染物排放,零碳排放,达峰碳中,改善大气环境,大气,工业炉窑,资源回收,近零排放,约束性指标,高耗能行业,绿色环保,低碳零碳,尾气排放,源头减排,废弃物,碳排,节约水资源,废弃物处理,新型能源,全球 |

| 指标词 | 内容 |
|---|---|
| (2)word2Vec 拓展词 （295个） | 气候,减量增效,目标提出,PM$_{2.5}$,高效能源,双控,我国能源,碳达峰,高效开发利用,绿色开采,CCUS,数据中心节能,先进节能,能源供应,严格控制能耗,高效节能,废水零排放,环保,能源低碳,实现节能降耗,节约能源资源,基本国策,消纳,资源化利用,建筑能耗,环境保护节能,减量化资源化,高效低耗,风能太阳能,节能降耗环保,绿色制造,能耗,节能技术改造,沼气,生物燃料,清洁生产,污染物,二氧化碳温室,排放降低,染物,能耗碳,降耗节能,空气污染,循环型,水污染,废弃物资源化,风电太阳能,石化能源,能源变革,回收处理,灵活性改造,无害化资源化,节电,净零排放,固体废弃物,降低污染物,洁净化,节能调度,消费比重,行动方案,环境污染问题,供热系统,太阳能生物质能,工业节能,燃煤工业锅炉,二氧化碳捕集 |

为了更直观地展示word2Vec训练拓展碳信息关键词集的合理性。本研究利用word2Vec训练结果,测算了与种子词"低碳"相似度最高的30个关键词,并将具体的相似度测算结果作为示例(表6-5)。由此可见,采用机器学习方法自动识别的相似词均与碳信息治理高度关联,测算结果较为准确。同时,为观测上市公司管理层分析与讨论文本中包含碳信息关键词的语句是否能够反映企业碳治理的相关情况和信息,本研究随机爬取了几个包含关键词的语句。表6-6是碳信息指标词集在年报管理层分析与讨论文本中出现的语句示例。结果显示,包含碳信息关键词的语句主要反映了企业对碳治理相关国家政策的理解、执行现状和未来的治理规划和安排等,确实能够较为准确地反映企业碳治理的相关信息披露水平。

表6-5　Word2Vec相似词结果示例(取相似度排序位于前10位的相似词)

| 种子词 | 相似词 | 相似度 |
|---|---|---|
| 低碳 | 倡导节能 | 0.663 |
| 低碳 | 减碳 | 0.655 |
| 低碳 | 低碳发展 | 0.649 |

| 种子词 | 相似词 | 相似度 |
|---|---|---|
| 低碳 | 低碳经济 | 0.641 |
| 低碳 | 绿色发展 | 0.641 |
| 低碳 | 提倡节能 | 0.641 |
| 低碳 | 推动绿色 | 0.636 |
| 低碳 | 减排环境保护 | 0.632 |
| 低碳 | 节能减排 | 0.630 |
| 低碳 | 绿色转型 | 0.627 |
| 低碳 | 绿色低碳 | 0.619 |
| 低碳 | 减排环保 | 0.619 |
| 低碳 | 低碳环保 | 0.615 |
| 低碳 | 资源节约 | 0.615 |
| 低碳 | 建设资源节约型 | 0.611 |
| 低碳 | 建设环境友好 | 0.611 |
| 低碳 | 倡导低碳 | 0.611 |
| 低碳 | 推广绿色 | 0.607 |
| 低碳 | 低碳 | 0.607 |
| 低碳 | 倡导绿色 | 0.606 |
| 低碳 | 碳达峰碳中 | 0.605 |
| 低碳 | 减排政策 | 0.604 |
| 低碳 | 环境友好型 | 0.604 |
| 低碳 | 治理大气污染 | 0.603 |
| 低碳 | 节约资源 | 0.600 |
| 低碳 | 应对气候变化 | 0.598 |
| 低碳 | 推进节能 | 0.598 |
| 低碳 | 保障能源安全 | 0.595 |
| 低碳 | 节约资源保护环境 | 0.595 |
| 低碳 | 减排 | 0.594 |

表6-6　碳信息指标词集在年报MD&A中出现的语句示例

| 序列 | 关键词汇 | 文本示例 |
|---|---|---|
| 1 | 节能减排 | 环境保护与可持续发展公司始终将环境保护与节能减排作为公司可持续发展战略的重要内容 |
| 2 | 碳足迹 | 此外,产品也获得法国碳足迹认证,欧盟生态设计要求环保声明标志等多个环保证明,晶澳产品在全生命周期的绿色、低碳得到权威认证 |
| 3 | 碳排放 | 2011年12月1日国务院印发了《"十二五"控制温室气体排放 工作方案》,建立温室气体排放统计核算体系,探索建立碳排放交易市场,深圳市被确定为碳排放权交易试点省/市之一 |
| 4 | 零排放 | 从全球锂离子电池的供给格局来看,锂电产业经过多年的发展,并伴随着全球各国为实现温室气体零排放而推出或即将推出新能源汽车发展的中长期规划,全球汽车电动化趋势已基本确立,各国新能源汽车产业有望共振式增长 |
| 5 | 低碳 | "绿色、低碳、环保"是我国"十四五"发展规划中的重中之重,也是全球包装行业发展的趋势,推广符合环保要求的新工艺、新技术、新产品,是我国包装行业发展的必经之路 |
| 6 | 碳达峰 | 可持续发展战略中的"绿色低碳"制造,在碳达峰与碳中和的大背景下,已成为全球供应链管理的新趋势,对于企业而言,这不仅是一种社会责任,更是一次难得的提升国际竞争力的发展机遇 |
| 7 | 碳中和 | 在"碳中和,碳达峰"的目标下,"十四五"规划提出加速推进绿色低碳发展、持续优化环境质量、提升生态系统质量和稳定性、全面增强资源利用效率 |
| 8 | 减排 | 在节能减排方面,公司将组建新的事业部,广泛进行行业合作,积极参与节能减排项目推广和落地 |
| 9 | 绿色能源 | 作为行业供应链体系中的重要成员,公司高度重视可持续发展战略,启动了与绿色能源相关的市场调研、政府对接、内部升级等工作,以立项形式落实绿色能源的使用、加工效率提升、成材率提高、设备能耗优化等专项任务 |

续表

| 序列 | 关键词汇 | 文本示例 |
|---|---|---|
| 10 | 负排放 | 行业格局和趋势在"碳达峰""碳中和"的大背景下，推广不依赖化石燃料的关键技术，挖掘零排放及负排放潜力，高端化、智能化、绿色化将成为全球实现能源革命、能源结构转型升级的主要方向 |
| 11 | 碳汇 | 积极开展林业碳汇及文旅运营业务，在中国核证减排量（China Certified Emission Reduction，CCER）项目中，林业碳汇项目作为成本最低的负排放机制，为了发展前景广阔 |
| 12 | 降碳 | 2022年6月底前，基本摸清重点行业碳排放水平和减排潜力，探索并形成建设项目污染物和碳排放协同管控评价技术体系，打通污染源与碳排放管理统筹融合路径，实现从源头减污降碳协同作用 |
| 13 | 降耗 | 新型电加热模具研究与开发本项目旨在研发子午线轮胎硫化成型关键节能技术，并研制配套智能装备。该技术能够适用于全系列子午线轮胎的硫化成型，具备大范围推广应用的可行性，掌握核心自主知识产权，技术水平达到国际领先。通过提供轮胎生产绿色技术及核心装备，将助力轮胎产业在节能技术方面实现大超越，达到国际领先水平。在实验中，部分型号已经进行测试实现量产装备能够适用全系列子午线轮胎的硫化成型，其推广应用可以极大地实现轮胎硫化标煤节能降耗，实现轮胎产业的"减碳"模板，助力"碳达峰、碳中和"战略的实现，使轮胎产业在节能技术方面实现换道超越，同时大幅提升公司的竞争力 |
| 14 | 峰值 | 到2030年，单位国内生产总值二氧化碳排放比2005年下降65%以上；非化石能源消费比重达到25%左右，风电、太阳能发电总装机容量达到12亿千瓦以上；二氧化碳排放量达到峰值并实现稳中有降 |
| 15 | 减碳 | 此外，为达到减碳目标，2021年9月14日，美国众议院的能源和商务委员会批准了1500亿美元的"清洁电力绩效计划"（Clean Electricity Performance Program，CEPP），通过CEPP计划，政府给电力单位设定清洁能源发电占比目标，对完成目标者给予奖励，未完成目标者实施罚款处罚。此举旨在减少电力行业的碳排放，对美国能源系统转型和清洁能源投资起到了重要作用 |

| 序列 | 关键词汇 | 文本示例 |
|---|---|---|
| 16 | 碳捕集 | 公司致力于绿色低碳转型,浙江石油化工有限公司与清华大学成立了绿色石化创新中心,聚焦于"二氧化碳捕集和高附加值利用、尼龙66产业链技术、VOCs治理技术"的研究与发展 |
| 17 | 减排指标 | 除了提高能源使用效率外,在节能减排指标的约束下,我国余热锅炉市场需求呈不断上升趋势 |
| 18 | 双碳 | 在中国发展"双碳"经济的大趋势和落实国家"十四五"规划的进程中,公司与德国科尔本施密特、日本理研株式会社共同成立三国四方"动力系统联合研发中心",为产业升级提供模块化、系统化、定制化解决方案,打造公司优势产业新的核心竞争力 |
| 19 | 脱碳 | 国际可再生能源机构在近日发布的《2022年世界能源转型展望》报告中再次呼吁,如果将全球气温控制在1.5摄氏度以内,并在2050年实现全球电力结构完全脱碳的目标,现在必须加快向清洁能源的转型 |
| 20 | 碳循环 | 到2025年,绿色低碳循环发展的经济体系初步形成,重点行业能源利用效率大幅提升;到2030年,经济社会发展全面绿色转型取得显著成效,重点耗能行业的能源利用效率达到国际先进水平 |

(2)指标结果效度检验

学者赵璨等指出,企业文本中披露的特征信息直接反映了特定维度信息的信息量。企业披露的碳信息越多,则说明其环境信息披露程度越高。[1]然而,上市公司高管可能采取真实性文本碳信息披露策略和操纵性文本碳信息披露策略。其中,真实性文本碳信息披露策略反映了企业碳治理的真实情况,其程度越高,反映企业环境信息披露质量越高;而操纵性文本碳信息披露策略则夸大性地披露了碳治理相关信息,其程度越高,并不能反映企业环境信息披露质量越好。若本研究测算的文本碳信息披露策略指标是有效的,我们应得到相似的结论。

本研究检验了三种文本碳信息披露策略变量Carbon、Carbon_ht和Abs_carbon与采用内容分析法构建的环境披露质量得分变量Edi之间的相关关系。本

[1] 赵璨,陈仕华,曹伟."互联网+"信息披露:实质性陈述还是策略性炒作——基于股价崩盘风险的证据[J].中国工业经济,2020(3):174-192.

研究控制了与企业特质相关的控制变量,效度检验模型见(6-12)。其中,Edi是基于企业年报、季报和社会责任披露报告等各类披露报告,采取内容分析方法测算企业环境披露质量得分变量:

$$\text{Edi}_{i,t+n} = \alpha_0 + \alpha_1 \text{Carbon\_Variable}_{i,t} + \sum \text{Control}$$
$$+ \sum \text{Indsstry} + \sum \text{Year} + \varepsilon \tag{6-12}$$

式中,Carbon_Variable$_{i,t}$包括Carbon、Carbon_ht和Abs_carbon变量,n取值为0~2。

表6-7是指标的效度检验结果。文本碳信息披露策略变量Carbon、真实性文本碳信息披露策略Carbon_ht与企业环境披露质量得分变量Edi、Edi(+1)和Edi(+2)均显著性正相关。其中,真实性文本碳信息披露策略指标Carbon_ht的回归系数,相较于文本碳信息披露策略变量Carbon的回归系数更高。说明企业高管若采取真实性文本碳信息披露策略,所披露的信息更倾向于反映企业实际环境治理的质量。而操纵性文本碳信息披露策略Abs_carbon与企业环境披露质量得分变量Edi、Edi(+1)和Edi(+2)均不存在显著相关关系,采用操纵性策略披露企业碳信息越多,并不能反映环境治理信息披露质量越好。因此,三个文本碳信息披露策略指标能够有效衡量本研究所度量的相关信息特征。

表6-7　指标效度检验结果

| 变量 | Edi | Edi(+1) | Edi(+2) |
|---|---|---|---|
| Carbon | 0.158*** | 0.026*** | 0.019** |
| | (23.779) | (3.016) | (2.196) |
| ABCarbon | 0.009 | 0.015 | 0.010 |
| | (1.297) | (1.593) | (1.037) |
| Carbon_ht | 1.492*** | 0.130*** | 0.111*** |
| | (131.940) | (4.938) | (4.256) |

注:括号内为企业聚类稳健标准误对应$t$值,省略了控制变量的回归结果。

***、**、*分别代表1%、5%、10%显著性水平。

4. 实证分析结果

表6-8是主回归检验结果。文本碳信息披露策略Carbon均与企业融资约束变量Ww在1%水平上显著负相关。在控制了行业、年份固定效应及其他相关控制变量的回归模型中，文本碳信息披露策略Carbon与企业融资约束变量Ww的相关系数为-0.004（1%显著性水平上），即文本碳信息披露策略每增加1个单位，企业融资约束程度将显著降低0.004个单位，这说明文本碳信息披露策略发挥了积极的信息作用，能够引导外部投资者产生乐观的价值预期，并将其转化为投资决策，缓解企业的融资约束水平，验证了H1a假设。

**表6-8 主回归检验结果**

| 变量 | (1) Ww | (2) Ww | (3) Ww |
|------|--------|--------|--------|
| Carbon | −0.008*** (−11.074) | −0.008*** (−11.106) | −0.004*** (−9.898) |
| Roe | | | −0.096*** (−26.069) |
| Lev | | | −0.019*** (−5.444) |
| Size | | | −0.028*** (−44.628) |
| Growth | | | −0.042*** (−46.074) |
| Soe | | | −0.008*** (−5.196) |
| Ceopay | | | −0.017*** (−19.310) |
| Unperks | | | 0.129*** (6.476) |

续表

| 变量 | (1) | (2) | (3) |
|---|---|---|---|
| | Ww | Ww | Ww |
| Indep | | | −0.014 |
| | | | (−1.566) |
| Occupy | | | 0.100*** |
| | | | (4.933) |
| Balance | | | 0.001 |
| | | | (0.484) |
| Mshare | | | −0.003 |
| | | | (−1.183) |
| ListAge | | | 0.000 |
| | | | (−0.060) |
| Big4 | | | −0.024*** |
| | | | (−9.170) |
| _cons | −0.996*** | −0.938*** | −0.471*** |
| | (−599.660) | (−126.996) | (−36.149) |
| 行业 | 不固定 | 不固定 | 固定 |
| 年份 | 不固定 | 不固定 | 固定 |
| Observation | 22556 | 22556 | 22556 |
| $R^2$ | 0.024 | 0.120 | 0.681 |

注:括号内为企业聚类稳健标准误对应 $t$ 值。

\*\*\*、\*\*、\*分别代表1%、5%、10%显著性水平。

## 6.3.3　进一步研究

### 1. 中介机制效应检验

基于理论假设部分的推导,本研究认为,高管采取的文本碳信息披露策略是一种积极信息,能够通过引导外部资本市场投资者产生较为乐观的预期,提升其对企业和股票价值的判断,继而实现潜在投资向实际投资转化,拓展企业融资渠道、缓解企业融资约束问题。为验证这一理论机制的合理性,本研究将采取逐步回归的方法,检验投资者在文本碳信息披露策略与融资约束之间的作用。一方面,基于投资者有限关注视角,资本市场投资者的关注是有限的,他们通常仅可能投资于能够吸引其关注的那部分股票。[1]高管采取的是文本碳信息披露策略对投资者而言是一种积极信息,可通过吸引更多潜在投资者的关注,实现关注到实际投资的转化,最终实现融资来源和缓解融资约束的目的。另一方面,基于信号传递理论视角,高管文本碳信息披露策略是一种反映时代概念的积极信息,可能影响投资者,提升其预期的乐观程度[2],继而有利于投资决策的转化和企业融资约束的缓解。因此,本研究将测算所得的投资者有限关注变量Attention和非理性投资者预期指标Sentiment,作为中介变量进行回归分析,具体中介模型详见公式(6-13)和公式(6-14)。

$$\text{Mediator}_{i,t} = \alpha_0 + \alpha_1 \text{Carbon}_{i,t-1} + \sum \text{Control} + \sum \text{Industry} + \sum \text{Year} + \varepsilon \tag{6-13}$$

$$\text{Ww}_{i,t} = \alpha_0 + \alpha_1 \text{Mediator}_{i,t-1} + \alpha_2 \text{Carbon}_{i,t-1} + \sum \text{Control} + \sum \text{Industry} + \sum \text{Year} + \varepsilon \tag{6-14}$$

式中,Mediator包括Attention和Sentiment指标。

表6-9是中介机制效应检验结果。文本碳信息披露策略Carbon与投资者关注变量Attention不存在显著相关性,而在1%显著性水平上与非理性投资者预期指标Sentiment正相关。为验证中介机制稳健性,采取了bootstrap检验,检验结果也说明非理性投资者情绪Sentiment发挥了中介作用,这说明文本碳信息披露策略不能吸引更多市场投资者的有限关注,却提升了潜在投资者的乐观预期程度。在原回归模型中加入非理性投资者预期指标Sentiment后,文本碳信息披露策略变量Carbon的显著性有所下降,这说明高管采取文本碳信息披露策略,作为企业释放的积极信息,增加了投资者的乐观预期,提升了预期转化为投资决策的可能性,继而拓展了企业的融资来源、缓解了企业的融资约束程度。由此可见,非理

---

❶ ABOODY D, LEHAVY R, TRUEMAN B. Limited attention the earnings announcement returns of past stock market winners[J]. Review of accounting studies, 2010, 15(2): 317-344.

❷ 赵璨,陈仕华,曹伟."互联网+"信息披露:实质性陈述还是策略性炒作——基于股价崩盘风险的证据[J]. 中国工业经济, 2020(3): 174-192.

性投资者预期是文本碳信息披露策略缓解企业融资约束的中介机制。

表6-9 中介机制效应检验结果

| 变量 | (1) Ww | (2) Attention | (3) Ww | (4) Sentiment | (5) Ww |
|---|---|---|---|---|---|
| Carbon | -0.004*** (-9.898) | -0.007 (-1.268) | -0.004*** (-10.073) | 0.007*** (2.789) | -0.004*** (-9.814) |
| Attention | | | -0.005*** (-9.089) | | |
| Sentiment | | | | | -0.007*** (-8.844) |
| Roe | -0.096*** (-26.069) | -0.184*** (-3.892) | -0.097*** (-26.571) | 0.326*** (13.845) | -0.093*** (-25.569) |
| Lev | -0.019*** (-5.444) | 0.123*** (3.228) | -0.018*** (-5.309) | 0.020 (1.067) | -0.019*** (-5.424) |
| Size | -0.028*** (-44.628) | 0.095*** (13.134) | -0.028*** (-44.116) | 0.031*** (10.008) | -0.028*** (-44.386) |
| Growth | -0.042*** (-46.074) | 0.059*** (5.209) | -0.042*** (-45.731) | 0.015** (2.269) | -0.042*** (-46.062) |
| Soe | -0.008*** (-5.196) | -0.184*** (-11.507) | -0.009*** (-5.809) | 0.028*** (3.280) | -0.007*** (-5.083) |
| Ceopay | -0.017*** (-19.310) | 0.097*** (8.582) | -0.016*** (-18.968) | 0.022*** (4.067) | -0.017*** (-19.196) |
| Unperks | 0.129*** (6.476) | -0.195 (-0.931) | 0.128*** (6.478) | -0.055 (-0.445) | 0.129*** (6.496) |
| Indep | -0.014 (-1.566) | 0.391*** (3.340) | -0.012 (-1.370) | -0.082 (-1.474) | -0.014 (-1.641) |
| Occupy | 0.100*** (4.933) | 1.702*** (6.517) | 0.108*** (5.368) | -0.350*** (-3.053) | 0.097*** (4.825) |

续表

| 变量 | (1) | (2) | (3) | (4) | (5) |
|---|---|---|---|---|---|
| | Ww | Attention | Ww | Sentiment | Ww |
| Balance | 0.001 | 0.120*** | 0.001 | −0.053*** | 0.001 |
| | (0.484) | (5.075) | (0.796) | (−4.821) | (0.275) |
| Mshare | −0.003 | 0.037 | −0.003 | 0.031 | −0.003 |
| | (−1.183) | (0.768) | (−1.130) | (1.625) | (−1.105) |
| Listage | 0.000 | 0.171*** | 0.001 | −0.028*** | 0.000 |
| | (−0.060) | (12.085) | (0.892) | (−5.278) | (−0.304) |
| Big4 | −0.024*** | 0.135*** | −0.024*** | −0.021 | −0.025*** |
| | (−9.170) | (3.131) | (−9.125) | (−1.580) | (−9.241) |
| _cons | −0.471*** | 1.924*** | −0.462*** | −0.411*** | −0.474*** |
| | (−36.149) | (11.519) | (−35.494) | (−5.206) | (−36.514) |
| 行业 | 固定 | 固定 | 固定 | 固定 | 固定 |
| 年份 | 固定 | 固定 | 固定 | 固定 | 固定 |
| Bootstrap上限 | | | −0.004 | | −0.004 |
| 下限 | | | −0.003 | | −0.003 |
| Observation | 22556 | 22556 | 22556 | 22556 | 22556 |
| $R^2$ | 0.681 | 0.558 | 0.683 | 0.048 | 0.683 |

注：括号内为企业聚类稳健标准误对应 $t$ 值。

***、**、*分别代表1%、5%、10%显著性水平。

2. 文本碳信息披露策略手段的异质性检验

从碳信息披露行为本身而言,企业高管作为专有信息优势方,有能力和条件对披露的碳信息进行调节,包括其信息含量、披露方式,甚至可主观选择是否如实和真实地披露企业碳治理相关信息。文本碳信息披露策略既可能是符合企业实际情况的真实性策略,也可能是夸大企业治理情况的操纵性策略。为进一步检验企业及其高管采取不同文本碳信息披露策略对企业融资约束是否存在异质性影响,并基于此推断,若企业及其高管采取操纵性文本碳信息披露策略,外部利益相关者是否能精准判断高管的信息操纵行为,并据此做出正确的投资决策。

研究旨在厘清高管是否能够利用信息优势,采取相机决策的文本碳信息披露策略,以机会主义的方式实现缓解融资约束的目标。

表6-10是文本碳信息披露策略的手段检验结果。结果显示,企业真实性文本碳信息披露策略Carbon_ht在1%显著性水平上与企业融资约束Ww负相关,相关系数为-0.024,说明文本碳信息披露策略每增加1个单位,则能够显著降低企业融资约束0.024个单位。此外,操纵性文本碳信息披露策略Abs_carbon在1%显著性水平上也与企业融资约束Ww负相关,相关系数为-0.002,说明即使高管采取操纵性文本碳信息披露策略,披露与企业实际不相符的碳治理相关信息,也不是所有外部利益相关者都能准确洞悉企业高管机会主义的信息披露策略,仍会增加其乐观预期和投资决策,从而缓解企业融资约束。

综上所述,外部资本市场的投资者,特别是中小投资者作为信息劣势方,确实不能完全分辨企业及其高管文本碳信息披露策略的真实性。若企业高管采用操纵性文本碳信息披露策略,有可能误导部分投资者的预期和判断,为高管利用信息优势实现特定机会主义目的创造条件。当然,这种机会主义目的也并非追求个人超额私利,也可能是以维护和实现共享收益的广义机会主义行为,如缓解企业融资约束等。

表6-10　文本碳信息披露策略手段的异质性检验结果

| 变量 | (1)<br>Ww | (2)<br>Ww | (3)<br>Ww | (4)<br>Ww |
|---|---|---|---|---|
| Abs_carbon | -0.002***<br>(-3.643) | -0.002***<br>(-4.067) | | |
| Carbon_ht | | | -0.009***<br>(-11.011) | -0.024***<br>(-19.562) |
| Roe | -0.099***<br>(-26.294) | -0.097***<br>(-26.158) | -0.100***<br>(-26.530) | -0.095***<br>(-26.467) |
| Lev | -0.040***<br>(-11.066) | -0.021***<br>(-6.063) | -0.037***<br>(-10.106) | -0.010***<br>(-2.864) |

续表

| 变量 | (1) | (2) | (3) | (4) |
|---|---|---|---|---|
| | Ww | Ww | Ww | Ww |
| Size | −0.025*** | −0.028*** | −0.023*** | −0.026*** |
| | (−38.496) | (−44.543) | (−35.791) | (−41.014) |
| Growth | −0.039*** | −0.042*** | −0.040*** | −0.043*** |
| | (−39.633) | (−45.673) | (−40.436) | (−47.950) |
| Soe | −0.011*** | −0.008*** | −0.011*** | −0.006*** |
| | (−6.956) | (−5.256) | (−6.615) | (−4.293) |
| Ceopay | −0.021*** | −0.017*** | −0.023*** | −0.019*** |
| | (−24.428) | (−18.757) | (−25.725) | (−21.967) |
| Unperks | 0.124*** | 0.139*** | 0.102*** | 0.086*** |
| | (5.762) | (6.851) | (4.952) | (4.501) |
| Indep | −0.015 | −0.011 | −0.016* | −0.014* |
| | (−1.568) | (−1.234) | (−1.735) | (−1.669) |
| Occupy | 0.056** | 0.105*** | 0.016 | 0.085*** |
| | (2.479) | (5.153) | (0.719) | (4.364) |
| Balance | 0.001 | 0.001 | 0.002 | 0.001 |
| | (0.657) | (0.632) | (0.955) | (0.571) |
| Mshare | −0.005* | −0.003 | −0.005* | −0.004 |
| | (−1.849) | (−1.080) | (−1.933) | (−1.539) |
| Listage | −0.003*** | 0.000 | −0.003*** | 0.000 |
| | (−2.924) | (−0.126) | (−3.143) | (0.086) |
| Big4 | −0.028*** | −0.025*** | −0.027*** | −0.021*** |
| | (−9.449) | (−9.196) | (−9.218) | (−8.475) |
| _cons | −0.467*** | −0.477*** | −0.444*** | −0.445*** |
| | (−37.652) | (−36.583) | (−35.536) | (−35.006) |
| 行业 | 不固定 | 固定 | 不固定 | 固定 |
| 年份 | 不固定 | 固定 | 不固定 | 固定 |
| Observation | 22556 | 22556 | 22556 | 22556 |

| 变量 | （1） | （2） | （3） | （4） |
| --- | --- | --- | --- | --- |
| | Ww | Ww | Ww | Ww |
| $R^2$ | 0.614 | 0.678 | 0.622 | 0.692 |

注：括号内为企业聚类稳健标准误对应 $t$ 值。

\*\*\*、\*\*、\*分别代表1%、5%、10%显著性水平。

### 3. 融资渠道的异质性检验

企业融资约束困境是由于信息不对称、外源融资渠道限制和融资成本过高。上市企业的外部融资渠道包括股权融资和债权融资，其中债券融资又可划分为银行贷款和企业商业信用融资。债券融资资金供应方主要是上市企业的商业合作伙伴和银行等机构投资者，具有较强的信息收集和处理能力；而股权融资的资金供应方则大多是资本市场的投资者，由于我国证券投资者多以中小投资者为主，他们在信息收集和解析方面的能力较差。为进一步厘清文本碳信息披露策略是否会对不同融资渠道的资金供应者产生异质性影响，继而影响企业的融资来源和融资约束，本研究将对不同融资渠道进行异质性分析。

表6-11是融资渠道异质性分析检验结果。结果显示，文本碳信息披露策略Carbon与银行贷款Loan、债券融资Credit和股权融资渠道Equity均显著正相关，说明银行机构和资本市场投资者在绿色低碳时代背景下，都较为关注企业的环境保护社会责任的履行情况，因此可能将高管采取的文本碳信息披露策略，作为企业可持续战略、绿色转型的积极信息和调整其乐观预期和增加企业投资交易的依据。而文本碳信息披露策略Carbon与商业信用Business不存在显著相关性，原因可能在于，企业长期合作的商业伙伴为企业提供一定周期的商业信用资金，更多关注的是企业的核心业务发展水平和市场竞争性，企业社会责任的履行和节能减排的行为并不能作为增加支持的依据。综上所述，不同融资渠道的资金供应者对文本碳信息披露策略是存在异质性预期和行为决策的。

表6-11　融资渠道的异质性检验结果

| 变量 | （1）Business | （2）Loan | （3）Credit | （4）Equity |
|---|---|---|---|---|
| Carbon | 0.001 | 0.005*** | 0.006*** | 0.002** |
| | (0.911) | (4.802) | (7.455) | (2.179) |
| Roe | 0.086*** | −0.061*** | 0.025*** | −0.073*** |
| | (9.609) | (−6.507) | (2.780) | (−8.488) |
| Lev | 0.286*** | 0.472*** | 0.758*** | −0.111*** |
| | (34.006) | (54.848) | (95.178) | (−16.460) |
| Size | 0.007*** | −0.004*** | 0.003** | 0.009*** |
| | (4.673) | (−2.618) | (2.139) | (9.322) |
| Growth | 0.000 | 0.000 | 0.000 | 0.178*** |
| | (−0.028) | (0.012) | (−0.016) | (24.903) |
| Soe | 0.019*** | −0.016*** | 0.003 | −0.010*** |
| | (4.865) | (−4.254) | (1.073) | (−4.301) |
| Ceopay | −0.002 | −0.004** | −0.006*** | −0.013*** |
| | (−0.829) | (−2.166) | (−3.630) | (−6.617) |
| Unperks | 0.193*** | −0.210*** | −0.017 | 0.442*** |
| | (4.089) | (−4.745) | (−0.450) | (7.788) |
| Indep | −0.031 | 0.024 | −0.007 | −0.007 |
| | (−1.464) | (1.142) | (−0.419) | (−0.359) |
| Occupy | 0.006 | −0.189*** | −0.184*** | −0.033 |
| | (0.122) | (−3.928) | (−3.764) | (−0.833) |
| Balance | −0.007 | 0.000 | −0.007** | 0.022*** |
| | (−1.537) | (−0.106) | (−2.108) | (5.971) |
| Mshare | 0.006 | 0.003 | 0.009* | −0.016** |
| | (0.875) | (0.448) | (1.713) | (−2.339) |
| Listage | −0.012*** | −0.002 | −0.013*** | 0.008*** |
| | (−5.649) | (−0.846) | (−8.167) | (4.204) |

| 变量 | （1） | （2） | （3） | （4） |
|---|---|---|---|---|
| | Business | Loan | Credit | Equity |
| Big4 | −0.020*** | −0.023*** | −0.043*** | −0.004 |
| | （−2.952） | （−3.458） | （−8.225） | （−1.181） |
| _cons | −0.015 | 0.116*** | 0.102*** | 0.146*** |
| | （−0.458） | （3.722） | （3.908） | （5.469） |
| 行业 | 固定 | 固定 | 固定 | 固定 |
| 年份 | 固定 | 固定 | 固定 | 固定 |
| Observation | 22558 | 22558 | 22558 | 22558 |
| $R^2$ | 0.421 | 0.544 | 0.792 | 0.187 |

注：括号内为企业聚类稳健标准误对应 $t$ 值。

***、**、*分别代表1%、5%、10%显著性水平。

### 6.3.4　内生性检验和稳健性估计

针对研究假设的实证检验结果，本研究进行如下稳健性测试。

1. 内生性检验

（1）IV工具变量法的回归分析

文本碳信息披露策略不仅会影响外部投资者的投资决策，继而影响企业的融资约束水平，而且该策略也会依据企业的融资约束水平进行调节，因此两者之间存在互为因果的内生性风险。本研究选取了除本公司外同省份企业的文本碳信息披露策略均值指标Iv_province和企业滞后一期的文本碳信息披露策略指标Lcarbon作为工具变量，进行2SLS回归分析。表6-12是IV工具变量法的回归分析结果。结果显示，除本公司外同省份企业的文本碳信息披露策略均值指标Iv_province和企业滞后一期的文本碳信息披露策略指标Lcarbon均会显著提升当期本公司碳信息披露Carbon的水平。第二阶段回归分析结果与主回归分析结果完全一致。此外，Kleibergen-Paap rk LM统计量和Kleibergen-Paap rk Wald F统计量证实不存在识别不足和弱工具变量问题，而Hansen J检验进一步证实所有工具变量均为外生变量，回归分析结果较稳健。

表6-12　IV工具变量法的回归分析结果

| 变量 | (1) | (2) |
|---|---|---|
|  | Carbon | Ww |
| Iv_province | 0.476*** | |
|  | (6.783) | |
| Lcarbon | 0.036*** | |
|  | (2.941) | |
| Carbon | | −0.012*** |
|  | | (−2.750) |
| Roe | 0.256*** | −0.095*** |
|  | (2.726) | (−22.484) |
| Lev | 0.617*** | −0.016*** |
|  | (6.131) | (−3.440) |
| Size | 0.063*** | −0.027*** |
|  | (3.589) | (−35.743) |
| Growth | −0.076*** | −0.043*** |
|  | (−3.255) | (−41.053) |
| Soe | 0.024 | −0.006*** |
|  | (0.521) | (−3.947) |
| Ceopay | −0.046 | −0.017*** |
|  | (−1.635) | (−16.899) |
| Unperks | −2.266*** | 0.106*** |
|  | (−3.877) | (4.382) |
| Indep | −1.037*** | −0.013 |
|  | (−3.649) | (−1.202) |
| Occupy | −1.230** | 0.087*** |
|  | (−2.159) | (3.689) |
| Balance | −0.117** | −0.001 |
|  | (−1.961) | (−0.475) |

续表

| 变量 | (1) | (2) |
|---|---|---|
| | Carbon | Ww |
| Mshare | 0.000 | −0.005* |
| | (0.001) | (−1.664) |
| Listage | 0.049* | −0.001 |
| | (1.699) | (−0.717) |
| Big4 | 0.010 | −0.022*** |
| | (0.110) | (−6.601) |
| _cons | 0.575 | −0.471*** |
| | (1.370) | (−29.044) |
| 行业 | 固定 | 固定 |
| 年份 | 固定 | 固定 |
| Kleibergen−Paap rk LM statistic | 54.55 | |
| | 0.000 | |
| Kleibergen−Paap rk Wald F statistic | 27.5 | |
| | 15% | |
| Hansen J statistic | 0.351 | |
| | 0.553 | |
| Observation | 19306 | 19306 |
| $R^2$ | 0.264 | 0.645 |

注:括号内为企业聚类稳健标准误对应 $t$ 值。

\*\*\*、\*\*、\*分别代表1%、5%、10%显著性水平。

(2)缓解遗漏变量风险的内生性检验

①增加省份和个体固定效应。考虑到本研究的实证分析可能因为遗漏变量导致回归结果不稳健。一方面,企业融资约束情况可能因不同地理区位和宏观经济发展状况而有所差异;另一方面,企业融资约束情况还受到企业层面各类特征因素的影响。为缓解遗漏变量风险,本研究在主回归基础上分别增加了省份和个体固定效应。表6-13是增加省份和个体固定效应后的回归分析结果。结

果显示,在增加了省份固定效应或个体固定效应回归中,文本碳信息披露策略 Carbon 均在 1% 显著性水平上与企业融资约束变量 Ww 负相关,且回归结果与主回归保持一致。

表6-13 增加省份和个体固定效应后的回归分析结果

| 变量 | (1) | (2) | (3) | (4) |
|------|------|------|------|------|
| | Ww | Ww | Ww | Ww |
| Carbon | −0.008***<br>(−11.053) | −0.004***<br>(−9.555) | −0.008***<br>(−11.109) | −0.004***<br>(−9.900) |
| Roe | | −0.094***<br>(−25.792) | | −0.096***<br>(−26.075) |
| Lev | | −0.018***<br>(−5.275) | | −0.019***<br>(−5.445) |
| Size | | −0.028***<br>(−45.935) | | −0.028***<br>(−44.639) |
| Growth | | −0.043***<br>(−46.462) | | −0.042***<br>(−46.085) |
| Soe | | −0.007***<br>(−4.870) | | −0.008***<br>(−5.197) |
| Ceopay | | −0.017***<br>(−18.876) | | −0.017***<br>(−19.315) |
| Unperks | | 0.133***<br>(6.796) | | 0.129***<br>(6.477) |
| Indep | | −0.015*<br>(−1.702) | | −0.014<br>(−1.566) |
| Occupy | | 0.094***<br>(4.765) | | 0.100***<br>(4.934) |
| Balance | | 0.000<br>(−0.053) | | 0.001<br>(0.484) |

续表

| 变量 | (1) | (2) | (3) | (4) |
|---|---|---|---|---|
| | Ww | Ww | Ww | Ww |
| Mshare | | −0.003 | | −0.003 |
| | | (−1.094) | | (−1.184) |
| Listage | | 0.000 | | 0.000 |
| | | (−0.241) | | (−0.060) |
| Big4 | | −0.023*** | | −0.024*** |
| | | (−8.802) | | (−9.172) |
| _cons | −0.947*** | −0.478*** | −0.968*** | −0.506*** |
| | (−103.615) | (−35.195) | (−134.605) | (−37.761) |
| 行业 | 固定 | 固定 | 固定 | 固定 |
| 年份 | 固定 | 固定 | 固定 | 固定 |
| 省份 | 固定 | 固定 | 不固定 | 不固定 |
| 个体 | 不固定 | 不固定 | 固定 | 固定 |
| Observation | 22556 | 22556 | 22556 | 22556 |
| $R^2$ | 0.141 | 0.688 | 0.097 | 0.673 |

注:括号内为企业聚类稳健标准误对应 $t$ 值。

***、**、*分别代表1%、5%、10%显著性水平。

②增加控制变量。考虑到原回归模型中可能遗漏高管对文本非内容相关特征策略性披露的影响。本研究在内生性回归分析中,进一步增加了高管所能采取的其他非内容相关的文本信息披露策略,包括文本语调膨胀披露策略 Rtone、文本正面语调离差披露策略 Pos_deviation、文本结构复杂性披露策略 Readibility1、文本逻辑复杂性披露策略 Readibility1、文本横向相似度披露策略 Simi_firm和文本纵向相似度披露策略 Simi_industry。表6-14是增加控制变量后的稳健性检验结果,回归分析结果与主回归分析结果高度一致。

表6-14　增加控制变量后的稳健性检验结果

| 变量 | (1) Ww | (2) Ww | (3) Ww |
|---|---|---|---|
| Carbon | −0.008*** (−10.166) | −0.008*** (−9.934) | −0.004*** (−8.992) |
| Roe | | | −0.099*** (−24.852) |
| Lev | | | −0.023*** (−6.209) |
| Size | | | −0.027*** (−39.773) |
| Growth | | | −0.042*** (−43.487) |
| Soe | | | −0.007*** (−4.039) |
| Ceopay | | | −0.016*** (−17.485) |
| Unperks | | | 0.133*** (6.267) |
| Indep | | | −0.004 (−0.395) |
| Occupy | | | 0.106*** (4.772) |
| Balance | | | 0.000 (0.066) |
| Mshare | | | −0.004 (−1.505) |
| Listage | | | −0.001 (−1.422) |

续表

| 变量 | (1) | (2) | (3) |
|---|---|---|---|
| | Ww | Ww | Ww |
| Big4 | | | −0.021***<br>(−6.564) |
| Readibility1 | | | 0.000<br>(1.421) |
| Readibility2 | | | −0.304***<br>(−2.914) |
| RTone | | | 0.000<br>(0.128) |
| Pos_deviation | | | −0.017**<br>(−2.275) |
| Simi_firm | | | −0.008*<br>(−1.663) |
| Simi_industry | | | 0.011**<br>(1.964) |
| _cons | −0.994***<br>(−570.664) | −0.941***<br>(−117.657) | −0.489***<br>(−34.906) |
| 行业 | 固定 | 固定 | 固定 |
| 年份 | 固定 | 固定 | 固定 |
| Observation | 19041 | 19041 | 19041 |
| $R^2$ | 0.024 | 0.112 | 0.666 |

注：括号内为企业聚类稳健标准误对应 $t$ 值。

\*\*\*、\*\*、\*分别代表1%、5%、10%显著性水平。

2. 稳健性检验

(1)替代被解释变量的稳健性检验

融资约束Sa指标计算采用企业规模和成立时长这两个不随时间大幅变化的指标，能有效克服内生性的问题。本研究参考费(Fee)等的做法，计算Sa指数,并对其取绝对值,作为融资约束Fc指标的替代,进行稳健性回归分析。[1]计算方式如下。

$$Sa_{i,t} = -0.737 \times Size_{i,t} + 0.043 \times Size_{i,t}^2 - 0.04 \times Age_{i,t} \qquad (6-15)$$

$$Fc_{i,t} = |Sa_{i,t}| \qquad (6-16)$$

表6-15是替代被解释变量的稳健性检验结果,文本碳信息披露策略Carbon均与企业融资约束Sa显著负相关,回归分析结果均与主回归分析结果高度一致。

表6-15 替代被解释变量的稳健性检验结果(一)

| 变量 | (1) | (2) | (3) |
|---|---|---|---|
| | Sa | Sa | Sa |
| Carbon | 0.005*** | -0.004*** | -0.003*** |
| | (7.003) | (-3.615) | (-3.307) |
| Roe | | | 0.011*** |
| | | | (2.632) |
| Lev | | | -0.010** |
| | | | (-2.030) |
| Size | | | -0.004*** |
| | | | (-4.550) |
| Growth | | | 0.000 |
| | | | (-0.035) |
| Soe | | | -0.008*** |
| | | | (-3.330) |
| Ceopay | | | 0.004*** |
| | | | (2.942) |
| Unperks | | | 0.115*** |
| | | | (4.160) |

---

[1] FEE C E, HADLOCK C J, PIERCE J R. Investment, financing constraints, and internal capital markets: Evidence from the advertising expenditures of multinational firms [J]. The review of financial studies, 2009, 22 (6):2361-2392.

| 变量 | (1) | (2) | (3) |
|---|---|---|---|
| | Sa | Sa | Sa |
| Indep | | | −0.061*** |
| | | | (−3.979) |
| Occupy | | | −0.036 |
| | | | (−1.136) |
| Balance | | | 0.000 |
| | | | (0.128) |
| Mshare | | | −0.003 |
| | | | (−0.583) |
| Listage | | | 0.037*** |
| | | | (23.742) |
| Big4 | | | −0.025*** |
| | | | (−4.527) |
| _cons | 1.329*** | 1.313*** | 1.251*** |
| | (476.250) | (203.187) | (57.400) |
| 行业 | 固定 | 固定 | 固定 |
| 年份 | 固定 | 固定 | 固定 |
| Observation | 22556 | 22556 | 22556 |
| $R^2$ | 0.007 | 0.175 | 0.344 |

注：括号内为企业聚类稳健标准误对应 $t$ 值。

***、**、*分别代表1%、5%、10%显著性水平。

（2）替代解释变量的稳健性检验

①考虑到测算文本碳信息披露策略时，采取文本所包含碳相关词汇的对数忽略了文本篇幅长度的影响，因此在稳健性检验过程中，计算了每个文本所包含碳相关词汇占文本总词汇数的比例Carbon2，作为替代解释变量。

②考虑到现有研究在测算文本碳信息披露策略时，没有考虑句子语义的影响，本研究针对碳信息词汇前的程度副词（包括否定词汇、弱化程度副词和强化

程度副词)进行语义分析,确定其对应的程度权重,并调整碳信息词汇的情感值。最终,通过计算经调整后的碳信息情感值的对数,来衡量文本碳信息披露策略Carbon_emotion。

③考虑到词汇重要性存在差异,本研究利用 TF-IDF 计算方法测算文本词汇的词频,并赋予各词汇重要性权重,通过测算所得的碳信息词汇的 TF-IDF 词频之和 Carbon_TF-IDF,将其作为替代解释变量,以评估文本中碳信息披露策略。

表 6-16 是替代解释变量的稳健性检验结果,三种替代解释变量的回归分析结果均与原回归分析结果高度一致。

**表6-16 替代被解释变量的稳健性检验结果(二)**

| 变量 | (1) | (2) | (3) |
|---|---|---|---|
| | Ww | Ww | Ww |
| Carbon2 | −0.794*** | | |
| | (−8.067) | | |
| Carbon_emotion | | −0.003*** | |
| | | (−9.768) | |
| Carbon_TF-IDF | | | −0.003** |
| | | | (−2.292) |
| Roe | −0.096*** | −0.096*** | −0.097*** |
| | (−26.117) | (−26.104) | (−26.261) |
| Lev | −0.019*** | −0.020*** | −0.022*** |
| | (−5.468) | (−5.648) | (−6.130) |
| Size | −0.028*** | −0.028*** | −0.028*** |
| | (−44.598) | (−44.322) | (−44.197) |
| Growth | −0.042*** | −0.042*** | −0.042*** |
| | (−45.997) | (−46.104) | (−45.740) |
| Soe | −0.008*** | −0.008*** | −0.008*** |
| | (−5.244) | (−5.199) | (−5.159) |

续表

| 变量 | (1) | (2) | (3) |
|---|---|---|---|
| | Ww | Ww | Ww |
| Ceopay | −0.017*** | −0.017*** | −0.017*** |
| | (−19.182) | (−19.080) | (−18.734) |
| Unperks | 0.131*** | 0.130*** | 0.140*** |
| | (6.552) | (6.555) | (6.927) |
| Indep | −0.013 | −0.012 | −0.009 |
| | (−1.432) | (−1.424) | (−1.012) |
| Occupy | 0.101*** | 0.103*** | 0.105*** |
| | (4.949) | (5.081) | (5.198) |
| Balance | 0.001 | 0.001 | 0.001 |
| | (0.494) | (0.522) | (0.722) |
| Mshare | −0.003 | −0.003 | −0.003 |
| | (−1.243) | (−1.070) | (−0.997) |
| Listage | 0.000 | 0.000 | 0.000 |
| | (−0.005) | (−0.212) | (−0.207) |
| Big4 | −0.025*** | −0.025*** | −0.025*** |
| | (−9.156) | (−9.260) | (−9.182) |
| _cons | −0.473*** | −0.475*** | −0.477*** |
| | (−36.380) | (−36.585) | (−36.605) |
| 行业 | 固定 | 固定 | 固定 |
| 年份 | 固定 | 固定 | 固定 |
| Observation | 22556 | 22556 | 22556 |
| $R^2$ | 0.680 | 0.681 | 0.677 |

注:括号内为企业聚类稳健标准误对应 $t$ 值。

***、**、*分别代表1%、5%、10%显著性水平。

(3)缓解异方差问题的稳健性检验

为避免标准误异方差问题,在稳健性回归中,我们在原回归基础上,采取企业和年份双聚类调整的稳健标准误。表 6-17 是双聚类标准误的稳健性检验结果，该结果与主回归高度吻合。

表 6-17 双聚类标准误的稳健性检验结果

| 变量 | (1) | (2) | (3) |
|---|---|---|---|
| | Ww | Ww | Ww |
| Carbon | −0.008***<br>(−7.916) | −0.004***<br>(−3.624) | −0.004***<br>(−9.146) |
| Roe | | −0.099***<br>(−9.747) | −0.096***<br>(−10.291) |
| Lev | | −0.038***<br>(−8.292) | −0.019***<br>(−5.285) |
| Size | | −0.024***<br>(−28.222) | −0.028***<br>(−35.018) |
| Growth | | −0.039***<br>(−18.677) | −0.042***<br>(−29.315) |
| Soe | | −0.011***<br>(−5.942) | −0.008***<br>(−4.951) |
| Ceopay | | −0.022***<br>(−7.952) | −0.017***<br>(−15.991) |
| Unperks | | 0.114***<br>(4.142) | 0.129***<br>(5.101) |
| Indep | | −0.018<br>(−1.626) | −0.014<br>(−1.549) |
| Occupy | | 0.036<br>(1.051) | 0.100***<br>(3.755) |
| Balance | | 0.001<br>(0.656) | 0.001<br>(0.483) |
| Mshare | | −0.005<br>(−1.429) | −0.003<br>(−1.234) |

续表

| 变量 | （1） | （2） | （3） |
|------|------|------|------|
|      | Ww | Ww | Ww |
| Listage |  | −0.003 | 0.000 |
|         |  | （−1.442） | （−0.029） |
| Big4 |  | −0.028*** | −0.024*** |
|      |  | （−7.015） | （−7.430） |
| _cons | −0.996*** | −0.456*** | −0.471*** |
|       | （−262.124） | （−11.378） | （−32.290） |
| 行业 | 固定 | 固定 | 固定 |
| 年份 | 固定 | 固定 | 固定 |
| Observation | 22556 | 22556 | 22556 |
| $R^2$ | 0.024 | 0.618 | 0.681 |

注：括号内为企业聚类稳健标准误对应 $t$ 值。

\*\*\*、\*\*、\*分别代表1%、5%、10%显著性水平。

（4）筛选样本的稳健性检验

考虑到存在破产危机的企业在融资约束情况和信息披露决策与正常经营企业存在异质性差异，本研究在主回归分析的基础上，进一步剔除了破产危机企业的样本。在稳健性检验中，我们计算企业破产风险指标Zscore，并将破产风险指标取值小于1.81的企业视为财务风险企业加以剔除（共剔除了1523个企业样本）。表6-18是删除破产危机样本后的稳健性检验结果，该结果与主回归分析结果高度一致。

表6-18　删除破产危机样本后的稳健性检验结果

| 变量 | （1） | （2） | （3） |
|------|------|------|------|
|      | Ww | Ww | Ww |
| Carbon | −0.008*** | −0.008*** | −0.004*** |
|        | （−11.153） | （−10.735） | （−10.155） |

续表

| 变量 | (1) | (2) | (3) |
|---|---|---|---|
| | Ww | Ww | Ww |
| Roe | | | −0.112***<br>(−27.309) |
| Lev | | | −0.010***<br>(−2.900) |
| Size | | | −0.028***<br>(−44.810) |
| Growth | | | −0.042***<br>(−43.554) |
| Soe | | | −0.007***<br>(−4.810) |
| Ceopay | | | −0.016***<br>(−18.601) |
| Unperks | | | 0.125***<br>(6.321) |
| Indep | | | −0.010<br>(−1.195) |
| Occupy | | | 0.102***<br>(5.023) |
| Balance | | | 0.001<br>(0.751) |
| Mshare | | | −0.002<br>(−0.809) |
| Listage | | | 0.000<br>(−0.548) |
| Big4 | | | −0.024***<br>(−9.210) |
| _cons | −0.993***<br>(−629.567) | −0.943***<br>(−126.629) | −0.487***<br>(−37.131) |

续表

| 变量 | (1) | (2) | (3) |
|---|---|---|---|
| | Ww | Ww | Ww |
| 行业 | 固定 | 固定 | 固定 |
| 年份 | 固定 | 固定 | 固定 |
| Observation | 21033 | 21033 | 21033 |
| $R^2$ | 0.023 | 0.098 | 0.672 |

注：括号内为企业聚类稳健标准误对应 $t$ 值。

\*\*\*、\*\*、\*分别代表1%、5%、10%显著性水平。

## 6.4　本章小结

基于我国A股市场非金融公司2010—2021年年报中管理层分析与讨论的文本进行分析，本章研究了文本碳信息披露策略对企业融资约束的影响。实证研究结果发现：①文本碳信息披露策略发挥积极信息作用，显著缓解企业融资约束。②文本碳信息披露策略是一种积极信息，通过提升潜在投资者积极的预期，继而实现投资转化和融资约束缓解。③真实性文本碳信息披露策略和操纵性文本碳信息披露策略均可能缓解企业融资约束问题。说明高管可能采取综合性信息披露策略手段，通过真实性和操纵性文本信息披露策略方式来实现短期内缓解企业融资约束的广义的机会主义目的。④从融资渠道视角，文本碳信息披露策略能显著促进银行贷款来源和股权融资渠道的资金获取，而对于商业信用渠道而言，文本碳信息披露策略可能不能显著增加商业合作伙伴对企业的资金支持。本研究的结论说明，企业及其高管可能采取文本碳信息披露策略，促进资金要素的获取、缓解企业融资约束问题。若企业高管为实现资源获取，采取了操纵性的文本碳信息披露策略，可能通过误导资本市场部分投资者的预期和投资行为，继而实现缓解融资约束的策略目的。但是，机会主义手段决定了其效果可能是短暂的，短期内高管可以利用信息优势、操纵披露信息来助力企业资金的获取，然而随着新信息流的出现，外部投资者获取企业实际信息、洞悉高管信息操纵的概率上升。若某一天被投资者证实企业披露了不实或夸大的信息，则可能停止资金支持,甚至可能产生反感和报复的情绪,为企业长期经营发展带来消极的经济后果。

虽然本研究仅基于2010—2021年的数据样本进行实证检验,但最新研究表明,文本特征词策略在近年仍然是高管实现广义机会主义目的的重要手段。刘华和陈湘郴的实证研究证实,碳信息披露能够通过缓解企业融资约束来提升企业价值,这与本研究的结论一致。❶此外,李强和张梦瑶的研究发现,披露的碳信息中的增量越多,商业信用融资的额度越高且期限越长。❷这些研究结果进一步支持了本研究的结论,即高管通过文本特征词策略进行机会主义行为的趋势并未改变,且这种策略在治理和监督中仍是关键性的信息披露问题。

在智能会计的监督下,文本特征词策略的重要性愈发凸显。智能会计通过应用先进的数据分析技术,能够有效地识别和监督高管是否通过操纵文本特征词来实现机会主义目的。例如,普华永道会计师事务所在2024年的研究中指出,金融机构在投融资排放基准研究中,优化了投融资碳排放披露进程,这表明智能会计在提高信息披露质量和市场透明度方面的重要作用。智能会计的发展不仅提高了对企业披露信息质量的监督效率,还为投资者和监管机构提供了更精准的风险评估和决策支持,成为提高治理和监督有效性的关键因素之一。

---

❶ 刘华,陈湘郴.碳信息披露、融资约束与企业价值——基于文本分析的经验证据[J].研究与发展管理,2024,36(1):66-79.

❷ 李强,张梦瑶.碳信息披露能提升企业商业信用融资吗?[J/OL].(2024-09-10)[2024-09-10].https://doi.org/10.13762/j.cnki.cjlc.20240814.001.

# 第7章　结论与对策

本研究基于信息不对称理论、信号传递理论、委托代理理论、印象管理理论和投资者有限理性理论,综合采取文献综述方法、理论分析方法、实证分析方法、计算机文本分析方法,旨在厘清上市公司高管在文本信息披露策略选择下可能存在的机会主义行为表现和影响机制。

## 7.1　研究结论

### 7.1.1　研究发现

本研究利用文本分析方法,对中国A股市场上市企业年报中管理层分析与讨论文本进行分析,得到了如下的研究结论。

在智能会计视域下,会计文本信息的分析不再局限于传统的内容和方法。智能会计通过应用先进的信息技术,如大数据分析、云计算、人工智能等,能够对会计文本信息进行深度挖掘和智能分析,从而揭示管理层在信息披露中的真实意图和潜在机会主义行为。这种分析有助于识别和预防可能的财务风险,提高信息披露的质量和透明度,保护投资者和其他利益相关者的权益。智能会计的发展为会计文本信息的分析提供了新的工具和方法。例如,通过自然语言处理技术,智能会计系统能够自动提取和分析会计文本中的关键信息,识别管理层可能采取的文本特征词策略,无论是真实性披露还是操纵性披露。这种技术的应用不仅提高了分析的效率和准确性,还增强了对会计信息披露行为的监督能力。此外,智能会计系统还能够通过机器学习和模式识别技术,对管理层的信息披露行为进行预测和预警。

第一,文本语调披露策略是反映信息发布者披露情绪和倾向的一种真实性或操纵性的披露策略。本研究基于文本语调披露策略与高管机会主义行为进行研究,发现高管超额薪酬会显著增加其文本语调膨胀披露策略和文本正面语调离差披露策略的使用。其中,中介机制分析发现,高管超额薪酬可能通过增加个体和机构投资者关注度,引致文本语调披露策略的增加;异质性检验发现,高管能力较低、企业盈余管理和高管过度乐观并不会显著影响两者正向效应。相反地,报刊和网络媒体负面报道倾向会加剧两者的正向作用。研究结果表明,高管可能在狭义机会主义行为(获取超额薪酬私有收益)之后,采取操纵性的文本语调披露策略(文本语调膨胀披露策略和文本正面语调离差披露策略)进行合理性辩护,目的是缓解因超额私利获取引发投资者关注增加导致的消极经济后果。而基于机会主义动机观,当高管面临更大的公众舆论压力时,其可能出于印象管理和声誉维护动机,采取更多的文本语调披露策略。综上所述,高管可能采取综合性的文本语调披露策略,通过操纵性文本信息披露策略方式,实现其狭义性的机会主义目的。

第二,文本可读性披露策略是高管减少披露信息量、降低文本阅读性的一种掩饰性的披露策略。本研究基于文本可读性披露策略下高管机会主义行为进行研究,发现高管采取文本可读性披露策略(主要是文本结构复杂性披露策略),可能显著增加高管机会主义减持行为。其中,中介机制发现,高管采取文本可读性披露策略,可能通过引导投资者非理性情绪增加,继而为其机会主义减持创造条件。异质性检验发现,在外部市场监管较差,行业竞争较小,企业信息治理较差和内部控制不完备的上市企业,可能加剧高管文本可读性披露策略对机会主义减持的正向影响。研究结果表明,高管可能在狭义机会主义行为(机会主义减持)之前,采取掩饰性的文本可读性披露策略(特别是文本结构复杂性披露策略),掩饰或拖延企业不利信息的披露,目的可能是迎合投资者积极预期,避免投资者消极反应,为其机会主义减持创造条件。而基于企业内外治理视角,完善的企业内外监管和治理机制,能够有效抑制这种利用文本可读性披露策略实现私有收益的狭义机会主义行为。综上所述,高管可能采取单一性的文本可读性披露策略,通过掩饰性文本信息披露策略方式,实现其狭义性的机会主义目的。

第三,文本相似度披露策略是高管增加与历史信息和同行业其他企业信息重复性披露、减少公布企业特质信息的一种掩饰性的披露策略。本研究基于文本相似度披露策略下高管机会主义行为进行研究,发现经济政策不确定性会显著降低高管文本相似度披露策略(文本纵向相似度披露策略和文本横向相似度披露策略)的使用。其中,中介机制发现,经济政策不确定性可能通过抑制投资者非理性情绪,继而降低高管采取文本相似度披露策略的倾向;异质性检验发现,当高管持续经营动机、竞争动机和高管自身声誉维护动机更高时,可能显著加剧两者的负向影响。研究结果表明,高管可能在经济政策不确定性较高的外部环境影响下,出于缓解信息不对称、释放企业积极信息目的广义机会主义目的,减少掩饰性的文本相似度披露策略使用,目的是释放更多企业特质信息,减少投资者信心下挫对其产生的消极影响。而基于机会主义动机观,当高管出于持续经营动机、竞争优势动机和高管自身声誉维护动机驱使时,在外部环境冲击下,更可能减少文本相似度披露策略的使用。综上所述,高管可能采取综合性的文本相似度披露策略,通过调节掩饰性信息披露策略程度的方式,实现其广义性的机会主义目的。

第四,文本特征信息披露策略是披露文本中针对某一特定维度信息,高管调节披露信息量多少的一种真实性或者操纵性的披露策略。本研究基于文本特征信息披露策略下高管机会主义行为进行研究,发现高管采取文本特征信息披露策略(主要是文本碳信息披露策略),会显著缓解企业融资约束。其中,中介机制发现,高管可通过采取文本碳信息披露策略,实现潜在投资者非理性情绪的引导,继而缓解企业融资约束;异质性检验发现,无论高管采取的是真实性文本碳信息披露策略还是操纵性文本碳信息披露策略,均可能实现融资约束的缓解,即投资者并不能完全有效辨别文本特征信息披露的真实性。而文本碳信息披露策略可能通过增加银行贷款和股权融资渠道,实现企业融资约束缓解。研究结果表明,高管可能采取真实性或操纵性的文本特征信息披露策略,实现缓解企业融资约束的广义机会主义目的,作用途径是通过引导或误导潜在投资者非理性情绪实现。而基于融资渠道视角,高管文本特征信息披露策略对融资约束的缓解可能是通过拓展银行贷款和股权融资(非商业信用)实现的。综上所述,高管可能采取综合性的文本语调披露策略,通过真实性或操纵性文本信息披露策略方式,实现其广义性的机会主义目的。

### 7.1.2 治理对策

结合资本市场实际和本文研究结论,提出如下启示和建议。

1. 政府部门应不断强化对企业信息披露和机会主义行为的监管治理

首先,完善表外文本信息披露内容和表述方式的规范和要求。本研究发现,上市企业高管可能利用定期报告中的文字裁量权和文本信息披露策略,实现其想要实现的机会主义目的。当然,这种机会主义行为既可能是为实现私有收益最大化的狭义机会主义行为,也可能是为维护和实现共享收益最大化的广义机会主义行为,短期内不一定会造成显性的消极经济后果。近年来,中国证监会出台和调整了一系列信息披露监管措施,这些监管措施提高了企业操纵报表定量信息的成本,降低了企业盈余管理的动机,在一定程度上,提高了企业财务报表的真实性。然而,相较于传统财务数字信息,表外文本信息的披露规范和要求暂时没有相对统一的标准,为内部人士采取文本信息披露策略去实现其特定机会主义目的创造了可能。近几年,各国均逐渐意识到完善表外文本信息监管和要求的必要性。例如,美国证券交易委员会明确规定,上市企业信息披露必须满足简明性原则,并提出了文本可读性公式倡议,目的是完善文本信息的披露要求。而中文作为一种语义信息复杂的语言,存在句式复杂、词义广泛和语言晦涩等特点,这给有关部门的监管带来了巨大的挑战。在实践中,中国证监会在2001年、2005年和2013年分别对上市企业披露公开信息的文字和内容做了相关规定,明确要求企业披露信息需要满足简洁、通俗和较高可读性的要求。然而,针对上市企业披露外表信息的规范作用非常有限,原因在于没有一个相对明晰的评判标准和监管举措。因此,本研究认为,未来政府部门应充分调动监管和规范效力,完善表外文本信息披露机制,健全违规行为监管治理体系。一方面,规范表外信息的披露准则,既要规范内容披露,也要重视对内容以外信息(特别是语调信息)的监管,特别是制定具体和统一的规范用词用语标准,防止企业过度主观和误导性表达。另一方面,针对企业涉嫌对表外文本信息进行操纵的行为,明确规定具体的惩罚标准和惩罚举措,有效警示涉事人员,提升其操纵文本信息的成本,抑制其操纵倾向和行为。

其次,倡导企业增强披露文本信息含量、主动提升文本信息披露质量。目前来看,文本信息之所以能成为企业高管获取私利、机会主义操纵的手段,核心原因是企业内外部信息不对称程度较高。本研究也证实了上市企业主动增加信息披露质量和特质披露信息,能够有效缓解信息不对称,提升外部利益相关者对企业的正确认知,有利于企业融资渠道拓展和融资约束缓解。因此,政府部门应持续倡导企业优化强制和非强制信息的披露,披露目的并非单纯为应付监管要求,而是积极提升信息披露的意愿和企业增量信息的公布,真正有效降低企业内外部信息不对称。这种倡导可以通过一些实质性和非实质性的措施展开。例如,建立统一的网络信息披露平台。由政府出面构建具有公信力的官方平台,向社会公布定期和统一的公司信息,并提供快捷下载服务,让外部利益相关者及时获取有效信息。也可以举办一些企业宣讲会,向企业倡导优化信息披露质量对企业和高管未来发展的有益之处,从根本上改变企业和高管信息披露的意识。

最后,健全违规信息披露和企业违规行为的追溯和监察机制。若上市企业高管进行文本信息披露是为了实现某种机会主义目的的,则其事前和事后一定是有迹可循的。监管部门应培养动机意识,重点关注企业机会主义风险时期的披露信息,谨防印象管理和掩饰操纵。例如,在高管薪酬过高和减持交易频繁时期,应重点针对上市企业披露财务数字信息和表外信息进行追踪和监查,对信息披露真实性进行交叉验证,防止信息违规和操纵。同时,完善违规追溯机制。一旦发现上市企业存在信息操纵行为则采取追溯流程,对涉事企业和负责人进行严格审查,若证实存在刻意隐瞒、信息造假和不实披露的情况,根据相关的制度和法律严厉惩治,从根源上抑制上市企业高管利用文本信息披露策略去实现特定机会主义目的,损害其他利益相关者权益的行为,提升上市企业信息披露的真实性、可靠性和准确性。

2. 上市企业应自觉提升表外文本信息的披露质量,减少文本的误导性表述,真实有效地披露企业特质信息。同时,规范企业治理和监管,主动减少短视行为和机会主义行为

首先,企业应树立大局意识,确保披露的信息含量和信息质量。前期研究对高管利用文本信息披露策略实现机会主义目的的研究多聚焦于狭义机会主义视

角,发现了高管利用文本信息披露策略获取私有收益的行为。本研究则基于广义机会主义视角,发现上市企业高管可以利用文本信息披露策略去实现和维护共享收益的行为。这种广义机会主义行为短期内并不会引发显性的消极经济后果。然而,机会主义行为的本质决定其并未从根本上改善企业经营,而是利用自身比较优势来实现。伴随着比较优势的消失,其效果则可能是短期性的。因此,上市企业在文本信息披露时,应该保持长局意识,真实可靠地公布企业文本信息,以有效缓解信息不对称,增进利益相关者了解。特别是当企业需要通过信息披露、发展自身和提升核心竞争力的攻坚时期,如企业面临宏观经济和政策压力较大的时期和企业需要获取资源、改善经营管理的转型的关键时期,更应该如实地披露企业信息(财务数字信息和表外文本信息),以便向市场传递企业真实信息,降低内外部信息不对称,实现市场竞争力的提升。同时,企业不应当且仅当面临宏观经济政策变动和外部竞争压力时,改善企业信息披露质量,而应将信息披露质量提升作为持续经营发展、提升竞争优势的关键抓手,始终杜绝信息披露的操纵和造假行为,切实优化市场信息环境。

其次,企业应杜绝短视行为,自觉减少和抑制文本信息披露策略和机会主义行为。本研究发现,企业高管可能通过操纵性文本信息披露策略(文本语调披露策略和操纵性文本特征信息披露策略)和掩饰性文本信息披露策略(文本可读性披露策略和文本相似度披露策略),在高管狭义机会主义行为(机会主义减持)之前和(高管超额薪酬)之后,实现信息操纵或掩盖。但是,企业及高管需要明确的是,利用文本信息披露策略去实现狭义机会主义目的,其收益可能是短期性的,也可能引发消极的经济后果,如监管部门的惩罚、声誉受损和长期利益的损失等。因此,企业应不断完善经营治理和信息披露,杜绝机会主义行为和文本信息披露策略,避免因损害利益相关者的利益,导致对企业经营发展和自身名誉造成的负面影响。

最后,企业应完善信息披露的治理机制,从根源上抑制利用文本信息披露策略实现机会主义目的的行为,提升信息披露质量。企业及其高管之所以可能通过文本信息披露策略,实现机会主义目的,可能的原因是企业内部没有完善的制度和规范,没有明确表外信息披露的要求和权责划分。因此,企业应完善内部自查、自监体系,搭建企业内部监察举报平台和奖励举措,调动企业内部人士监管热情和纠错意识。同时,企业应完善高管追溯追责机制,对高管利用文本信息披露策略进行机会主义行为严厉惩罚。

3. 投资者应不断提升信息解读能力、投资知识储备,做理性投资者

首先,投资者应不断提升投资能力,有效甄别和解读企业披露信息。我国资本市场以散户投资者为主,占到了投资者总数的90%,然而相较于机构投资者,散户投资者的投资专业能力较弱,甄别和解读企业披露信息的能力较差。一方面,投资者应掌握信息甄别的能力。资本市场中充斥着大量的信息,投资者需要获取多渠道的企业信息,且具备甄别和区分信息真实性的能力,对所获得信息要理性交叉验证和充分解读。另一方面,投资者应不断提升投资技能和知识,要综合各方面信息(企业披露的财务数字信息和表外文本信息、市场信息和媒体信息等),结合专业知识有效判断企业价值。杜绝单纯基于"小道消息"或经验判断,进行投资和交易。

其次,投资者需要提升投资决策的理性,作价值投资者。我国资本市场长期存在很多非理性的投资者,投资决策依赖于"小道消息"和"跟风交易",如2010年,中国上市企业频繁炒作互联网金融和区块链概念,原因是大量非理性投资者对所谓的概念股保持高涨情绪和较高的购买意愿,然而结果导致大量投资者被套,损失惨重。因此,投资者应保持理性的投资态度,全面收集和理解企业披露的各类信息,包括传统财务数字信息和表外文本信息,理性解读、交叉验证,始终保持客观和谨慎的态度去理解企业信息和进行价值判断。更重要的是,避免基于"小道消息"和非正规渠道信息的交易行为,要杜绝"炒新、炒小、炒快"的跟风交易行为,做理性的价值投资者。

## 7.2 研究不足与未来展望

尽管本研究为我国文本信息披露的相关研究提供了一些新的证据,具有一定的理论意义和实践价值,然而仍然存在一定的研究局限,需要在未来的研究中,进一步验证和完善。

第一,本研究旨在解决的是高管机会主义动机下文本信息披露策略的选择问题。然而,上市企业高管是资本市场中的组成部分,其行为决策可能受到其他企业内外利益相关者的影响。未来研究可以就其他行为主体在高管文本信息披露策略和机会主义行为决策的作用和异质性影响视角展开讨论。

第二,本研究基于文本信息披露策略的分析,将年报中管理层分析与讨论整体文本作为研究对象。但是,管理层分析与讨论文本的披露内容可能因章节存在差异,如总结部分和展望部分。未来研究可对管理层分析与讨论文本章节和内容进行区分,探讨高管基于不同部分文本信息采取的披露策略是否存在异质性差异。

第三,文本信息披露策略可能受高管个人特质和企业内外环境等因素的影响。本研究主要分析了高管机会主义动机对文本信息披露策略的影响。尽管在实证检验中,加入了高管特征维度和企业内外环境因素的影响。未来仍需要深入关注和分析高管特征及公司内外环境因素对高管文本信息披露策略的影响。特别是针对不同性质的企业,如国有企业、集团企业等,其文本信息披露策略下的机会主义行为可能存在异质性差异,接下来也需要就产权性质不同企业的决策行为进行深入探讨。

第四,本研究主要基于中国资本市场大量上市企业样本进行了实证分析检验,旨在发现普适性的结论,厘清上市企业高管文本信息披露策略选择下的机会主义行为表现和作用机制。然而,上市企业个体在具体的实践中可能存在其自身的特点和表现。未来研究可基于典型案例和事件,深入展开上市企业高管文本信息披露策略选择及其机会主义行为的案例研究。

# 参考文献

[1]卞世博,管之凡,奚欢,等.管理层—投资者互动与股票流动性——来自上市公司年度业绩说明会的经验证据[J/OL].(2024-06-11)[2024-09-10].https://doi.org/10.16314/j.cnki.31-2074/f.20240611.001.

[2]卞世博,贾德奎,阎志鹏.招股说明书负面语调与IPO表现[J].系统管理学报,2020,29(6):1025-1033.

[3]卞世博,阎志鹏."答非所问"与IPO市场表现——来自网上路演期间的经验证据[J].财经研究,2020,46(1):49-63.

[4]曾庆生,周波,张程,等.年报语调与内部人交易:"表里如一"还是"口是心非"?[J].管理世界,2018,34(9):143-160.

[5]曾庆生.公司内部人具有交易时机的选择能力吗?——来自中国上市公司内部人卖出股票的证据[J].金融研究,2008(10):117-135.

[6]陈华,包也,孙汉.高管薪酬与社会责任报告的印象管理[J].上海财经大学学报,2021,23(4):76-90.

[7]陈学胜,张建波,董文龙.资本市场开放降低了企业融资约束吗?——基于中国上市公司的实证研究[J].证券市场导报,2012(11):32-38.

[8]陈艳艳,程六兵.经济政策不确定性、高管背景与现金持有[J].上海财经大学学报,2018,20(6):94-108.

[9]陈雨欣.代理成本与机会主义行为——基于中央部门预算执行审计发现的经验证据[J].财会通讯,2020(14):42-45.

[10]陈运森.独立董事的网络特征与公司代理成本[J].经济管理,2012,34(10):67-76.

[11]陈作华,陈娇娇.内部人交易与信息效率——来自中国上市公司的经验证据[J].证券市场导报,2019(11):42-52.

[12]成松豪,张兵.投资者有限关注行为与IPO表现——基于百度指数的研究[J].金融经济学研究,2014,29(6):54-63.

[13]程果.股权激励的管理层机会主义择时:市场准确判断or盈余管理结果?[J].上海金融,2020(1):39-53.

[14]储一昀,仓勇涛.财务分析师预测的价格可信吗?——来自中国证券市场的经验证据[J].管理世界,2008(3):58-69.

[15]褚剑,方军雄.中国式融资融券制度安排与股价崩盘风险的恶化[J].经济研究,2016,51(5):143-158.

[16]丁振松,齐鲁骏.民营上市公司控制权转移、机构投资者与大股东掏空[J].管理现代化,2020,40(2):64-66.

[17]董望,陈俊,陈汉文.内部控制质量影响了分析师行为吗?——来自中国证券市场的经验证据[J].金融研究,2017(12):191-206.

[18]杜闪,王站杰.企业社会责任披露、投资效率和企业创新[J].贵州财经大学学报,2021(1):52-62.

[19]杜湘红,伍奕玲.基于投资者决策的碳信息披露对企业价值的影响研究[J].软科学,2016,30(9):112-116.

[20]樊纲.制度改变中国:制度变革与社会转型[M].北京:中信出版社,2014:1-275.

[21]范丹,杨中园,凡盼来.委托代理视角下碳信息披露的减排效应:理论机理与经验证据[J].系统工程理论与实践,2024,44(7):2194-2212.

[22]范经华,张雅曼,刘启亮.内部控制、审计师行业专长、应计与真实盈余管理[J].会计研究,2013(4):81-88,96.

[23]范黎波,尚铎.管理层语调会影响慈善捐赠吗?——基于上市公司"管理层分析与讨论"文本分析的研究[J].经济与管理研究,2020,41(2):112-126.

[24]傅颀,乐婷,徐静.有效激励还是以权谋私:超额高管薪酬与股价崩盘风险——基于不同产权性质的实证研究[J].财经论丛,2017(9):74-82.

[25]葛家澍,王亚男.论会计信息的可理解性——国际比较、影响因素与对策[J].厦门大学学报(哲学社会科学版),2011(5):26-33.

[26]葛锐,刘晓颖,孙筱蔚.审计师更换影响管理层报告信息增量了吗？——来自纵向文本相似度的证据[J].审计研究,2020(4):113-122.

[27]耿歆雨,赵栓文.企业盈余管理程度对社会责任报告可读性的影响研究[J/OL].（2024-07-19）[2024-09-10]. http://kns. cnki. net/kcms/detail/61.1421. C.20240719.1827.012.html.

[28]顾斌,周立烨.我国上市公司股权激励实施效果的研究[J].会计研究,2007(2):79-84,92.

[29]顾煜,程丹.创业板高管减持与公司业绩实证研究[J].商业研究,2013(11):80-85.

[30]国家电力投资集团有限公司,中国国际经济交流中心.中国碳达峰碳中和进展报告(2021)[M].北京:社会科学文献出版社,2021.

[31]韩金红,余珍.碳信息披露与企业投资效率——基于2011—2015年CDP中国报告的实证研究[J].工业技术经济,2017,36(8):117-124.

[32]何海洋.董事高管责任保险对MD&A信息含量的影响研究——基于文本相似度的视角[J].上海金融,2024(4):14-26.

[33]何玉,唐清亮,王开田.碳信息披露、碳业绩与资本成本[J].会计研究,2014(1):79-86,95.

[34]贺康,万丽梅.政治关联与管理层语调操纵——声誉约束观还是资源支持观？[J].中南财经政法大学学报,2020(5):17-27,158-159.

[35]黄华,何威风,吴玉宇.央企董事会试点与上市公司盈余管理行为[J].会计研究,2020(7):90-103.

[36]黄萍萍,李四海.社会责任报告语调与股价崩盘风险[J].审计与经济研究,2020,35(1):69-78.

[37]黄萍萍,温素彬.社会责任文本信息策略性披露的识别研究——基于社会责任负面事件的情境[J].会计研究,2023(10):33-47.

[38]黄蓉,何宇婷.环境信息披露与融资约束之动态关系研究——基于重污染行业的检验证据[J].金融经济学研究,2020,35(2):63-74.

[39]黄送钦,吴利华,许从宝.高管超额薪酬影响了企业债务融资吗[J].当代财经,

2017(11):110-122.

[40]贾德奎,卞世博.招股说明书负面语调能预测IPO后业绩表现吗?[J].金融论坛,2019,24(10):60-69.

[41]贾鲜凤,田高良.高管薪酬激励、代理成本与企业社会责任[J].财会通讯,2019(33):15-19.

[42]姜付秀,王运通,田园,等.多个大股东与企业融资约束——基于文本分析的经验证据[J].管理世界,2017(12):61-74.

[43]姜付秀,张敏,陆正飞,等.管理者过度自信、企业扩张与财务困境[J].经济研究,2009,44(1):131-143.

[44]姜付秀,张晓亮,蔡文婧.CEO的财务经历有利于缓解企业融资约束吗[J].经济理论与经济管理,2018(7):74-87.

[45]靳光辉,刘志远,花贵如.政策不确定性与企业投资——基于战略性新兴产业的实证研究[J].管理评论,2016,28(9):3-16.

[46]孔晨,陈艳.管理层权力、公司治理与盈余预测质量关系研究[J].经济体制改革,2019(1):128-134.

[47]李秉成,苗霞,聂梓.MD&A前瞻性信息能提升财务危机预测能力吗——基于信号传递和言语有效理论视角的实证分析[J].山西财经大学学报,2019,41(5):108-124.

[48]李伯华,赵宝福,贾凯威,等.谁主"沉浮"?——基于投资者理性变动对股市波动的影响分析[J].运筹与管理,2023,32(9):193-199.

[49]李春涛,张计宝,张璇.年报可读性与企业创新[J].经济管理,2020,42(10):156-173.

[50]李慧云,石晶,李航,等.公共压力、股权性质与碳信息披露[J].统计与信息论坛,2018,33(8):94-100.

[51]李建军,唐松莲.保荐机构、风险资本声誉与公司IPO前后盈余信息质量[J].华东理工大学学报(社会科学版),2019,34(3):51-62.

[52]李力,杨园华,牛国华,等.碳信息披露研究综述[J].科技管理研究,2014,34(7):234-240.

[53]李强,张梦瑶.碳信息披露能提升企业商业信用融资吗?[J/OL].(2024-08-14)[2024-09-10].https://doi.org/10.13762/j.cnki.cjlc.20240814.001.

[54]李世刚,蒋尧明.上市公司年报文本信息语调影响审计意见吗?[J].会计研究,2020(5):178-192.

[55]李秀玉,史亚雅.绿色发展、碳信息披露质量与财务绩效[J].经济管理,2016,38(7):119-132.

[56]李雪婷,宋常,郭雪萌.碳信息披露与企业价值相关性研究[J].管理评论,2017,29(12):175-184.

[57]李燕媛."管理层讨论与分析"信息披露——基于供应链构建与解构的多维审视[J].中南财经政法大学学报,2012(4):101-106.

[58]李增福,董志强,连玉君.应计项目盈余管理还是真实活动盈余管理?——基于我国2007年所得税改革的研究[J].管理世界,2011(1):121-134.

[59]李志军,王善平.货币政策、信息披露质量与公司债务融资[J].会计研究,2011(10):56-62,97.

[60]梁琪,刘笑瑜,田静.经济政策不确定性、意见分歧与股价崩盘风险[J].财经理论与实践,2020,41(3):46-55.

[61]梁思源,曾庆生.客户MD&A语调影响供应商投资效率吗?[J].财务研究,2023(1):45-57.

[62]林乐,谢德仁.分析师荐股更新利用管理层语调吗?——基于业绩说明会的文本分析[J].管理世界,2017(11):125-145,188.

[63]林乐,谢德仁.投资者会听话听音吗?——基于管理层语调视角的实证研究[J].财经研究,2016,42(7):28-39.

[64]林煜恩,李欣哲,卢扬,等.管理层语调的信号和迎合:基于中国上市企业创新的研究[J].管理科学,2020,33(4):53-66.

[65]刘红忠,赵娇阳.经济政策不确定性、融资风险与企业"短贷长投"[J].上海金融,2021(1):12-23.

[66]刘华,陈湘郴.碳信息披露、融资约束与企业价值——基于文本分析的经验证据[J].研究与发展管理,2024,36(1):66-79.

[67]刘会芹,杨翟婷,施先旺.年报特质性信息与机构投资者持股决策[J].证券市场导报,2024(8):48-57.

[68]刘惠好,冯永佳.经济政策不确定性与公司社会责任信息披露[J].北京工商大学学报(社会科学版),2020,35(5):70-82.

[69]刘慧芬,王华.竞争环境、政策不确定性与自愿性信息披露[J].经济管理,2015,37(11):145-155.

[70]刘建秋,徐雨露.中小股东群体负面情绪对管理层讨论与分析语调管理的影响[J].首都经济贸易大学学报,2024,26(2):98-112.

[71]刘杰,陈佳,刘力.投资者关注与市场反应——来自中国证券交易所交易公开信息的自然实验[J].金融研究,2019(11):189-206.

[72]刘帷韬,任金洋,冯大威,等.经济政策不确定性、非效率投资与企业全要素生产率[J].经济问题探索,2021(12):13-30.

[73]刘一寒,范慧敏,任晨煜.MD&A纵向文本相似度与分析师盈余预测准确性[J].北京工商大学学报(社会科学版),2024,39(2):71-84.

[74]刘一寒,范慧敏,任晨煜.MD&A纵向文本相似度与分析师盈余预测准确性[J].北京工商大学学报(社会科学版),2024,39(2):71-84.

[75]刘颖斐,刘学财,林晚发.管理层语调操控及投资者识别:基于问询监管视角[J].管理科学,2023,36(6):123-137.

[76]鲁万波,曾攀,亢晶浩,等.管理层的讨论与分析语调对企业未来业绩表现的影响研究[J].数理统计与管理,2023,42(3):391-402.

[77]逯东,余渡,杨丹.财务报告可读性、投资者实地调研与对冲策略[J].会计研究,2019(10):34-41.

[78]罗宏,黄敏,周大伟,等.政府补助、超额薪酬与薪酬辩护[J].会计研究,2014(1):42-48,95.

[79]罗宏,黄婉.多个大股东并存对高管机会主义减持的影响研究[J].管理世界,2020,36(8):163-178.

[80]罗进辉,杜兴强.媒体报道、制度环境与股价崩盘风险[J].会计研究,2014(9):53-59,97.

[81]罗栈心,麻志明,伍利娜.关联交易方信息溢出效应对分析师的影响[J].会计研究,2020(3):46-53.

[82]马黎珺,伊志宏,张澈.廉价交谈还是言之有据?——分析师报告文本的信息含量研究[J].管理世界,2019,35(7):182-200.

[83]马宁,靳光辉.经济政策不确定性对公司战略差异的影响[J].中南财经政法大学学报,2021(1):14-22,158-159.

[84]马宁.风险投资、企业会计信息透明度和代理成本[J].管理评论,2019,31(10):222-233.

[85]孟庆斌,杨俊华,鲁冰.管理层讨论与分析披露的信息含量与股价崩盘风险——基于文本向量化方法的研究[J].中国工业经济,2017(12):132-150.

[86]孟焰,张秀梅.上市公司关联方交易盈余管理与关联方利益转移关系研究[J].会计研究,2006(4):37-43,94.

[87]缪毅,胡奕明.内部收入差距、辩护动机与高管薪酬辩护[J].南开管理评论,2016,19(2):32-41.

[88]牟韶红,李启航,陈汉文.内部控制、产权性质与超额在职消费——基于2007—2014年非金融上市公司的经验研究[J].审计研究,2016(4):90-98.

[89]倪恒旺,李常青,魏志华.媒体关注、企业自愿性社会责任信息披露与融资约束[J].山西财经大学学报,2015,37(11):77-88.

[90]钱爱民,朱大鹏.财务报告文本相似度与违规处罚——基于文本分析的经验证据[J].会计研究,2020(9):44-58.

[91]丘心颖,郑小翠,邓可斌.分析师能有效发挥专业解读信息的作用吗?——基于汉字年报复杂性指标的研究[J].经济学(季刊),2016,15(4):1483-1506.

[92]邱静,杨妮.情感语调信号传递与企业融资约束[J].中南财经政法大学学报,2021(5):75-88.

[93]邱龙广,刘斌.公平信息披露制度的人性假设研究[J].财经问题研究,2015(2):18-24.

[94]权小锋,吴世农,文芳.管理层权力、私有收益与薪酬操纵[J].经济研究,2010,45(11):73-87.

[95]权小锋,徐星美,许荣.社会责任强制披露下管理层机会主义行为考察——基于A股上市公司的经验证据[J].管理科学学报,2018,21(12):95-110.

[96]权小锋,尹洪英.投资者注意力、信息获利与管理层择机交易[J].上海经济研究,2012,24(7):65-82.

[97]饶品贵,岳衡,姜国华.经济政策不确定性与企业投资行为研究[J].世界经济,2017,40(2):27-51.

[98]饶育蕾,王建新.CEO过度自信、董事会结构与公司业绩的实证研究[J].管理科学,2010,23(5):2-13.

[99]任宏达,王琨.产品市场竞争与信息披露质量——基于上市公司年报文本分析的新证据[J].会计研究,2019(3):32-39.

[100]阮素梅,杜旭东,李伟,等.数据要素、中文信息与智能财务风险识别[J].经济问题,2022(1):107-113.

[101]沈红波,石若瑜,陈鹏翔.机构投资者能有效识别管理层语调信息吗?——基于管理层讨论与分析的文本语调[J].东南大学学报(哲学社会科学版),2024,26(4):35-46,150-151,153.

[102]沈隆,周颖.管理层讨论与分析能预示企业违约吗?——基于中国股市的实证分析[J].系统管理学报,2024,33(2):441-459.

[103]史永,李思昊.关联交易、机构投资者异质性与股价崩盘风险研究[J].中国软科学,2018(4):123-131.

[104]宋献中.论企业核心能力信息的自愿披露[J].会计研究,2006(2):47-52,97.

[105]宋岩,孙晓君.企业社会责任与研发投入——基于年报文本分析的视角[J].重庆社会科学,2020(6):80-96.

[106]孙鲲鹏,肖星.互联网社交媒体对投资者情绪传染与股价崩盘风险的影响机制[J].技术经济,2018,37(6):93-102.

[107]孙淑伟,梁上坤,阮刚铭,等.高管减持、信息压制与股价崩盘风险[J].金融研究,2017(11):175-190.

[108]孙文章.董事会秘书声誉与信息披露可读性——基于沪深A股公司年报文本挖掘的证据[J].经济管理,2019,41(7):136-153.

[109]孙文章.信息发布者会计背景有助于提高信息可读性吗？——基于董秘个人特征的证据[J].经济管理,2021,43(9):154-171.

[110]佟芳芳,赵秀云.经济政策不确定性、媒体关注与企业创新策略[J].财经问题研究,2020(2):121-129.

[111]汪昌云,武佳薇.媒体语气、投资者情绪与IPO定价[J].金融研究,2015(9):174-189.

[112]汪健,王为,朱兆珍.关联交易、盈余透明度与审计收费[J].山西财经大学学报,2018,40(5):110-124.

[113]王爱群,李静波,萧朝兴,等.股价崩盘风险与分析师关注:"趋之若鹜"还是"退避三舍"[J].上海财经大学学报,2019,21(5):65-84.

[114]王碧澄,韩豫峰,韩复龄.卖空制度、公司管理层行为与股价信息效率——基于微观传导机制的研究[J].中央财经大学学报,2019(12):24-40.

[115]王灿,张九天.碳达峰碳中和:迈向新发展路径[M].北京:中共中央党校出版社,2021.

[116]王华杰,王克敏.应计操纵与年报文本信息语气操纵研究[J].会计研究,2018(4):45-51.

[117]王嘉鑫,张龙平.管理层语调操纵、职业谨慎与审计决策——基于年报文本分析的经验证据[J].中南财经政法大学学报,2020(4):3-14,158.

[118]王嘉鑫.强制性内部控制审计、企业创新与经济增长[J].会计研究,2020(5):166-177.

[119]王克敏,王华杰,李栋栋,等.年报文本信息复杂性与管理者自利——来自中国上市公司的证据[J].管理世界,2018,34(12):120-132,194.

[120]王亮亮.金融危机冲击、融资约束与公司避税[J].南开管理评论,2016,19(1):155-168.

[121]王晓燕,宋璐.经济政策不确定性抑制企业投资行为吗？——基于行业竞争程度和企业市场地位的视角[J].江汉论坛,2021(6):30-40.

[122]王亚平,刘慧龙,吴联生.信息透明度、机构投资者与股价同步性[J].金融研究,2009(12):162-174.

[123]王艳林.公司治理、管理者过度自信与投资效率文献综述[J].财会通讯,2016(21):60-63.

[124]王艳艳,于李胜,安然.非财务信息披露是否能够改善资本市场信息环境?——基于社会责任报告披露的研究[J].金融研究,2014(8):178-191.

[125]王宇伟.宏观经济周期与微观企业行为:综述与展望[J].会计与经济研究,2018,32(6):113-125.

[126]王跃堂,赵子夜,魏晓雁.董事会的独立性是否影响公司绩效?[J].经济研究,2006(5):62-73.

[127]王运陈,贺康,万丽梅,等.年报可读性与股票流动性研究——基于文本挖掘的视角[J].证券市场导报,2020(7):61-71.

[128]王竹泉,王贞洁,李静.经营风险与营运资金融资决策[J].会计研究,2017(5):60-67,97.

[129]魏志华,李常青,曾爱民,等.关联交易、管理层权力与公司违规——兼论审计监督的治理作用[J].审计研究,2017(5):87-95.

[130]翁健英.大股东资金占用、业绩困境与盈余管理[J].上海立信会计学院学报,2011,25(3):25-33.

[131]吴成颂,陈薇.ESG信息披露能否抑制股票价格波动风险?[J].南京审计大学学报,2024,21(5):60-72.

[132]吴武清,甄伟浩,杨洁,等.企业风险信息披露与债券风险溢价——基于债券募集说明书的文本分析[J].系统工程理论与实践,2021,41(7):1650-1671.

[133]吴锡皓,胡国柳.不确定性、会计稳健性与分析师盈余预测[J].会计研究,2015(9):27-34,96.

[134]吴璇,田高良,李玥婷,等.经营信息披露与股票收益联动——基于财务报告文本附注的分析[J].南开管理评论,2019,22(3):173-186,224.

[135]吴育辉,吴世农.企业高管自利行为及其影响因素研究——基于我国上市公司股权激励草案的证据[J].管理世界,2010(5):141-149.

[136]吴战篪,吴伟立.大股东减持伤害了实体经济吗[J].南开管理评论,2018,21(1):99-108.

[137]肖浩,詹雷,王征.国外会计文本信息实证研究述评与展望[J].外国经济与管理,2016,38(9):93-112.

[138]肖奇,沈华玉.投资者关注、信息质量与IPO抑价[J].华东经济管理,2018,32(1):119-126.

[139]肖星,王琨.关于集团模式多元化经营的实证研究——来自"派系"上市公司的经验证据[J].管理世界,2006(9):80-86.

[140]谢德仁,崔宸瑜,廖珂.上市公司"高送转"与内部人股票减持:"谋定后动"还是"顺水推舟"?[J].金融研究,2016(11):158-173.

[141]谢德仁,姜博,刘永涛.经理人薪酬辩护与开发支出会计政策隐性选择[J].财经研究,2014,40(1):125-134.

[142]谢德仁,林乐,陈运森.薪酬委员会独立性与更高的经理人报酬—业绩敏感度——基于薪酬辩护假说的分析和检验[J].管理世界,2012(1):121-140,188.

[143]谢德仁,林乐.管理层语调能预示公司未来业绩吗?——基于我国上市公司年度业绩说明会的文本分析[J].会计研究,2015(2):20-27,93.

[144]谢伟峰,陈省宏.环境不确定性、会计稳健性与公司研发创新——来自战略性新兴产业民营A股上市公司的经验证据[J].科技管理研究,2021,41(3):109-116.

[145]徐飞.放松卖空管制、分析师评级与股价崩盘风险——基于机构持股与溢价并购的机制检验[J].安徽师范大学学报(人文社会科学版),2021,49(4):106-121.

[146]徐江萍.盈余管理与审计师变更关系的实证研究[J].金融与经济,2007(12):96-98.

[147]徐巍,姚振晔,陈冬华.中文年报可读性:衡量与检验[J].会计研究,2021(3):28-44.

[148]许红伟,陈欣.我国推出融资融券交易促进了标的股票的定价效率吗?——基于双重差分模型的实证研究[J].管理世界,2012(5):52-61.

[149]许年行,江轩宇,伊志宏,等.分析师利益冲突、乐观偏差与股价崩盘风险[J].

经济研究,2012,47(7):127-140.

[150]许汝俊.年报文本信息可读性与财务重述[J].财贸研究,2024,35(7):98-110.

[151]许文瀚,齐荻,陈沉.上市公司研发活动与风险信息披露——基于文本分析法的实证检验[J].财经论丛,2019(8):73-83.

[152]许文瀚,朱朝晖.分析师预测会利用年报文本信息吗[J].当代财经,2019(1):131-141.

[153]薛丽达,吴冠泽,李仲泽.关键审计事项与管理层讨论与分析增量信息披露——基于MD&A文本相似度的研究[J].科学决策,2023(9):37-51.

[154]薛丽达,吴冠泽,李仲泽.关键审计事项与管理层讨论与分析增量信息披露——基于MD&A文本相似度的研究[J].科学决策,2023(9):37-51.

[155]亚当·斯密.国富论——国家财富的性质和起因的研究[M].谢祖钧,等译.长沙:中南大学出版社,2003:1-224.

[156]闫伟宸,肖星.CEO和董事之间的"本家关系"增加了代理成本?[J].管理评论,2019,31(4):99-116.

[157]杨洁,张茗,刘运材.碳信息披露如何影响债务融资成本——基于债务违约风险的中介效应研究[J].北京理工大学学报(社会科学版),2020,22(4):28-38.

[158]杨晶,沈艺峰,李培功.网络负面舆论对高管薪酬公平与效率的影响[J].经济管理,2017,39(2):117-134.

[159]杨兴全,尹兴强.行业集中度、企业竞争地位与现金持有竞争效应[J].经济科学,2015(6):78-91.

[160]杨兴全,张丽平,陈旭东.市场化进程与现金股利政策:治理效应抑或缓解融资约束?[J].经济与管理研究,2014(5):76-84.

[161]杨杨,杨兵,杜剑.经济政策不确定性下企业发展预期信息披露策略选择:"实事求是"还是"有意为之"[J].现代财经(天津财经大学学报),2021,41(7):3-18.

[162]杨媛杰,陈艺云,王傲磊.经济政策不确定性、风险承担与公司债信用价差[J].

金融经济学研究,2020,35(6):93-106,126.

[163]姚震,郑禹,鲁斯琪,等.经济政策不确定性与企业融资约束——基于企业异质性与融资渠道的研究[J].工业技术经济,2020,39(8):116-125.

[164]伊志宏,杨圣之,陈钦源.分析师能降低股价同步性吗——基于研究报告文本分析的实证研究[J].中国工业经济,2019(1):156-173.

[165]易志高,潘子成,茅宁,等.策略性媒体披露与财富转移——来自公司高管减持期间的证据[J].经济研究,2017,52(4):166-180.

[166]游家兴,于明洋,曹旭,等.政府环境关注与企业环境治理——基于政府工作报告文本分析的视角[J].管理评论,2024,36(5):235-247.

[167]俞毛毛,马妍妍.股票回购、现金股利替代性与研发投资——基于迎合渠道的比较分析[J].财经理论与实践,2020,41(2):62-68.

[168]俞庆进,张兵.投资者有限关注与股票收益——以百度指数作为关注度的一项实证研究[J].金融研究,2012(8):152-165.叶康涛,祝继高,陆正飞,张然.独立董事的独立性:基于董事会投票的证据[J].经济研究,2011,46(1):126-139.

[169]袁玉,吴战篪,廖佳.机构投资者分心会加剧管理层语言膨胀吗？——基于年报文本语调的实证研究[J/OL].(2024-05-30)[2024-09-10].http://kns.cnki.net/kcms/detail/12.1288.F.20240530.0908.002.html.

[170]袁志刚.碳达峰碳中和:国家战略行动路线图[M].北京:中国经济出版社,2021.

[171]翟淑萍,王敏,白梦诗.财务问询函能够提高年报可读性吗？——来自董事联结上市公司的经验证据[J].外国经济与管理,2020,42(9):136-152.

[172]张本照,李邦国,李国栋.经济政策不确定性、投资者情绪与基金羊群效应[J].上海金融,2021(2):48-56.

[173]张程,曾庆生,梁思源.市场能够甄别管理层的"靖言庸违"吗？——来自年报语调与内部人交易的经验证据[J].财经研究,2021,47(4):154-168.

[174]张继勋,蔡闫东,倪古强.社会责任披露语调、财务信息诚信与投资者感知——一项实验研究[J].南开管理评论,2019,22(1):206-212,224.

[175]张健,史册,张垠戈,等.公众关注度与年报可读性——基于"胡润百富榜"的准自然实验[J].当代财经,2023(9):147-156.

[176]张静,王生年,吴春贤.会计稳健性、投资者情绪与资产误定价[J].中南财经政法大学学报,2018(1):24-32,72,159.

[177]张娟,黄志忠.内部控制、技术创新和公司业绩——基于我国制造业上市公司的实证分析[J].经济管理,2016,38(9):120-134.

[178]张俊生,曾亚敏.上市公司内部人亲属股票交易行为研究[J].金融研究,2011(3):121-133.

[179]张利红,刘国常.大股东控制与外部审计治理——股票全流通时代的经验证据[J].山西财经大学学报,2014,36(9):113-124.

[180]张倩倩,唐卓思,何潇潇,等."蹭热点"式转型路:企业热点信息披露与高质量创新[J/OL].(2024-08-05)[2024-09-10].https://doi.org/10.19795/j.cnki.cn11-1166/f.20240805.002.

[181]张庆,朱迪星.投资者情绪、管理层持股与企业实际投资——来自中国上市公司的经验证据[J].南开管理评论,2014,17(4):120-127,139.

[182]张淑惠,周美琼,吴雪勤.年报文本风险信息披露与股价同步性[J].现代财经(天津财经大学学报),2021,41(2):62-78.

[183]张勇.高管超额薪酬与企业会计信息可比性——基于薪酬辩护理论视角[J].会计与经济研究,2020,34(3):50-67.

[184]张悦玫,邵帅.企业转型升级信息披露能否促进机构持股?——基于制造业上市公司的经验证据[J].大连理工大学学报(社会科学版),2024,45(2):35-47.

[185]张宗新,吴钊颖.媒体情绪传染与分析师乐观偏差——基于机器学习文本分析方法的经验证据[J].管理世界,2021,37(1):170-185,11,20-22.

[186]赵璨,陈仕华,曹伟."互联网+"信息披露:实质性陈述还是策略性炒作——基于股价崩盘风险的证据[J].中国工业经济,2020(3):174-192.

[187]赵国宇,禹薇.大股东股权制衡的公司治理效应——来自民营上市公司的经验证据[J].外国经济与管理,2018,40(11):60-72.

[188]甄红线,王谨乐.机构投资者能够缓解融资约束吗?——基于现金价值的视角[J].会计研究,2016(12):51-57,96.

[189]郑玲,周晓雯.现金薪酬、股权激励对管理层投资行为影响的实证检验[J].统计与决策,2019,35(24):153-157.

[190]中金公司研究部,中金研究院.碳中和经济学[M].北京:中信出版社,2021.

[191]钟凯,董晓丹,陈战光.业绩说明会语调与分析师预测准确性[J].经济管理,2020,42(8):120-137.

[192]钟覃琳,杨晓彤,唐玮,等.经济政策不确定性与上市公司风险应对——基于信息披露策略的研究视角[J].学术研究,2020(5):88-97,177-178.

[193]仲秋雁,石晓峰.媒体关注、产权性质与上市公司融资约束——基于Heckman两阶段模型的实证检验[J].商业经济与管理,2016(8):87-97.

[194]周佰成,周阔.招股说明书可读性影响IPO抑价了吗?[J].外国经济与管理,2020,42(3):104-117,135.

[195]周波,张程,曾庆生.年报语调与股价崩盘风险——来自中国A股上市公司的经验证据[J].会计研究,2019(11):41-48.

[196]周茜,陈收.公众媒体参与金融科技创新监管的双刃剑效应[J].系统工程理论与实践,2022,42(7):1782-1795.

[197]周晓苏,陈沉,王磊.高管薪酬激励与机会主义效应的盈余管理——基于会计稳健性视角的经验证据[J].山西财经大学学报,2016,38(2):88-99.

[198]周志方,彭丹璐,曾辉祥.碳信息披露、财务透明度与委托代理成本[J].中南大学学报(社会科学版),2016,22(5):109-117.

[199]朱茶芬,陈俊,郑柳.大股东减持计划新规的经济影响与新交易模式研究[J].会计研究,2021(6):104-118.

[200]朱朝晖,包燕娜,许文瀚.管理层语调离差策略及其对分析师预测乐观度影响——基于A股制造业上市公司管理层分析与讨论文本分析[J].财经论丛,2018(2):39-46.

[201]朱朝晖,许文瀚.管理层语调是否配合了盈余管理行为[J].广东财经大学学报,2018,33(1):86-98.

[202]朱杰,苏亚民.控股股东股权质押与数字化转型信息策略性披露——基于信息沟通与信息操纵视角[J].广东财经大学学报,2023,38(5):75-95.

[203]朱磊,孙成,王春燕,等.大股东股权质押对企业创新投资的影响分析——基于创业板上市公司的经验证据[J].证券市场导报,2019(2):26-34,76.

[204] ABOODY D, LEHAVY R, TRUEMAN B. Limited attention the earnings announcement returns of past stock market winners[J]. Review of accounting studies,2010,15(2):317-344.

[205] AGGARWAL R, EREL I, FERREIRA M, et al. Does governance travel around the world? Evidence from institutional investors[J]. Journal of financial economics,2011,100(1):154-181.

[206] AGUILERA R V, CRESPI-CLADERA R. Global corporate governance: On the relevance of firms' ownership structure[J]. Journal of world business,2016,51(1):50-57.

[207] AHARONY J, LIN C J, LOEB M P. Initial public offerings, accounting choices, earnings management[J]. Contemporary accounting research, 1993, 10 (1): 61-81.

[208] AKERLOF G A. The market for "lemons": Asymmetrical information and market behavior[J]. Quarterly journal of economics,1970,83(3):488-500.

[209] ALLEE K D, DEANGELIS M D. The structure of voluntary disclosure narratives: Evidence from tone dispersion[J]. Journal of accounting research,2015,53(2): 241-274.

[210] ALLEN F, QIAN J, QIAN M. Law, finance and economic growth in China[J]. Journal of financial economics,2005,77(1):57-116.

[211] ALTER A L, OPPENHEIMER D M. Predicting short-term stock fluctuations by using processing fluency[J]. Proceedings of the national academy of sciences, 2006,103(24):9369-9372.

[212] ALTMAN E I. Predicting financial distress of companies: revisiting the Z-score and ZETA models[M]. Cheltenham: Edward Elgar Publishing,2013:428-456.

[213] ARROW K J. Informational structure of the firm [J]. The american economic review, 1985, 75(2):303-307.

[214] ARSLAN-AYAYDIN Ö, FLORACKIS C, OZKAN A. Financial flexibility, corporate investment and performance: evidence from financial crises [J]. Review of quantitative finance and accounting, 2014, 42:211-250.

[215] ATAULLAH A, DAVIDSON I, LE H, et al. Corporate diversification, information asymmetry and insider trading [J]. British journal of management, 2014, 25(2): 228-251.

[216] AYAYDIN Ö A, THEWISSEN J, TORSIN W. Disclosure tone management and labor unions [J]. Journal of business finance & accounting, 2021, 48 (1-2): 102-147.

[217] BAKER G P, JENSEN M C, MURPHY K J. Compensation and incentives: Practice vs. theory [J]. The journal of finance, 1988, 43(3):593-616.

[218] BAKER M, WURGLER J. Investor sentiment and the cross-section of stock returns [J]. The journal of finance, 2006, 61(4):1645-1680.

[219] BAKER S R, BLOOM N, DAVIS S J. Measuring economic policy uncertainty [J]. The quarterly journal of economics, 2016, 131(4):1593-1636.

[220] BAO Y, DATTA A. Simultaneously discovering and quantifying risk types from textual risk disclosures [J]. Management science, 2014, 60(6):1371-1391.

[221] BEATTIE V, JONES M J. Impression management: the case of inter-country financial graphs [J]. Journal of international accounting, auditing and taxation, 2000, 9(2):159-183.

[222] BEBCHUK L A, FRIED J M. Executive compensation as an agency problem [J]. Journal of economic perspectives, 2003, 17(3):71-92.

[223] BEDARD J C, GRAHAM L. Detection and severity classifications of Sarbanes-Oxley Section 404 internal control deficiencies [J]. The accounting review, 2011, 86(3):825-855.

[224] BENNEDSEN M, WOLFENZON D. The balance of power in closely held corpora-

tions[J]. Journal of financial economics, 2000, 58(1−2): 113−139.

[225] BENNOURI M, CLARK C R, ROBERT J. Information provision in financial markets[J]. Annals of finance, 2010, 6(2): 255−286.

[226] BLOOM N, BOND S, REENEN J V. Uncertainty and investment dynamics[J]. Review of economic studies, 2007, 74(2): 391−415.

[227] BONDY K, MOON J, MATTEN D. An institution of corporate social responsibility (CSR) in multi−national corporations (MNCs): Form and implications[J]. Journal of business ethics, 2012, 111(2): 281−299.

[228] BOUBAKER S, LABÉGORRE F. Ownership structure, corporate governance and analyst following: A study of French listed firms[J]. Journal of banking & finance, 2008, 32(6): 961−976.

[229] BOUBAKRI N, COSSET J C, SAFFAR W. Political connection of newly privatized firms[J]. Journal of corporate finance, 2008, 14(5): 654−673

[230] BREUER W, MÜLLER T, ROSENBACH D, et al. Corporate social responsibility, investor protection, and cost of equity: A cross−country comparison[J]. Journal of banking & finance, 2018, 96: 34−55.

[231] BROCKMAN P, MARTIN X, PUCKETT A. Voluntary disclosures and the exercise of CEO stock options [J]. Journal of corporate finance, 2010, 16 (1): 120−136.

[232] BROWN S V, TUCKER J W. Large-sample evidence on firms' year-over-year MD&A modifications[J]. Journal of accounting research, 2011, 49(2): 309−346.

[233] CAMPBELL J L, CHEN H, DHALIWAL D S. The information content of mandatory risk factor disclosures in corporate filings[J]. Review of accounting studies, 2014, 19(1): 396−455.

[234] CERTO S T. Influencing initial public offering investors with prestige: Signaling with board structures[J]. Academy of management review, 2003, 28(3): 432−446.

[235] CHAUVIN K W, SHENOY C. Stock price decreases prior to executive stock option grants[J]. Journal of corporate finance, 2001, 7(1): 53−76.

[236]CHEMMANUR T J,LOUTSKINA E. The role of venture capital backing in initial public offerings: Certification, screening, or market power? [C]. EFA 2005 Moscow Meetings Paper,2006.

[237]CHEN S,MIAO B,SHEVLIN T. A new measure of disclosure quality: The level of disaggregation of accounting data in annual reports[J]. Journal of accounting research,2015,53(5):1017-1054.

[238]CHENG Q , WARFIELD T D. Equity incentives and earnings management[J]. Accounting review,2005,80(2).

[239]CHENG Q, LO K. Insider trading and voluntary disclosures[J]. Journal of accounting research,2006,44(5):815-848.

[240]CHEUNG Y L,JIANG P,TAN W. A transparency disclosure index measuring disclosures: Chinese listed companies[J]. Journal of accounting and public policy, 2010,29(3):259-280.

[241]CHOU C C,CHANG C J,CHIN C L,et al. Measuring the consistency of quantitative and qualitative information in financial reports: A design science approach [J]. Journal of emerging technologies in accounting,2018,15(2):93-109.

[242]CHUNG D Y,HRAZDIL K,NOVAK J,et al. Does the large amount of information in corporate disclosures hinder or enhance price discovery in the capital market? [J]. Journal of contemporary accounting & economics,2019,15(1):36-52.

[243]CONNELLY B L, HOSKISSON R E, TIHANYI L, et al. Ownership as a form of corporate governance [J]. Journal of management studies, 2010, 47(8): 1561-1589.

[244]DAVIES M,PRINCE M. Advertising agency compensation, client evaluation and switching costs: An extension of agency theory[J]. Journal of current issues & research in advertising,2010,32(1):13-31.

[245]DAVIS A K, GE W, MATSUMOTO D, et al. The effect of manager-specific optimism on the tone of earnings conference calls[J]. Review of accounting studies, 2015,20(2):639-673.

[246] DE BONDT W F M, THALER R. Does the stock market overreact? [J]. The journal of finance, 1985, 40(3): 793-805.

[247] DEMERJIAN P R, LEV B, LEWIS M F, et al. Managerial ability and earnings quality [J]. The accounting review, 2013, 88(2): 463-498.

[248] DUCHARME L L, MALATESTA P H, SEFCIK S E. Earnings management: IPO valuation and subsequent performance [J]. Journal of accounting, auditing & finance, 2001, 16(4): 369-396.

[249] DYCK A, MORSE A, ZINGALES L. Who blows the whistle on corporate fraud? [J]. The journal of finance, 2010, 65(6): 2213-2253.

[250] EISENHARDT K M. Agency theory: An assessment and review [J]. Academy of management review, 1989, 14(1): 57-74.

[251] FAMA E F. The behavior of stock-market prices [J]. The journal of business, 1965, 38(1): 34-105.

[252] FAZZARI S M, PETERSEN B C. Working capital and fixed investment: New Evidence on financing constraints [J]. The RAND journal of economics, 1993, 24 (3): 328.

[253] FEE C E, HADLOCK C J, PIERCE J R. Investment, financing constraints, and internal capital markets: Evidence from the advertising expenditures of multinational firms [J]. The review of financial studies, 2009, 22(6): 2361-2392.

[254] FINZI A F, LLOYD A, SCOTT D M, SINGH A. Costs of managing severe psoriasis across seven European countries [J]. Journal of the American academy of dermatology, 2004, 50(3): 144.

[255] FRIEND I, BLUME M, CROCKETT J. Mutual funds and other institutional investors: A new perspective [M]. New York: McGraw-Hill Companies, 1970.

[256] FRIJINS B, GILBERT A, LEHNER T, et al. Uncertainty avoidance, risk tolerance and corporate takeover decisions [J]. Journal of banking & finance, 2013, 37 (7): 2457-2471.

[257] FRYE T, SHLEIFER A. The invisible hand and the grabbing hand [R]. 1996.

［258］GILCHRIST S,SIM J W,ZAKRAJEK E. Uncertainty,financial frictions,and investment dynamics［J］. Social science electronic publishing,2014,20(38):1-58.

［259］GODFREY J,MATHER P,RAMSAY A. Earnings and impression management in financial reports:The case of CEO changes［J］. Abacus,2003,39(1):95-123.

［260］HALL E T.Beyond culture［M］. New York:Anchor Books,1976:13.

［261］HANLEY K W,HOBERG G. The information content of IPO prospectuses［J］. The review of financial studies,2010,23(7):2821-2864.

［262］HEMINGWAY C A,MACLAGAN P W. Managers' personal values as drivers of corporate social responsibility［J］. Journal of business ethics,2004,50(1):33-44.

［263］HENRY E. Are investors influenced by how earnings press releases are written?［J］. The journal of business communication (1973),2008,45(4):363-407.

［264］HOLMSTRÖM B. Moral hazard and observability［J］. The bell journal of economics,1979,10(1):74-91.

［265］HONG H,STEIN J C. Differences of opinion,short-sales constraints,and market crashes［J］. The review of financial studies,2003,16(2):487-525.

［266］HSU A,WEN H,WANG T. Does the market value corporation response to climate change?［J］. Omega,2013(2):195-210.

［267］HUANG X,TEOH S H,ZHANG Y. Tone management［J］. The accounting review,2014,89(3):1083-1113.

［268］HUTTON A P,MARCUS A J,TEHRANIAN H. Opaque financial reports,R2,and crash risk［J］. Journal of financial economics,2009,94(1):67-86.

［269］HWANG B H,KIM H H. It pays to write well［J］. Journal of financial economics,2017,124(2):373-394.

［270］JAGOLINZER A D. SEC rule 10b5-1 and insiders' strategic trade［J］. Management science,2009,55(2):224-239.

［271］JANI K,CHAUDHURI M,PATEL H,et al. Machine learning in films:An approach towards automation in film censoring［J］. Journal of data,information and management,2020(2):55-64.

[272] JENSEN M C, MECKLING W H. Agency costs and the Theory of the firm[J]. Journal of financial economics, 1976, 3(4):305-360.

[273] JENSEN M C, MURPHY K J. Performance pay and top-management incentives [J]. Journal of political economy, 1990, 98(2):225-264.

[274] JIN L, MYERS S C. R2 around the world: New theory and new tests[J]. Journal of financial economics, 2006, 79(2):257-292.

[275] JOHNSON J L, DAILY C M, ELLSTRAND A E. Boards of directors: A review and research agenda[J]. Journal of management, 1996, 22(3):409-438.

[276] KAHNEMAN D, TVERSKY A. Prospect theory: An analysis of decision under risk [M]. England: LondonHandbook of the fundamentals of financial decision making, 2013:99-127.

[277] KAHNEMAN D. Attention and effort[M]. Englewood Cliffs: Prentice-Hall, 1973.

[278] KE B, HUDDART S, PETRONI K. What insiders know about future earnings and how they use it: Evidence from insider trades[J]. Journal of accounting and economics, 2003, 35(3):315-346.

[279] KESER C, WILLINGER M. Theories of behavior in principal-agent relationships with hidden action[J]. European economic review, 2007, 51(6):1514-1533.

[280] KIRMANI A, RAO A R. No pain, no gain: A critical review of the literature on signaling unobservable product quality [J]. Journal of marketing, 2000, 64(2): 66-79.

[281] KISER E. Comparing varieties of agency theory in economics, political science, and sociology: An illustration from state policy implementation[J]. Sociological theory, 1999, 17(2):146-170.

[282] KOTHARI S P, LEONE A J, WASLEY C E. Performance matched discretionary accrual measures [J]. Journal of accounting and economics, 2005, 39(1): 163-197.

[283] KOTHARI S P, LI X, SHORT J E. The effect of disclosures by management, analysts, and business press on cost of capital, return volatility, and analyst forecasts:

A study using content analysis[J]. The accounting review, 2009, 84(5) : 1639–1670.

[284] KYLE A S. Continuous auctions and insider trading[J]. Econometrica, 1985, 53(6):1315–1335.

[285] LA PORTA R, LOPEZ-DE-SILANES F, SHLEIFER A. Corporate ownership around the world[J]. The journal of finance, 1999, 54(2):471–517.

[286] LAFOND R, WATTS R L. The information role of conservatism[J]. The accounting review, 2008, 83(2):447–478.

[287] LANG M H, LINS K V, MILLER D P. Concentrated control, analyst following, and valuation: Do analysts matter most when investors are protected least?[J]. Journal of accounting research, 2004, 42(3):589–623

[288] LANG M, STICE-LAWRENCE L. Textual analysis and international financial reporting: Large sample evidence[J]. Journal of accounting and economics, 2015, 60(2–3):110–135.

[289] LARCKER D F, ZAKOLYUKINA A A. Detecting deceptive discussions in conference calls[J]. Journal of accounting research, 2012, 50(2):495–540.

[290] LEE S Y. The effects of accruals quality on the value relevance of earnings and equity value[J]. Journal of taxation and accounting, 2014, 15(1):251–277.

[291] LEHAVY R, LI F, MERKLEY K. The effect of annual report readability on analyst following and the properties of their earnings forecasts[J]. The accounting review, 2011, 86(3):1087–1115.

[292] LEUZ C, NANDA D, WYSOCKI P D. Earnings management and investor protection: An international comparison[J]. Journal of financial economics, 2003, 69(3):505–527.

[293] LEV B, PETROVITS C, RADHAKRISHNAN S. Is doing good good for you? How corporate charitable contributions enhance revenue growth[J]. Strategic management journal, 2010, 31(2):182–200.

[294] LI F. Annual report readability, current earnings, and earnings persistence[J].

Journal of accounting and economics,2008,45(2-3):221-247.

[295]LI F. The information content of forward-looking statements in corporate filings—A naïve Bayesian machine learning approach[J]. Journal of accounting research, 2010,48(5):1049-1102.

[296]LIU C,LUO X R,WANG F L. An empirical investigation on the impact of XBRL adoption on information asymmetry: Evidence from europe[J]. Decision support systems,2017(93):42-50.

[297]LIVDAN D,SAPRIZA H,ZHANG L. Financially constrained stock returns[J]. The journal of finance,2009,64(4):1827-1862.

[298]LOUGHRAN T,MCDONALD B. IPO first-day returns,offer price revisions,volatility,and form S-1 language[J]. Journal of financial economics,2013,109(2): 307-326.

[299]LOUGHRAN T, MCDONALD B. Measuring readability in financial disclosures [J]. The journal of finance,2014,69(4):1643-1671.

[300]LOUGHRAN T, MCDONALD B. Textual analysis in accounting and finance: A survey[J]. Journal of accounting research,2016,54(4):1187-1230.

[301]LOUGHRAN T,MCDONALD B. Textual analysis in finance[J]. Annual review of financial economics,2020(12):357-375.

[302]LOUGHRAN T,MCDONALD B. The use of word lists in textual analysis[J]. Journal of behavioral finance,2015,16(1):1-11.

[303]LOUGHRAN T,MCDONALD B. When is a liability not a liability? Textual analysis,dictionaries,and 10-Ks[J]. The journal of finance,2011,66(1):35-65.

[304]MANZARDO A E. Impression management and economic growth:The case of the Thakalis of dhaulagiri zone[J]. Kailash,1982,9(1):45-60.

[305]MELLONI G,STACCHEZZINI R,LAI A. The tone of business model disclosure: an impression management analysis of the integrated reports[J]. Journal of management & governance,2016,20(2):295-320.

[306]MERKL-DAVIES D M,BRENNAN N M. A conceptual framework of impression

management: New insights from psychology, sociology and critical perspectives [J]. Accounting and business research, 2011, 41(5):415–437.

[307] MILLER E M. Risk, uncertainty, and divergence of opinion [J]. The journal of finance, 1977, 32(4):1151–1168.

[308] MINER A S, HAUNSCHILD P R, SCHWAB A. Experience and convergence: Curiosities and speculation [J]. Industrial and corporate change, 2003, 12 (4): 789–813.

[309] MODIGLIANI F, MILLER M H. The cost of capital, corporation finance and the theory of investment [J]. The American economic review, 1958, 48(3):261–297.

[310] MORCK R K, YEUNG B, WU W. The information content of stock markets: Why do emerging markets have synchronous stock price movements? [J]. Journal of financial economics, 2000, 58(1):2-15-60.

[311] MUTTAKIN M B, KHAN A, MIHRET D G. Business group affiliation, earnings management and audit quality: Evidence from Bangladesh [J]. Managerial auditing journal, 2017.

[312] MYERS S C, MAJLUF N S. Corporate financing and investment decisions when firms have information that investors do not have [J]. Journal of financial economics, 1984, 13(2):187–221.

[313] ODEAN T. Are investors reluctant to realize their losses? [J]. The journal of finance, 1998, 53(5):1775–1798.

[314] OYER P, SCHAEFER S. Why do some firms give stock options to all employees?: An empirical examination of alternative theories [J]. Journal of financial economics, 2005, 76(1):99–133.

[315] POLK C, SAPIENZA P. The stock market and corporate investment: A test of catering theory [J]. The review of financial studies, 2008, 22(1):187–217.

[316] PRIOR D, SURROCA J, TRIBO J. Are socially responsible managers really ethical? Exploring the relationship between earnings management and corporate social responsibility [J]. Corporate governance, 2008, 16(3):160–177.

[317] RICHARDSON S. Overinvestment of free cash flow [J]. Review of accounting studies, 2006, 11(2):159-189.

[318] ROGERS J L. Disclosure quality and management trading incentives [J]. Journal of accounting research, 2008, 46(5):1265-1296.

[319] ROSS S A. The economic theory of agency: The principal's problem [J]. The American economic review, 1973, 63(2):134-139.

[320] ROYCHOWDHURY S. Earnings management through real activities manipulation [J]. Journal of accounting and economics, 2006, 42(3):335-370.

[321] RUAN Q, WANG Z, ZHOU Y, et al. A new investor sentiment indicator (ISI) based on artificial intelligence: A powerful return predictor in China [J]. Economic modelling, 2020(88):47-58.

[322] SAHLMAN W A. The structure and governance of venture-capital organizations [J]. Venture capital routledge, 2022:3-51.

[323] SHIRATA C Y, TAKEUCHI H, OGINO S, et al. Extracting key phrases as predictors of corporate bankruptcy: Empirical analysis of annual reports by text mining [J]. Journal of emerging technologies in accounting, 2011, 8(1):31-44.

[324] SHLEIFER A, VISHNY R W. Large shareholders and corporate control [J]. Journal of political economy, 1986, 94(3):461-488.

[325] SMITH A J. What determines corporate transparency? [J]. Journal of accounting research, 2004, 42(2).

[326] SORIC P, LOLIC I. Economic uncertainty and its impact on the croatian economy [J]. Public sector economics, 2017, 41(4):443-477.

[327] SPENCE A M. Time and communication in economic and social interaction [J]. The quarterly journal of economics, 1973, 87(4):651-660.

[328] STAMBAUGH R F, YU J, YUAN Y. The short of it: Investor sentiment and anomalies [J]. Journal of financial economics, 2012, 104(2):288-302.

[329] STIGLITZ J E. Information and the change in the paradigm in economics [J]. American economic review, 2002, 92(3):460-501.

[330]TAN V Y F. Asymptotic estimates in information theory with non-vanishing error probabilities [J]. Foundations and trends in communications and information theory,2014,11(1-2):1-184.

[331]TSENG K C. Behavioral finance, bounded rationality, neuro-finance, and traditional finance[J]. Investment management and financial innovations,2006(3-4): 7-18.

[332]WAMBA S F, CHATFIELD A T. A contingency model for creating value from RFID supply chain network projects in logistics and manufacturing environments [J]. European journal of information systems,2009,18(6):615-636.

[333]WANG K, WONG T J. Change in the largest shareholders and performance improvement:real improvement or accounting manipulation?[M]. Hong Kong:Hong Kong university of science and technology working paper,2003.

[334]WATTS R L. Conservatism in accounting Part I:Explanations and implications [J]. Accounting horizons,2003,17(12):207-221.

[335]WHITED T M, WU G J. Financial constraints risk[J]. The review of financial studies,2006,19(2):531-559.

[336]WILLIAMSON O E. Markets and hierarchies:Some elementary considerations [J]. The American economic review,1973,63(2):316-325.

[337]ZHANG Y, WIERSEMA M F. Stock market reaction to CEO certification:The signaling role of CEO Background[J]. Strategic management journal,2009,30(7): 693-710.